灵动课堂

——我的历史教学主张

Lingdong Ketang

Wode Lishi Jiaoxue Zhuzhang

上海教育出版社

SHANGHAI EDUCATIONAL
PUBLISHING HOUSE

图书在版编目（CIP）数据

灵动课堂 : 我的历史教学主张 / 苗颖著. — 上海:上海教育出版社,
2020.4（2024.4重印）
ISBN 978-7-5444-9903-3

Ⅰ.①灵… Ⅱ.①苗… Ⅲ.①中学历史课－教学研究－高中
Ⅳ.①G633.512

中国版本图书馆CIP数据核字(2020)第059889号

责任编辑　戴燕玲
封面设计　陈　芸

灵动课堂——我的历史教学主张
苗　颖　著

出版发行　上海教育出版社有限公司
官　　网　www.seph.com.cn
地　　址　上海市闵行区号景路159弄C座
邮　　编　201101
印　　刷　三河市华东印刷有限公司
开　　本　700×1000　1/16　印张 18.25
字　　数　247 千字
版　　次　2020年4月第1版
印　　次　2024年4月第2次印刷
书　　号　ISBN 978-7-5444-9903-3/G·8161
定　　价　98.00 元

如发现质量问题，读者可向本社调换　　电话:021-64373213

序

王国维在《人间词话》中提出过诗词创作中的两种境界：

"采菊东篱下，悠然见南山"，这是"无我之境"；

"泪眼问花花不语，乱红飞过秋千去"，这是"有我之境"。

因王氏的两种境界说，联想起史学史上有关历史书写（当然也包括历史教学，下同）的两种不同的观念：

一种是以史实为中心的史学观念，它强调史实是历史书写的基础与前提，强调史实在历史书写中的主导地位与决定作用。法国史学家巴兰特曾声称："我想让人们看到，而不是听人家描述 15 世纪的历史"，"读者所看到的不再是历史学家或作者，而是事实本身"。另一位法国史学家福斯太·德库朗惹曾在课堂上给学生讲早期的法国制度，特地向他的学生们说："不是我在向你们讲话（历史），而是历史通过我的口在讲话。"①这当然不是巴兰特、德库朗惹两位学者个别的看法，而是 19 世纪的史学家普遍持有的史学观念。受这种史学观念的支配，历史学家竭力排除"自我"、消灭"自我"，历史书写不能持有或掺入书写者的主体性，他不能让读者知道他对史事的看法，只能让读者知道他所面临的史事。② 所以，理想的历史书写须达到一种"无我之境"："我们的滑

---

① 乔治·皮博迪·古奇：《十九世纪历史学与历史学家》，耿淡如译，北京：商务印书馆，1989 年，第 368、317 页。

② 阿克顿：《历史研究讲演录》，何兆武主编：《历史理论与史学理论》，北京：商务印书馆，1999 年，第 349 页。

铁卢必须使法国人、英国人、德国人和荷兰人同样都能满意"①。"无我之境",这是19世纪历史书写者的目标,也是那个时代普遍的信念。那个时代的历史书写者都不敢有自己的"主张",如果一定要他们拿"主张",那"让史实自己说话"就是他们的"主张"。

其实,"无我之境"只是表象,其背后还是存在着一个书写者的"我",只是这个"我"好像隐身在旁,不那么特显罢了。所以,这种史学观念不久就受到学者们的质疑:历史书写怎么可能消除"自我"而达到"无我之境"呢?已经过去的史事、人物,如果我们不去认识它们,它们怎么会"自我"发言、"自我"呈现呢?排除"自我"、消灭"自我",实在只是一种自欺欺人式的自我蒙蔽。回顾历史学的书写史,哪一部历史著述是清除了"自我"而达到纯粹的"无我之境"?笔者认为,讨论历史书写问题,应该将它分为历史书写的本源与历史书写的发生、形成两个问题,它们有联系,但不等同。以史事为中心的史学理念,对历史书写的这两个问题都持一种客观主义和自然主义的理解:一方面他们用客观主义来解读历史书写的本源问题,认为历史书写的对象——历史事实是先于书写和独立于书写者之外的客观实在,史实是历史书写的基础和前提;另一方面,他们又用自然主义——一种直观而自然的观念来理解历史书写的发生和形成问题,把历史书写的发生和形成看作是由外在的史实对历史书写者的"给予"或"打上印记",而书写者在历史书写活动中只是处于一种被动、消极的地位和等待的状态,等待着承接"给予"或"打上印记"。只要把历史书写的本源问题(基础与前提),与历史书写中的发生、形成问题(主导地位或决定作用)相混淆、相等同,就会认为并主张历史书写应该消除史家的"自我",就相信消除了"自我"能达到历史书写的"无我之境"。

与此相对立的,是一种以史家为中心的史学观念,它强调历史书写中的史实与史家的不可分离,强调史家的主体因素对历史书写活动的渗透,强调史家在历史书写中的主导地位和决定作用。他们认为,如果

---

① 爱德华·卡尔:《历史是什么?》,吴存柱译,北京:商务印书馆,1981年,第4页。

在一般的认知活动中,还能勉强地做到"让事实自己说话"的话(实际上也是做不到的),那在历史书写中则完全做不到,因为史实早就消失,"让事实自己来说话",无非是19世纪的史学家们信奉的一个神话。历史在哪里呢?美国历史学家贝克尔说,如果有人问我历史事实在哪里,"不管听起来多么刺耳,我都会不假思索地回答:历史事实在某些人的头脑中,不然就不存在于任何地方。历史领域是一个捉摸不定的领域,它只是形象地被再创造,再现于我们的头脑中。"①法国历史哲学家雷蒙·阿隆也持类似的看法,他说:"(历史事实)本身是不存在的,它的存在只是通过意识并且为了意识。……独立于科学之外而又能被科学真实再现的历史现实是不存在的。历史学家所见到的战役在如下的意义上是一种观念的存在,即它只在意识中才是现实。"②英国哲学家奥克肖特则说得更绝对:"历史就是历史学家的经验。历史不是别人而是历史学家'制造出来'的:写历史就是制造历史的唯一办法。"③

　　以史家为中心的史学观念的提出,目的是为了批评和纠正19世纪以史实为中心的史学观念。然而,他们常常把批评的话语说得绝对、说得过头,似乎不如此不足引起人们的警觉。这就有点矫枉过正了。说得绝对或过头的话语,也使读者不能确切地理解他们的史学观念及其合理性,反而引起了误解,引起学界的担心:历史书写的"有我",会不会变成了"唯我"?"有我之境"会不会变成了"唯我之境"? 一旦到了"唯我独尊"而"史实"则可有可无,那也就走向了另一个极端。正如上文所述,历史书写的本源(基础与前提)与历史书写的发生、形成(主导地位或决定作用)是两个相关又不同的问题,过于强调前者而看不到后者固然错误,过于强调后者而忽视前者,甚至以后者来等同、取消前者,那就是不加限制地强调了史家的作用。历史书写如果脱离了史实的约

---

① 卡尔·贝克尔:《什么是历史事实?》,张文杰编:《历史的话语——现代西方历史哲学译文集》,桂林:广西师范大学出版社,2002年,第287、291页。
② 雷蒙·阿隆:《历史哲学——导论》,参见陈启能:《史学理论与历史研究》,北京:团结出版社,1993年,第77页。
③ 奥克肖特:《经验及其模式》,转引自卡尔:《历史是什么?》,北京:商务印书馆,1981年,第19页。

束，那就变成了小说式的虚构。就历史书写的实际情况来看，古往今来，不顾事实、任意解释，甚至为了一定的目的，篡改伪造的历史书写不在少数，且为害甚巨。

上述讨论逐渐引出一个共识：那就是历史书写问题，既不能强调了史实而忽视史家，也不能强调了史家而贬低了史实。换言之，既要在历史书写的本源问题上，肯定史实是历史书写的基础与前提；又要在历史书写的发生、形成问题上，肯定史家的主导地位或决定作用。如何能在"史实"与"史家"之间找到一种平衡而不至于畸重畸轻偏于一端呢？英国史学家爱德华•卡尔提出了一种"对话"式的史学观念，他说：

历史学家和历史事实是相互需要的。没有事实的历史学家是无根之木，是没有用处的；没有历史学家的事实则是一潭死水，毫无意义。

历史是历史学家跟他的事实之间相互作用的连续不断的过程，是现在跟过去之间的永无止境的问答交谈。

历史学家跟他的事实之间相互交往的进程，我曾经管它叫现在跟过去之间的对话……是今天的社会跟昨天的社会之间的对话。[①]

当代学者大都认为，认识总是在认识者先有的意识准备的加工操作下进行并完成的。这种先行的意识准备，有称之为"认知图式"（皮亚杰），有称之为"理解前结构"（海德格尔），名称术语虽然不同，其所指称的对象及其性质、功能基本一致。就历史书写而言，所谓认知图式，可以理解为历史书写者加工处理历史信息、形成历史文本的思维工具。历史书写者通过自己先行的认知图式去认知、书写史事，这就不可避免地会将书写者自身的各种主体因素渗透到他的认知、书写的活动中，并最终凝结在他的历史文本里。需要强调的是，书写者的认知图式虽然是先存的，但不是先验的；更重要的是，他的认知图式并不是主观随意建构起来的。正如瑞士心理学家、发生认识论的创立者皮亚杰所说："主体绝对不能随意地好像玩一个游戏或画一幅画那样来自由地安排结构。"[②]从根本上说，历史书写者的认知图式是客观历史的内化和积

①　爱德华•卡尔：《历史是什么?》，第28、57页。
②　皮亚杰：《结构主义》，倪连生、王琳译，北京：商务印书馆，1987年，第43页。

淀。在具体的认知、书写活动中,史家一方面用先存的认知图式去操作加工,形成有关史事的图式;另一方面,又以史事为蓝本不断地修正自己的图式。随着认识活动的不断深化,主体的认知图式越来越逼近客观的图式,主体也就能越来越真实客观地书写历史,这是一个史实与史家、主体与客体的双向建构过程。所谓"问渠那得清如许? 为有源头活水来",史实与史家、过去与当下,构成了历史书写的两个活水源头,唯有与这两个活水源头不断地对话,历史才能灵气生动而常读常新。

　　苗颖老师从事历史教学 20 余年,一直在探索"灵动课堂"的教学样态。这个教学样态的核心,全在"灵动"二字。"灵"即强调历史教学要有"灵魂",强调课堂教学的立意要深邃而高远;"动"即强调历史教学的"互动",强调教师与教学资源的互动,与教学对象的互动。"灵动课堂"的主旨是要高扬教学者的"主张",其背后的理论依据则是建构主义的学习理论、教学设计理论与对话教学理论。她把自己的思考、探索与实践凝炼成文字,写成《灵动课堂:我的历史教学主张》一书。承苗老师的信任,赐传书稿,遂得先睹为快。因读书稿,突然悟得:几个世纪以来史学观念的演进轨迹,正与苗老师"灵动课堂"主张的内在逻辑暗合,这岂不是古人所说"言理在事,理不离事"! 在这里,具体生动的历史教学与深奥艰涩的史学理论携起手来了。所以,苗老师这本历史教育学的著述,既能用作教师课堂实践的必备参考,也可以化为理论思考的丰富资源,真值得向历史教学与史学理论的同仁们推荐、介绍!

　　是为序。

张耕华

2020 年 4 月 8 日

(华东师范大学历史系教授,博士生导师)

目　录

立足课堂，幸福成长

　　1999 年大学毕业后，我走上了高中历史教师的岗位，从此和历史教学结下了不解之缘。20 多年来，虽然工作单位有所变动，但在历史教学讲台上"一站到底"的初心却从未改变。课堂，这个与我相伴相守的地方，让我激情澎湃，也让我苦闷彷徨；让我甘之如饴，也让我衣带渐宽。这里洒下了我的汗水和泪水，更种下了我的光荣与梦想。回首 20 多年的工作履历，我的每一步专业成长、每一次思想跃迁，都伴随着我的课堂拔节的声音。灵动课堂的历史教学主张的形成，正与自己不断发生的课堂转型步伐相始终。

一、入职胜任期：精炼课堂，高效教学

　　可能是天性使然，从刚走上讲台的那一天起，我就有一种要把课上好、把学生带好的强烈愿望。担任班主任，每天早读，学生没到，我就到了教室；每天晚上等住宿生熄灯休息后，我才拖着疲惫之躯离开学生宿舍回家；我给每一位学生建立了成长档案，日常管理、个别谈话、家长访谈、任课教师沟通等几乎占去了全部的白天时间。每晚十一二点以后，我拿出教材和教案本，我的备课才正式开始，如果太累了，我就先睡一会儿，再起来继续。为了备好课，我反复阅读教材和教参（那时并没有其他资料可供参考），上课时，哪一句话在教材的哪一页哪个位置，我都能脱口而出。就算是如此，我对上课依然不踏实，总害怕教学不对路，

耽搁了学生。为了尽快熟悉教学业务，胜任工作，我鼓起勇气，主动找到当时任教高三的吴宝红老师，请求随堂听课。吴老师慷慨地接纳了我这个"编外弟子"。就这样，我在任教高一六个班同时兼任班主任的情况下，每周雷打不动地到高三听课三到五节，亦步亦趋地跟着吴老师学习。

吴老师不仅让我跟着听课，指导我如何上课，还传递给我一个当时高中学校的基本观念——成绩好才是高中教学的"王道"。这种观念无疑对刚参加工作的我影响很大。如何才能提高学生的成绩呢？我知道，要提高教学成绩，教师首先得把课讲清楚，而讲清楚的前提是自己得想清楚。于是，我四处搜集教辅资料，通过反复阅读这些资料和持续的听课、备课，我对历史概念的理解、历史线索的梳理、教学重难点的把握水平均有了快速提高。功夫不负有心人，凭借着能吃苦、肯钻研的精神，我在第一学年考评中同时获得了"优秀教师"和"优秀班主任"的称号。

2002 年，我被学校"委以重任"——任教三个高三文科班并担任两个班的班主任。面对几乎是三个人的工作量的"罕见"任务，我有几分胆怯，但为了不负学校的重托和学生的期望，只能咬咬牙，把不满周岁的孩子送回老家交给婆婆照顾。一年中，我白天上课、批改作业、管理班级，晚上回到家再开始备课。由于长期的超负荷工作，我的嗓子哑了，面色黄了，还经常出现头晕、胃疼，回到家连句话也不想说，但每当走进教室，我那虚弱的身体总会再次迸发出最饱满的激情。

那一学年的高考，文科历史与语数外一样，总分都是 150 分，为了确保教学成绩，我以《考试说明》作为自己教学的首要依据，做了数不清的高考题和模拟题，教学中试着从试题的角度来认识知识要点和知识体系。我要言不烦，力求使 45 分钟的课堂能有最大的容量。高考揭榜后，我所任班主任的两个班共有 80 多名学生本科上线，创造了学校文科班历史上的最好成绩，教学成绩更是遥居全县第一，引起了不小的轰动，县教研员多次组织历史老师来我的班上听课学习，这种简洁高效的教学被不少人模仿，出色的高考成绩也让我在高三的岗位上一干就是十多年。

2004 年，我被选派参加徐州市优质课评选并如愿顺利拿回了一等奖，可是课后市教研员的一番话却让我陷入了长久的思考。徐州市历史教研员陈伟国老师是在历史教学界享有盛誉的特级教师，他很欣赏我扎实的基本功和干练洒脱的性格，当年就把我吸收进了徐州市高中历史学科中心组。陈老师肯定了我对教材、对高考方向的理解与把握，但接着指出："历史是一门充满趣味的学科，你的教学把它简化成了'背景、过程、影响'，看似帮助学生抽取出了最有助于高考的主干知识，但却太过枯燥，有几分竭泽而渔的意味，这样的教学无法激发出学生对历史学习的兴趣，只能把它当作考进大学的敲门砖。就好比一个人，有筋骨可以站得起来，但如果没有血肉，岂不恐怖？"陈老师语言直率而恳切，蕴含着对我更高的期许，一席话如醍醐灌顶，引领着我向着历史教学的纵深处前进。

二、业务提升期：细节课堂，趣味教学

对一个参加工作不满五年的青年教师而言，出色的教学成绩、地市级优质课一等奖、市学科中心组成员，我取得的这些成绩让同龄的教师羡慕不已，但因为有了陈老师的那一番话，我一点也自豪不起来。陈老师说的没错，高三学生喜欢我，是因为我能够提升他们的成绩，而不是因为喜欢学历史。如何才能让学生喜欢历史课呢？如何让自己的历史课堂更富有亲和力和生命力呢？这些问题在我的脑海里萦绕了很久。2005 年，江苏省高中新课程改革全面展开，我参加了数次新课程培训，专家的讲座和名师的示范课让我有了新的认识：真实的历史远比小说还要精彩，充满了故事和细节，这些故事和细节不就是历史的血肉吗？运用这些故事和细节进行教学，不正可以激活历史课堂吗？就这样，趁着新课改的春风，我对教学进行了重新定位：要让自己的历史课在确保学生高考成绩的同时，让学生喜欢学习历史。

改变课堂，先改变备课。从那时起，我的备课不再以教辅作为主要

参考资料，而是以历史学的典籍和著作为主；不再沿着把教材读"薄"，把历史"线条化"的路子前行，而是以史料、故事、图片、数据等丰富历史的细节，用同一历史事物的不同记载创设冲突情境，让人物和事件不再是标签符号，而是鲜活的历史存在；让历史学习不再是单纯的知识灌输和记忆背诵，而是既有趣味又有思维，让学生可以被逗乐、被感动、被启发。2007年，在徐州市历史教研活动中，我开设的"物质生活和社会习俗的变迁"一课引入了大量的图片、民谣、视频，生动诠释了近代社会习俗嬗递的多彩风貌，其资源的丰富性获得了听课教师的一致好评，被陈伟国老师称作教学的"华丽转身"。课堂改变了，学生更加喜欢学习历史了。有人说"争胜无名局，争分无名师"，连续任教高三多年的我已经走出了刻意追求教学成绩的阶段，但由于我对学科知识体系的通透理解、对教学测评的准确把握，我所教学生的学习成绩依然在全县遥遥领先。

这一时期，在陈伟国老师的指导下，我对课堂的改造，不仅仅体现在将故事和细节引入课堂，而是在课程改革的背景下对教学进行了多方面的思考，并积极地把这些思考转化成了论文。

我对课堂教学的设计意识不断增强，创造出了给课堂添加标题的策略来聚焦课堂的核心，由此，也开始了对教学立意、教学逻辑等问题的探索。

我注重教学资源的开发，尤其是乡土资源的开发。我对乡土资源的运用不仅仅是在常规课堂教学，还运用在了阶段性考试的命题、历史学科探究活动课、校本教材的编写使用上。在进行了大量的教学实践、发表了多篇研究论文的基础上，我的专著《家国同构——乡土资源在中学历史教学中的有效利用研究》于2015年付梓，该研究被评为江苏省的首届精品课题，还获得了江苏省教育科研成果二等奖。

连续十多年的高三教学锤炼了我，让我在成长的关键期没有浪费光阴，而是获得了授课技艺的快速成长。十多年里，我在语言风格、课堂组织、师生对话、教学机智乃至于素材选择、教学设计上都有了巨大进步，这也为灵动课堂教学主张的形成奠定了坚实的基础。

三、风格形成期：灵动课堂，深度教学

"欲成一代经纶手，须读数本要紧书"，回顾每一位名师的成长经历，都有一个不二法门，那就是读书。可以说，教师职业的特性决定了读书与教师成长之间有着一种天然的联系，每一位有成就的教师都离不开持久而深入的阅读。为了提升自己的学科素养，我阅读了大量的历史学典籍、著作和论文；为了提高自己的教学技艺，我同时广泛阅读了教育教学著作和教学研究论文；为增长自己的理论知识，我还进行了三年较为系统的学科教学理论学习，获得了教育学硕士学位。伴随着教学思考的逐渐深入，教育视野的不断开拓，我对历史教学的思考也逐渐由"术"的层面上升到了"道"的层面。

当年陈伟国老师的话语依然回响在我的耳边，我觉得，陈老师言犹未尽，如果将历史课比作一个人，那么，这个人不仅应该有筋骨、有血肉，还应该有头脑、有灵魂，这样的历史课才是活的、有生命的历史课，才是自己想要的历史课。基于深度教学理念，结合前辈学者的研究成果，历经数年的思考和实践，我逐渐形成了集"立意、逻辑、细节、对话"于一体的形神兼备的"灵动课堂"，自己的教学风格初步形成。

2015年，华南师范大学主办的《中学历史教学》杂志在封二"教坛人物"栏目对我做了专版介绍，我首次提出了自己的历史教学愿景——"温情历史、灵动课堂、深度教学"。文中我对"灵动课堂"阐释道："课堂教学应是个性的而不是规定的，可以是透彻讲述，也可以是启迪探究，但都应该透过知识的表层符号，进入到内在的逻辑和意义领域，通过引导思考和感悟，真正实现学习者和历史的对话。"

2016年我到上海市松江一中任教后，新环境、新同事、新师长让我的眼界进一步开阔，尤其是进入周靖老师主持的上海市高中历史德育实训基地学习后，众多知名历史学家、特级教师的授课让我对历史学、对历史教学有了更加深刻的认识。"别裁伪体亲风雅，转益多师是汝师。"几年间，在综合苏派、海派历史教学特点的基础上，我的"灵动课

堂"教学主张更加清晰，并以这一主张为指导开设了十几节市级、区级公开课，获得了教育部部级优课、上海市市级优课、上海市德育精品课等多项课堂教学表彰，还多次赴云南勐海、江苏丹阳等地开设公开课，多篇以"灵动课堂"为底色的教学设计、教研文章公开发表。2017年，人民教育出版社的《中小学教材教学》杂志以《苗家有"女"初长成——记苗颖老师立足课堂的专业发展之路》为题，在介绍我专业成长经历的同时较为细致地介绍了我关于"灵动课堂"的历史教学主张。

课堂是播种的地方，也是收获的地方，而收获的喜悦显然不仅来自教学理念的被认可、教学风格的被肯定，以及各种获奖，更主要的是来自学生的认可，学生的成长和发展。2019年春，学校安排我开设了高三"冲A班"，定时给中等生"加餐"，计划班额不超40人，结果两节课下来，学生数就突破了百人，教室容不下，只好"移师"小礼堂，而为了抢占"有利位置"，校园内还出现了每次大批学生课前飞奔去抢座的"壮观"场面，甚至有些学生中午就提前去占座了。这是我到松江一中任教的第一届高三班，历史学科达A率比往年提升了近一倍。我得到了区校领导、教师、学生的高度认可。但让我更有成就感的还不在此，而是我的7名学生被师范大学历史系录取。当这些学生一个个向我报喜，聊起自己如何受到我的影响而选择历史教育，自己对历史教师有怎样的认识时，我内心涌起了一股巨大的幸福感。"长大后，我就成了你"，真的是一种别样的收获！

2019年10月23日，在周靖老师、潘建荣校长等师长、领导的大力支持下，上海市高中历史德育实训基地和松江区教育局联合举办了"苗颖老师灵动课堂教学主张研讨活动"。活动中，我开设了"流动的王朝——辽宋夏金元的经济和社会"一课，并介绍了"灵动课堂"的基本内涵和形成过程。人民教育出版社报刊社副社长李洁，上海市高中历史德育实训基地主持人、特级教师、正高级教师周靖老师，全国著名特级教师李惠军老师，松江区教育学院副院长董秀龙等领导专家进行了点评、指导，鲍丽倩、郎宇飞、吴国章、施洪昌等沪上知名历史特级教师到场观课。活动产生了良好的影响，李惠军老师"流动的王朝，灵动的课堂"十字评语也被不少同仁引用，鼓励着我在历史学科教学教研的道路上不断探索。

回首 20 年的教育教学之路，我的每一次课堂转型，都是教学理念更新的结果，更是自我成长的一次次跃迁。今天呈现在大家面前的"灵动课堂"主张也许还难入方家之眼，但却是自己的思考所得，是自我的一次"思想整理"，要展现的是一名普通历史教师对历史教学的朴素而持久的热爱。"夜来一笑寒灯下，始是金丹换骨时"，此后岁月，我将用自己更多的心血去锤炼、去反思、去完善我的"灵动课堂"……

第一章

总论

"历史一直在提醒我们：有一个更美好的时代即将来临。"①古往今来,浩瀚的历史给予了我们无尽的馈赠：沧海桑田的变迁、跌宕起伏的故事、感人肺腑的情谊、令人唏嘘的命运、发人深省的道理,安身立命的情怀、沟通天人的智慧。这样一个诠释过去,面向未来的课程,这样一个充盈而厚重的课程资源库,让我们历史教师既兴奋又不安：如何才能让历史教育更有深度,如何才能让历史这个我们曾经的"故园"焕发新的生机? 国家对历史课程的设计给了我们教学的纲要和基本理念,但是,让历史课更具有历史的味道,让历史课的育人价值更充分地彰显,还需要我们一线教师不断探索,不断去开拓历史教育的"新边疆"。

　　20多年里,笔者一直从事高中一线历史教学,在实践层面上对历史教学有着较为全面的感受,也形成了自己对一些教学问题的看法。近几年来,笔者大胆放眼历史学术领域,同时扎根中学课堂实际,以"学术视野,中学立场"的基本态度,对自己教学实践进行梳理归纳和重新建构,提炼出了"灵动课堂"四字。它是笔者的教学风格,也是一种历史教学主张、一种历史课堂样态,是笔者在对历史学、历史教学的深度思考和积极探索的基础上进行的统整和建构,是一种对自我教学特点的个性化表达,是教学思想、教学方式、教学操作的多维统一。

　　灵动课堂的"灵"有两个维度,一是课堂有"灵魂",这个"灵魂"来自课堂教学的高远立意;二是教学有"灵气",这个"灵气"就是课堂教学的顺畅逻辑。灵动课堂的"动"也有两个维度,一是追求课堂的生动活泼,需要教师从历史的"宝库"中寻找能够激发学生兴趣且能够较好达成教学目标的细节性资源;二是开展教学的多维对话,是教师所有关于教学

---

① 朱孝远:《史学的意蕴》,北京:中国人民大学出版社,2002年,第122页。

的设计能够得到落实的关键环节。

灵动课堂不属于时下比较流行的"教学模式"的范畴，没有固定的"放之四海而皆准"的教学套路，不主张也很难随意移植和简单复制；灵动课堂不是一成不变的，是如水的灵动，随物赋形，需要根据教学内容和学情设计教学，正如板桥画竹，胸无成竹而笔有活竹。

第一节　灵动课堂的理论基础

灵动课堂是笔者立足国家立德树人的根本要求，将历史学的学科特质与高中学段的学生特点相结合，以现教育教学理论为指导，以培育学生的学科核心素养为目标，在不断的探索中形成的，有着相对厚实的理论基础。揆其要者，主要包括建构主义、教学设计理论、对话教学、深度教学与深度学习、做历史等。

一、建构主义学习理论

建构主义学习理论是教育学中重要的系统认知理论。它以瑞士著名心理学家皮亚杰为代表，斯腾伯格、维果斯基等心理学家、教育家对这一理论又做了进一步发展和完善。建构主义能较好地说明了学习如何发生、意义如何建构、概念如何形成，以及理想的学习环境应包含哪些主要因素等。

建构主义认为，知识不是通过教师传授得到的，而是学习者在一定的情境中，借助其他人（包括教师和学习伙伴）的帮助（即人际间的协作活动），利用必要的学习资料，通过意义建构的方式而获得的。因此，建构主义学习理论认为情境、协作、对话和意义建构是学习中的四大要素。这就要求教师在设计教学时不仅要考虑创设适恰的教学目标，还要考虑创设有利于学生建构意义的情境，并把情境创设看作是教学设计的最重要内容之一。协作与会话是学习者之间为了完成共同的学习任务而进行的言语、行为的配合，共享与思维碰撞，这些是达到意义建构的重要手段。意义建构是整个学习过程的最终目标，所要建构的意义不是指具体的事实性知识，而是事物的性质、规律以及事物之间的内在联系，这就决定了建构主义学习特别注重知识的内在逻辑，也就是知识结构和学科图谱。①

建构主义提倡在教师指导下的、以学习者为中心的学习。教师是意义建构的帮助者、促进者，而不是知识的传授者与灌输者。学生是信息加工的主体、是意义的主动建构者，而不是外部刺激的被动接受者和被灌输的对象。这种建构是无法由他人来代替的。外部信息本身没有什么意义，意义是学习者通过新旧知识经验间的反复的、双向的相互作用过程而建构成的，学习者"个人会把新旧知识联系起来建构出新的意义"②。教师与学生、学生与学生之间需要共同针对某些问题进行探索，并在探索的过程中相互交流和质疑，了解彼此的想法。建构主义理论让笔者形成了"以学习为中心""以学定教""情境是教师精心构建的促进学习的重要场域""在教学情境中开展的多维对话是促进意义建构的重要手段"等认识。

在此，需要突出强调的是，笔者更加认可的是"以学习为中心"，而不是"以学生为中心"。近年来，"以学生为中心"的思想及与之相应的教学模式很多，对改变课堂教学方式促进很大，但我们也应该看到，一些"明星学校"为了凸显学生的"主体""中心"地位，过度强调了学生的自主学习，甚至把整节课都交给学生，老师反而成了"看客"。对此，笔者持保留意见。由于学科之间有差异，对于其他学科的教学，笔者不敢过多置喙。但就历史学科而言，史实性知识和基本结论，学生的自学是完全可以的，但高中更多的是强调对历史的深度认识和"神入"感悟，指向的是学科核心素养及史学思想方法，这些，没有教学情境，没有问题

①　高文、徐斌艳、吴刚：《建构主义教育研究》，北京：教育科学出版社，2008 年，第 26—30 页。

②　[美]理查德·阿兰兹：《学会教学》(第六版)，丛立新等译，上海：华东师范大学出版社，2007 年，第 340 页。

引领，没有方法点拨，没有深入对话，是无法实现的。相对于"满堂灌"，自主学习理念是可贵的，是值得大力提倡的，但用"放羊"取代"填鸭"是从一个极端走向另一个极端，同样是值得警惕的。作为一种学习方式，以目标为导向，以问题为抓手的自主学习可以前置到预习环节，也可以用于课堂教学，但课堂更需要的是师生基于情境的探究、感悟与交流。

二、教学设计理论

教学设计是把教学原理转化为教学材料和教学活动的预设计划。实际教学中，教材、教辅等教学资源很难满足正常的教学目标需求，"在很多场合，都需要教师自己编写教学材料、练习题、补救教案"[①]。进入21世纪以来，伴随着新课程的实施，教学设计逐渐取代了原有的"教案"，成为教学中的重要语词，而出于素养教学的新需要，教学设计因更有教学的针对性、实效性而得到了越来越多的重视。深入学习教学设计理论是近年来笔者教育教学理论学习的重要内容。对笔者影响最大的教学设计理论自然首推加涅的《教学设计原理》，其次是格兰特·威金斯的《追求理解的教学设计》、Gary R. 莫里森等人的《设计有效教学》等著作。

加涅把教学定义为"嵌入有目的活动中的促进学习的一系列事件"，"强调的重点放在了教师用来使学生参与到学习活动中去的完整的活动范围"[②]。加涅提出了"ADDIE""一般化""情境化"等教学设计模型，还提出了以问题解决这一"智慧技能"作为重要的教学指向。问题解决是"学习者在新情境中选择和运用规则以寻求解决的活动。在问题解决过程中，学习者建构的是新的高级规则。这一新规则综合了其他规则和概念，可被学习者用以解决同类型的其他问题"。"问题解

①　［美］Gary R. 莫里森等：《设计有效教学》，严玉萍译，北京：中国轻工业出版社，2007年，第14页。
②　［美］R·M·加涅等：《教学设计原理》（第五版修订本），王小明等译，上海：华东师范大学出版社，2018年，第2页。

决是通过让学习者解决问题来教的",而为了实现这一目的,教师应该"创设出可以促进这些技能习得的情境"①。设计过程需要学生和教师之间,学生和教学内容之间动态的互动,多种活动才能实现这一目标。这个过程需要创造性,这样才能产生开放式的,甚至是未预料的学习经验。

加涅还指出,教学设计并不是唯一的,"有多少设计者与设计情境,就有多少设计模型。每一个设计者都将自己对影响学习的原理与事件的理解以及如何最佳地安排教学结构的理解带到了设计过程中"②。"设计者并不设计完美的教学,他们只是使教学设计趋于完美。"③正如学习者是独特的个体一样,教学设计者也是独特的个体,每个教学设计者都有自己对教学内容的理解,都有对学生学情的了解,都有自己擅长的教学方法和策略。教授相同学科,针对相同学习目标的两个设计人员也可以有不同的优秀设计,两个设计都可以实现理想教学。加涅等关于教学设计的经典理论,深化了笔者对教学设计的一些"元问题"的认识,也让笔者更加系统地规划自己的历史课堂。

教学设计该如何展开? 应该采用怎样的流程?《追求理解的教学设计》给了笔者较大启发。在威金斯看来,好的教学设计应该是逆向的,在考虑如何开展教与学的活动之前,先要关注的是学习期望,即学习要达到什么目的,哪些证据可以表明学习达到了这一目的。据此,他把教学设计划分为三个阶段:确定预期的效果,确定合适的评估证据,设计学习体验和教学。这种以终为始的思想深刻地影响了笔者,但笔者又完全认可"单元和课程在逻辑上应该从想要达到的学习结果导出,而不是从我们所擅长的教法、教材和活动导出"④的观点。威金斯对"理解"一词的阐述也促进了笔者对历史教学内容结构和目标的理解。除了将"理解"在"横切面"上划分为解释、阐明、应用、洞察、自知和神入6个维度外,还在"纵切面"上将理解的基础分为了需要熟悉的知识、需

---

① 〔美〕R・M・加涅等:《教学设计原理》(第五版修订本),王小明等译,第72页。
② 〔美〕R・M・加涅等:《教学设计原理》(第五版修订本),王小明等译,第3页。
③ 〔美〕R・M・加涅等:《教学设计原理》(第五版修订本),王小明等译,第4页。
④ 〔美〕格兰特・威金斯、杰伊・麦克泰格:《追求理解的教学设计》,闫寒冰等译,上海:华东师范大学出版社,2017年,第14页。

要理解和完成的重要内容、大概念和核心任务三个层面①。这三个层面对应在历史学科上，不正是基本的历史史实、宏观的知识结构、核心历史概念和学科核心素养吗？教学设计不正是要通过各种逻辑形式达成学生对这三个层面融会贯通的理解吗？此外，"围绕问题进行设计""为理解而教""通过精心设计的学习体验来揭示核心内容的可能含义"，以及区分"内容的逻辑"和"理解内容的逻辑"等思想，都给了笔者启示并体现在了灵动课堂的实践中。

三、对话教学理论

对话教学是一种以言语沟通，思想交流为主要形式的教学观念或者方式。"对话是一种教学关系，它以参与者持续的话语投入为特征，并由反思和互动的整合所构成。"②在我国课程改革的指导性文本《基础教育课程改革纲要（试行）解读》中，钟启泉等学者明确指出："教学原本就是形形色色的对话。"③对笔者影响最大的对话教学思想来自巴西教育家保罗·弗莱雷。

弗莱雷极力批判传统的"灌输式"教育，认为"讲解把学生变成了容器，变成了可任由教师灌输的存储器。教师越是往容器里装的完全彻底，就越是好教师；学生越是温顺地让自己被灌输，就越是好学生"④。这种行为背后是"人与世界可以分离的假设""促进了学生的轻信"。他否认人是抽象的、孤立的存在，提出要通过"提问式教育"和对话来改变学生"被压迫者"的状态，并把对话提升到了极高的地位："对话是人与人之间的接触，以世界为中介，旨在命名世界（即认识世界）。"⑤"没有

---

① ［美］格兰特·威金斯、杰伊·麦克泰格：《追求理解的教学设计》，闫寒冰等译，第4页。
② 张华：《对话教学：含义与价值》，《全球教育展望》，2008年第6期。
③ 钟启泉、崔允漷、张华主编：《基础教育课程改革纲要（试行）解读》，上海：华东师范大学出版社，2001年，第210页。
④ ［巴西］保罗·弗莱雷：《被压迫者教育学》，顾建新等译，上海：华东师范大学出版社，2014年，第35页。
⑤ ［巴西］保罗·弗莱雷：《被压迫者教育学》，顾建新等译，第54页。

了对话,就没有了交流;没有了交流,也就没有真正的教育。"①

弗莱雷极力提倡"对话式"和"提问式"的双向乃至多向教育交流,并强调交流的前提是师生平等,这就突破了传统的师生关系的定位,实现了教师和学生的角色重建。"教育作为自由的实践",教师与学生应该"同时互为师生"。张华教授对此进一步解释为:"他(教师)自身也在与学生的对话中受教育,他(学生)在被教的同时也在教别人。教师和学生成为同一个过程的共同负责者,在此过程中,他们共同成长。"②为此,弗莱雷强调"爱同时是对话的基础和对话本身"③,"合作是对话行动的特征"④。这些闪光的教育思想让笔者心有戚戚,在灵动课堂的建构中,可以找到这些思想的影子。

在操作层面上,许多老师关于对话教学的实践给了笔者借鉴与启发,较为重要的是首都师范大学张汉林老师的《历史教学的三层对话模式》⑤和《史料研习中的三层次对话》⑥。在两文中,张老师提出历史教学中的对话三层次,即"学生与历史的对话""学生与他人的对话""学生与自我的对话"。结合自己的思考,笔者将巴赫金关于对话的论述融入了历史教学中:"相互比较的两部言语作品,两个表述,要进入一种特殊的含义关系,我们称之为对话关系。"⑦基于此,就有了创史者、叙史者和阅史者之间的多维对话。当然,更多的对话还是发生在师生之间、生生之间,为了营造良好的对话环境,笔者梳理了在教学情境创设、探究问题设计等多个方面的做法。

四、深度学习与深度教学

深度学习是瑞典学者弗伦斯·马顿(Ference Marton)和罗杰·萨

---

① [巴西]保罗·弗莱雷:《被压迫者教育学》,顾建新等译,第 59 页。
② 张华:《对话教学:含义与价值》,《全球教育展望》,2008 年第 6 期。
③ [巴西]保罗·弗莱雷:《被压迫者教育学》,顾建新等译,第 56 页。
④ [巴西]保罗·弗莱雷:《被压迫者教育学》,顾建新等译,第 139 页。
⑤ 张汉林:《历史教学的三层对话模式》,《中小学教材教学》,2017 年第 3 期。
⑥ 张汉林:《史料研习中的三层次对话》,《历史教学》(中学版),2018 年第 6 期。
⑦ [苏联]巴赫金:《文本、对话与人文》,白春仁译,石家庄:河北教育出版社,1998 年,第 329 页。

尔乔(Roger Saljo)在 1976 年提出的，其概念源于人工神经网络的研究。与浅层学习相对应，深度学习是指在真实复杂的情境中，学生运用所学的本学科知识和跨学科知识，运用常规思维和非常规思维，将所学的知识和技能用于解决实际问题，以发展批判性思维、创新能力、合作精神和交往技能的认知策略。

2005 年，何玲、黎加厚率先介绍了国外关于深度学习的成果，指出深度学习是指在理解学习的基础上，学习者能够批判性地学习新的思想和事实，并将它们融入原有的认知结构中，能够在众多思想间进行联系，能够将已有的知识迁移到新的情境中，作出决策和解决问题的学习①。2014 年，中国教育科学院院长田慧生先生带领一个团队对深度学习开始了深入研究，并取得了令人瞩目的成果。深度学习立足于真实情境的问题解决、侧重于高阶思维能力的学习评价、基于整合思维的整合性学习、突出深度思辨的思维指向是其主要特征。华中师范大学郭元祥教授还提出了深度学习的三个基本标准，即学习的充分广度、充分深度和充分关联度②。总之，深度学习的核心是意义建构、知识迁移、问题解决、思维提升，其本质是学会学习、学会应用③。当下，深度学习的理念已经为越来越多的人所重视。

深度教学的理念近年来在华中师范大学郭元祥等学者的呼吁下，也逐渐引起了教育界的关注。郭教授认为，知识具有三个不可分割的组成部分，即符号表征、逻辑形式和内在意义。学习中，让人真正受用终生的不是符号知识本身，而是其背后所隐含的思维方式、价值观念以及在知识学习过程中所获得的情感体验。跳出知识本位主义，追求深度教学的认识在国外教育界一直是研究的重点，杜威的"以问题为导向的课堂"，皮亚杰、维果斯基的建构主义理论，布鲁纳的让学生通过体验，自己发现观点，建构意义的发现学习，都在试图超越知识与技能目标，追求思维的更高发展和情感的深度体验。在国内，早在半个世纪

① 何玲、黎加厚：《促进学生的深度学习》，《现代教学》，2005 年第 5 期。
② 郭元祥：《深度学习：本质与理念》，《新教师》，2017 年第 7 期。
③ 郭华：《深度学习及其意义》，《课程·教材·教法》，2016 年第 11 期。

前,潘光旦先生就提出过相似的问题。他认为中国教育没有跳出三个桎梏,即普及读书写字的平民教育,教人吃饭本领的技能教育,培养专家和文官的人才教育。这些教育和"育人"都离得很远,并明确提出教育不是训练、教育不是宣传,而是要唤起学习者的内在智慧。

历史是一门塑造人的课程,其价值不仅在于历史知识的传输,学科能力的培养,更关乎"正确的世界观、人生观、价值观、历史观"①的形成,涉及人类信仰、文化的选择,传承和发展等精神领域的重要问题。要让历史教学更具思维含量,让历史教学在塑造人格方面发挥更大的作用,让历史教学成为学生的智慧之旅,就必须让教与学走向"深度"。

五、"做历史"教学

传统知识观以知识为中心,把知识看成是客观的存在物,以静态的方式存在,"主要突出的是学科领域内已经形成了的基础知识,它以客观真理的面目出现在学生面前,要求学生理解、掌握和运用"②。在这种知识观的指导下,历史教学的重点是历史史实和历史结论,而教学就是要通过讲授和练习等方式让学生掌握历史事件的背景、过程、结果、影响,掌握时代特征和重要结论,甚至于掌握"历史发展规律"。

当代新型知识观迥异于传统知识观,它认为,知识内在于人的经验构造,是一个动态的过程,客观世界的性质及其关系的暴露往往是一个动态的历史过程,作为认识成果的知识亦是一个动态的过程,因而特定历史条件下人的认识具有有限性,知识不再是静止的。知识的获得是一个积极的内化过程,是学习者与信息的动态交流过程③。核心素养概念的提出和 2017 年版高中历史课程标准的颁布清晰地告诉我们,历史学习的任务不再仅仅是史实和结论的掌握,不再是概括好的,通过记

---

① 中华人民共和国教育部:《普通高中历史课程标准》(2017 年版),北京:人民教育出版社,2018 年,第 1 页。
② 叶澜:《重建课堂教学价值观》,《教育研究》,2002 年第 5 期。
③ 潘洪建:《当代知识观及其对基础教育改革的启示》,《教育研究》,2004 年第 8 期。

忆和背诵就可以创造好成绩的文本，更在于领略和体验科学的历史探究方法，知悉如何获取历史知识。

所谓的历史研究"直接经验"，就是基于新型的知识观和 2017 年版课程标准的理念，教师通过各种教与学的形式组织学生开展模拟历史研究，通过实践操作，增加历史研究的"直接经验"，知悉历史学的基本方法和治学路径。美国历史教学中"做历史"（doing history）的教学实践值得我们借鉴。"做历史"将历史课堂看作"实验室"。在"实验室"中，师生围绕一个个具体的历史主题，从原始资料、第二手资料、历史编纂学、注释学、探索方法五个方面动手"做实验"①，让学生在合作探究的过程中追寻历史真相，建构历史学习的意义。这种"做历史"教学正是在帮助学生获得历史研究的"直接经验"。历史史料是丰富多样的，广泛存在于各种文献、遗址和乡风民俗中，这为"做历史"的实施提供了极其有利的条件。"做历史"是一种创设情境的体验学习，是新课程所倡导的学习方式。高中阶段，教师可以选择一些具有启发意义的、富有趣味的问题，组织学生像历史学家一样对史料进行搜集、整理、辨析、运用，让学生在合作探究的过程中习得治史方法和路径，深化对历史学习的认知。

"做历史"教学不是要培养未来的历史学家，而是要让学生学会像历史学家一样思考，提升历史学科关键能力，以应对纷繁复杂的社会现实。正如加德纳②所说："让学生研究各种学科的目的，不是希望他们变成特定领域的小专家，而是训练他们学习这些思考模式，对他们未来即将面对的世界有所帮助。"

为帮助学生建立历史研究的直接经验，"做历史"以学生的自主探究为主，但却需要教师的具体指导。新课程改革以来，我们对学生的"主体地位"强调得比较多，"教师是平等中的首席"是非常常见的说法，但这并不意味着教师在教学活动中"靠边站"。笔者以为，新型师生关系应包括两个方面：一是师生之间的伦理关系，即民主平等、互相尊重

① 　刘立新：《讲历史与"做历史"》，《历史教学》（中学版），2010 年第 12 期。
② 　［美］加德纳：《学习的纪律》，鲁燕萍译，北京：商务印书馆，2000 年，第 196 页。

的关系;二是师生之间的文化传承关系。教师拥有相对较多的专业知识、经验和阅历,对学生的适时点拨和指导可以收到事半功倍、豁然开朗的效果,"做历史"更是如此。"做历史"的教学理念对中学历史教师的知识结构提出了新的要求,教师必须较全面地掌握基本的史料学知识和史学理论方法,毕竟"要提升学生的核心素养,首先要提升教师的核心素养"①。

一般来说,由于历史研究具有一定的系统性和复杂性,"做历史"无法一蹴而就,需要采取课堂内外结合的方法,在学习时间紧迫的高中阶段,这种学习活动不宜过多。教师应该根据地域特色、学生层次、资源状况以及师资状况,选定几个学生感兴趣的研究主题,少而精地组织学生"做历史"实践。完整的"做历史"包括选择主题、拟订方案、合理分工、资料搜集、信息提取和解读、推演论证、成果表达等环节。针对学生的薄弱环节,教师可以根据需要有侧重地练习,比如对互相冲突的史料进行比较解读,对给定观点进行论证阐述等。由于是亲身实践,学生在"做历史"中所获得的学科认知是深刻的,这种"直接经验"不仅能够带领学生体验历史学家的工作,更能够有效培育"史料实证""历史解释"等多方面的素养,对学生的成长大有裨益。

第二节 灵动课堂的整体建构

灵动课堂是一种课堂教学样态,不是可以简单复制的教学模式,更没有固定的教学套路,而是旨在挖掘历史教学的深层意义,充分发挥历史学科的育人价值。虽然没有固定的套路,灵动课堂却并不单纯是理念层面的思考,而是基于实践的,是有迹可循的。灵动课堂是"形"与"意"的结合,具体说来,灵动课堂的"形"表现为四个基本要素;"意"则是指灵动课堂内蕴着三个基本诉求,操作中,笔者将灵动课堂的整体教

---

① 黄牧航:《历史学科核心素养和历史教师的专业发展》,《历史教学》,2016 年第 6 期。

学设计划分为五个步骤。

一、灵动课堂的三个诉求

（一）探寻学科核心素养的落地路径

2017 年版的《普通高中历史课程标准》在"基本理念"部分强调，历史教学要"以培养和提高学生的历史学科核心素养作为目标"，"逐步形成具有历史学科特征的正确价值观念、必备品格和关键能力"[①]。灵动课堂从教学设计开始，就把学科核心素养作为教学的基本导向。在深入研究课标和核心素养的基础上，力求搭建课标理念到课堂实践的桥梁，在探索和改革的道路上更充分地挖掘历史学科的教学价值。

灵动课堂的实践中，笔者既注重五大核心素养的综合性和关联性，也致力于将核心素养落细、落小、落实，细化分解为教学的具体指向和要求。目前，笔者已经基本完成了对历史学科学科核心素养的分解工作[②]，并基于学生实际，有规划、有层次、有针对性地在教学中达成。

（二）胜任高中统编教材的教学要求

2019 年秋开始，高中统编三科教材已在上海等六省市使用。这是一次影响巨大的教育改革。高中统编历史教材采用的是"纲要式"编写体例，以通史为主，小专题为辅。这部教材面广量大，给教师带来了新的挑战，也必将成为近几年教学研究的重点。灵动课堂注重整体建构，问题解决，深度学习，对于应对并胜任统编教材教学有一定的优势。

针对大家反映较多的统编教材"内容很'丰满'，表述很'骨感'"的现状，灵动课堂积极探索在"骨感"的基础上注入灵魂（立意）和血肉（细

---

① 　中华人民共和国教育部：《普通高中历史课程标准》(2017 年版)，第 2 页。
② 　公开发表的相关论文主要有：《史料实证素养的教学分解初探》，《历史教学》(中学版)，2017 年第 2 期；《高中历史空间观念素养的教学分解》，《课程·教材·教法》，2017 年第 11 期；《从高考考查谈时间观念的教学分解》，《历史教学》(中学版)，2018 年第 6 期。

节),在"丰满"的内容下勾勒线条(拉线索,重结构),并通过立意统领,板块呈现,抓大带小,重点突破的系统化教与学活动设计落实新课标、新教材的理念,以课堂对话为主要手段用好教材的各栏目,力争探索出一条统编教材教学的普适性路径。

(三)促进历史学科教师的专业发展

课堂是教师安身立命的根本,教师的专业发展总是从课堂起步,在课堂收获。对灵动课堂的实践探索是教师更新课程教学理念,提升自身专业素养的重要抓手。

在灵动课堂的实践中,笔者阅读了大量历史学、教育学的经典著作,几乎翻"烂"了课程标准,不断地尝试教学的新思路、新方式、新资源。这不仅是对自己思想的梳理,更是一次系统性的深度学习。几年来,在笔者的带领下,松江一中乃至整个松江区历史教师的专业发展的意愿普遍增强,形成了良好的区域教研氛围。

二、灵动课堂的四个要素

灵动课堂包含四个基本要素:高远的教学立意是灵动课堂的灵魂,顺畅的教学逻辑让灵动课堂充满灵气,多彩的史学细节使灵动课堂生动鲜活,多维的课堂对话增强灵动课堂的互动色彩。

(一)高远的立意——灵魂

历史教学立意是教师基于一课时的教与学而形成的、蕴含思想性和价值判断并统领全课的历史见解,同时也可以提供一种释史的视角。如果把课堂教学过程看作一支箭的话,那么这支箭的箭镞就是具有内在张力和通透质感的教学立意,它既引领着课堂教学的方向,也是表达教学价值诉求最主要的着力点。

教学立意来自教师对教学内容的深度解读,更来自教师对历史学本身的深邃领悟。它以文本的统整、史事的联系、教学的组织为基础,并作为一堂课的基调弥漫在教学过程中,能够充分展示历史学科的特质,"引领学生通过历史学习,认清历史发展规律,对历史与现实有全面、正确的认识,形成实事求是的科学态度以及正确的世界观、人生观、价值观和历史观"有重要的作用①。

(二) 顺畅的逻辑——灵气

教学和行文一样,既有内在脉络,又有起承转合。历史发展自有其逻辑,历史学习与研究就是要考察历史的发展脉络和因果逻辑,进而探寻历史的走向。学生认知也有其逻辑,教学必须基于学生的认知基础、兴趣、特性和规律。历史学的逻辑和认知逻辑构成了教学的逻辑,让课堂因为内在关联而成为一个整体,富有灵性和灵气。

教学逻辑是历史教学的基本学理,是实现教学结构化的重要抓手。教师在理解并综合历史发展的基本逻辑、历史研究的基本逻辑、教材内容的呈现逻辑以及学生学习的认知逻辑之上,形成一节课的教学逻辑,并借助教学逻辑让教学的板块设计合理,活动过程顺畅而无阻滞。周靖老师曾谈到一堂好课有五个标准:知识信息的丰富性、核心概念的聚焦性、教学结构的逻辑性、诠释论证的思辨性、过程方法的迁移性②。后三个标准都和教学逻辑直接相关。

(三) 多彩的细节——生动

历史细节是在微观层面、中观层面对历史事物的记述,内容多样,包括人物、故事、图片、实物、音像、数据等。曾经的历史课堂没有故事、没有矛盾冲突,没有偶然性,只有历史发展的宏大叙事和必然规律,一堆专业性极强的历史概念和基本结论,高不可攀,遥不可及,以至于让不少教师叹息"学生喜欢历史而不喜欢历史课"。可以说,丰富多彩的历史细节知识不仅有助于学生理解"历史演进的基本过程以及人类在历史上创造的文明成果",理解"历史发展的基本规律和

① 中华人民共和国教育部:《普通高中历史课程标准》(2017 年版),第 2 页。
② 周靖:《怎样上好一堂课》,《历史教学》(中学版),2019 年第 6 期。

大趋势"[1]，"道不远人"，多样的细节更能让中学历史课堂有趣有料，有笑声，有共鸣。

灵动课堂的历史细节并不是碎片化的呈现，更尽力回避那些哗众取宠式的历史"趣闻"和"秘闻"。灵动课堂的历史细节选择服务于教学立意，是达成教学目标，培育学生学科核心素养的重要素材。

（四）多维的对话——互动

雅斯贝尔斯说："对话便是真理的想象和思想本身的实现。对话以人及环境为内容。在对话中，可以发现所思之物的逻辑及存在的意义。"[2]课堂是师生共同建构学习意义的场所，师生之间、生生之间蕴含教育性的相互倾听与言说、碰撞与探讨、欣赏与评价，是学习目标达成的主要路径，说的绝对一点，教师的所有教学意图都需要通过课堂上的师生对话来实现。

历史灵动课堂的对话关注三种人：创史者、叙史者、阅史者，并以三种人之间的交互对话而展开。师生、生生之间的对话交流也就是阅史者之间的对话以历史教学情境为基础，以问题为导向展开。

历史学科既有追求真实的科学性，又带有主观解读和判断的人文性，这两个看似不相容却又协调统一的学科特点决定了历史学科在育人上具有既重理性思维，又重情感熏陶的独特价值，而灵动课堂的立意、逻辑、细节和互动均是基于这个复杂性特点而展开的。四个要素之间，立意居于最顶端，相当于一个人的"大脑"；逻辑则隐藏在内部，相当于人的"骨架、血脉和神经"，没有具体的外显特征却不可或缺；细节相当于人的"血肉"，让历史教学多姿多彩；对话则相当于人的"新陈代谢系统"，是教育教学的基本活动，一刻也不能停止。后文各章将分别细致阐述这四个要素。

---

[1]　中华人民共和国教育部：《普通高中历史课程标准》(2017年版)，第1页。
[2]　[德]雅思贝尔斯：《什么是教育》，邹进译，北京：生活·读书·新知三联书店，1991年，第10页。

三、建构灵动课堂的五个步骤

灵动课堂有四个基本的要素，教学指向的是历史学科五大核心素养，但从实际操作来说，四个要素、五个素养并不是割裂的，它们有着一定的相对独立性，但却更有着交错融合的整体性。因此，在教学实践中，灵动课堂倡导以素养为导向的整体建构。

（一）在深度解读教材和借鉴史学研究成果基础上，凝炼教学立意

灵动课堂倡导立意先行。教学立意并不是放之四海而皆准的，它会根据教师的教学风格、学生的学习基础而做出相应变化，但无论哪一种教学立意，都要以深度解读教材，广泛涉猎史学研究成果为基础，在统编教材背景下，更是如此。

教师对教材的深度解读是一个"先入后出""入而能出"的过程。[①]"入"是指深入探析教材的内容结构、编写逻辑、核心诉求、单元主旨、前后关联；"出"是指跳出教材，从课程标准、学术研究等维度反观教材，从多维视角的交融中凝炼教学立意。

（二）在教学立意的统领下，设计指向学科核心素养的教学目标

教学目标是一节课完成后要达成的结果。有学者提出要将其表述为学习目标。其实，貌似视角有了变化，但究其实质，两者是一致的，因为表述成学习目标也并不是学生自己设定的，依然是教师针对学生实际，从学业质量水平达成的维度预设的。更换表述只是要强调教师的教学目标要更加侧重学生层面的达成度。

新课标和统编教材的背景下，高中历史灵动课堂的教学目标拟定以教学立意为统领，以学业质量标准为依托，以五大学科核心素养的落实为宗旨。"不仅要从整体上设计模块的教学目标，而且要依据课程标

---

① 刘晓兵：《入而能出：开放视野下的教材处理》，《历史教学》（中学版），2013 年第 4 期。

准具体设计学习主题的教学目标和课时的教学目标,以使教学全过程能够紧密围绕学科核心素养的培养,达到学业质量的要求。"①灵动课堂的教学目标书写以课时的具体教学内容为载体,以五个学科素养的具体化、层级化为基本形式。

(三)根据教学立意和教学目标,规划教学板块,形成教学逻辑

当下的历史教材,在每一节课文内基本都是分成几个子目,介绍几个相关联又相对独立的历史事物,灵动课堂的教学主张以此为样式,采用板块式的课堂教学结构。每一课时安排若干个学习板块,每一个板块围绕一个中心问题,侧重某一两个教学目标,内部逻辑清晰,史论结合,形成一个相对独立的系统。

一节课的各板块之间并非完全独立,更不是"各自为政"的,板块之间可以是并列关系、递进关系、点线关系、因果关系、表里关系等。不管怎样,其背后都要有清晰的逻辑关系,起承转合自然、流畅。这种内部的教学逻辑是埋在教学设计之下的"暗线",宛如人体的"血脉",让教学的各环节之间的沟通内隐却不可或缺。

(四)运用多种细节史料创设教学情境,完善教学设计

在框架、板块清晰后,下一步自然就是组织各种素材,创设教学情境,系统设计课堂教学。历史学科的教学情境设计需要教师精选典型的、新颖的史料素材,需要教师"上穷碧落下黄泉,动手动脚找东西"。可以进入课堂的史学素材不拘一格,文字记载、口述故事、数据图表、图片绘画、语音影像、实物仿品、场景表演等,都可以使用。

历史灵动课堂的教学情境应该具有带入感、体验性和结构化,能够有效引导学生"神入"历史现场。要围绕历史学科关键能力的培育设计多维度、阶梯式的问题,借助文本阅读、自主探究、小组讨论等形式引发学生的深度学习。

---

① 中华人民共和国教育部:《普通高中历史课程标准》(2017 年版),第 46 页。

（五）以多维对话为手段，实施课堂教学

和教学设计相配套，教师还可以开发相应的辅助学习工具，比如预习单、导学单、课件、结构化板书、课后作业等。教学实施中，灵动课堂倡导以真实问题情境下的问题解决为教学基本途径，以多维度的对话落实各项教学意图，实现学生的学科关键能力和必备品格的提升，并引领其形成积极正确的价值观念。

第二章

高远立意：灵动课堂之『灵魂』

第一节 百舸竞流：立意问题
研究概览

教育是人学。无论教授哪个学科，采用哪种教学方式，终极目标都是指向培养具有健全人格的现代公民。100多年前，蔡元培先生就曾在《一九零零年以来教育之进步》一文中说："教育者，养成人格之事业也。使仅仅为灌注知识、练习技能之作用，而不贯之以理想，则是机械之教育，非所以施于人类也。"[①]雅斯贝尔斯也说："教育是人的灵魂的教育，而非理性知识和认识的堆积。"[②]"教学立意"这一概念一经提出迅速成为广受关注的"热词"，正是新课程背景下教育者对教育本质的叩问和深度思考。

历史教学界对教学立意的关注明显多于其他学科。在中国知网上以"教学立意"为篇名关键词进行搜索，可得相关论文92篇，其中三分之二都是关于历史学科教学的。为什么历史学科如此重视教学立意的探索呢？这恐怕与历史学科的特质密不可分。柳诒徵先生说，"史学之大用，从普适的角度说，乃在帮助人类认识自身"[③]。往事如烟，但对往事的思考却可以让后人汲取历史智慧，过好未来的生活。历史是一门塑造人的课程，它的价值不仅在于历史知识的传输、学科能力的培养，更"涉及人类的信仰，文化的选择、传承和发展等精神领域"，所培养的

---

① 张圣华主编：《蔡元培教育名篇》，北京：教育科学出版社，2007年，第29页。
② ［德］雅思贝尔斯：《什么是教育》，第4页。
③ 柳诒徵：《历史之知识》，《柳诒徵史学论文集》，上海：上海古籍出版社，1991年，第81页。

是"能够从历史中获得自省且释放文明光芒的人"[①]。长期以来，我们过多关注于知识的传授，而对学习者精神的育化缺少重视。历史教学领域对教学立意的高度关注，正是历史教育工作者反省自身使命，深度挖掘历史学科育人价值的表现。

历史教学中的教学立意概念有着较为清晰的发展轨迹。不过，当前有关教学立意的概念表述并不统一，有直接使用"教学立意"的，有使用"课堂灵魂"或者"课魂"的，有倡导"内容主旨"的，有使用"教学主题"的，也有"主线""核心概念"等用语。人们对其内涵的阐释更是不一而足。这一现象展现出了该研究的"热度"和生机。揆其要者，以下几种观点和主张最具代表性。

一、"中心"说

20 世纪 80 年代，上海市首批特级教师包启昌提出"一堂课一个中心"的主张。他提出，所谓"中心"，实际上是一堂课的真正重点。老师教学中习惯上把某一部分内容作为重点，有的在一堂课里有好几个重点。为了区别这种所谓"重点"，包老师就把这个最为重要的点称作"中心"。他所说的"中心"似乎应是具体的，又是系统的，好像是一个拎襻，能使学生每堂课获得的知识是完整的一串，便于学生理解并牢固掌握课堂所学。正如他所言："一堂课一个中心使教学内容系统性增强，逻辑严密，有利于发展学生的思维。一堂课一个中心的先决条件是深入钻研大纲、教材，明确大纲要求，弄清概念和概念体系，以及教材的中心材料，然后对整篇或整章的课时中心做有计划的安排。"[②]

2001 年起，新课程改革如火如荼地展开，为进一步提升教学质量，海南的傅元根老师进一步发展了包启昌"一堂课一个中心"的主张。"一课的中心实际是一课的真正重点，而且是能够统率全课、带动一般

---

① 赵亚夫：《历史教育理论建设的几个重大问题（1）：学校历史教育究竟解决什么样的问题》，《中学历史教学参考》，2006 年第 5 期。
② 包启昌：《一堂课一个中心》，《历史教学》，1988 年第 4 期。

的张目之纲。"①"在宏观层面上，一课要有一个课题中心，同时，在微观层面上，一课还要有情境中心、内容中心和问题中心。"②那么，怎样确定这个课题中心呢？傅元根认为，"关键是根据课程标准，依托教材内容，把握一课教材在整个模块中的地位，弄清本课教材的内容构成及相互关系，然后找准本课的一个中心之所在"③。

在注重知识本位的 20 世纪 80 年代，"中心"说无疑给平面化的历史教学增添了一抹亮色。在此基础上，历史教师开始了对教学内容的深入思考与探索。但究其根本，这种"中心"说其实也只是指一堂课的核心内容或者核心概念，即"重点"中的"重点"。它并没有完全跳出知识主体的窠臼，更没有鲜明提出思想、观念层面的教学思考。但考虑到 20 世纪 80 年代的历史教学是以知识立意的"教教材"，这种认识已经超越了当时历史教学界的普遍认知，可以看作是教学立意思想的起点。

二、"主题"说

如果说"一课一个中心"还没有跳出关注教学内容的思路，"主题"则是历史教师从更加宏观的视野表达教学立意的较早用语。2003 年，无锡市的戴文君老师提出在历史学科综合实践课程中实施"主题探究"教学模式的主张④。2007 年，连云港历史教研员刘俊利老师较清晰地提出了教学主题的概念："主题是一种思想、一种观念。历史课堂教学的主题是统领整个课堂教学，通过对某课历史知识的分析、比较、归纳和概括，让学生感觉历史变化，感悟历史真谛，最终内化为师生情谊的指导思想。它既是课堂教学的统领者，又是师生情谊的发展内容。历

---

① 傅元根：《普通高中新课程历史教学设计的新探索——人教版普通高中新课程〈历史〉必修Ⅰ教学问题探讨》，《历史教学》，2005 年第 5 期。
② 傅元根：《对"一课一个中心"问题的再思考——兼评海南省第三届普通高中历史课堂教学优质课评比活动》，《历史教学》，2006 年第 8 期。
③ 傅元根：《普通高中新课程历史教学设计的新探索——人教版普通高中新课程〈历史〉必修Ⅰ教学问题探讨》，《历史教学》，2005 年第 5 期。
④ 戴文君：《历史新课程综合实践活动——乡土人文主题探究教学模式》，《中学历史教学研究》，2003 年第 3 期。

史课堂教学中的主题来源于学生现实生活中人格发展的需要，来源于某课历史知识所蕴含的情意，它是学生人格发展与历史知识所蕴含情意的交集，是一节课的灵魂。"刘老师认为，主题能够让历史课堂充满"灵气"[1]。

齐健教授在其专著《走进高中历史教学现场》中，从不同角度对主题式教学进行了阐述，"从教学目的上说，开展主题式教学的根本目的是要求学生围绕教学主题，运用多种学习资源展开学习，以此来培养学生的实际能力。从教学内容上说，教师以学生的发展为根本目的设计主题以及相关的教学资料，从而摆脱传统书本内容的束缚，使得教师设计、组织的主题内容成为教与学的内容中心。从教学方式上说，主题式教学是指教师确定一个或者多个教学的主题，学生围绕教师设计的结构化主体而进行学习的一种教学方式"[2]。

基于以上研究，衢州市教研员陈春露老师对"主题教学"做出了更清晰的界定："就是要以鲜明的教学主题来统领全部教学内容，实施课堂教学。正如写文章必须要具备中心思想来反映作者的写作意图一样，一节课也需要有中心思想来明确教学目标，这节课的中心思想就是教学主题。""它是教师构思课堂教学设计的基本依据和根本意图，是教学目标最主要的体现，是历史课堂教学的'灵魂'。"[3]需要强调的是，陈老师认为，新课程"模块教学下，每一节课教学主题的确定都必须完全服从于实现模块学习目标的需要。这就要求教师在教学实施过程中，要切实按照《普通高中历史课程标准》的要求，基于模块专题来确定正确的教学主题"。可以看出，陈老师所阐释的"教学主题"是和教材的编写专题相统一的，教学主题不应跳出专题主旨。这一点和后来历史教学界进一步提出的教学立意或课堂灵魂似有较大差别，后文将作进一步阐述。

---

① 刘俊利：《主题：课堂教学的灵气》，《中学历史教学》，2007 年第 8 期。
② 齐健：《走进高中历史教学现场》，北京：首都师范大学出版社，2008 年。
③ 陈春露：《关于新课程下高中历史实施主题教学的思考——以衢州市 2010 年重点高中历史优质课评比活动为例》，《历史教学》（中学版），2010 年第 12 期。

也许华南师范大学的黄牧航教授看出了这种理解上的差别，在此后的一篇文章中就辨析了专题教学和主题教学，并认为"'专题'是指专门研究或讨论的题目，'主题'是研究讨论内容的中心思想"，"所谓专题，就是能够把若干孤立的事实按照一定的观念和逻辑组合在一起的问题。所谓主题，就是能够拓展专题现实意义和社会意义的问题。基于历史专题的教学就是专题教学，基于历史主题的教学就是主题教学。主题教学的意义远大于专题教学"①。辨明了主题和专题后，黄教授还在该文中提出了主题教学的三个层次：单元式主题教学、学科式主题教学、学习领域式主题教学。笔者以为，这一时期"教学主题"和"教学专题"的划界，正是历史教学试图突破知识教学的藩篱，走向思想和意义这一更加开阔领域的探索。

为把教学设计的最根本问题从教学内容推进到思想层面，2012 年，王继平教授提出了更加明晰的"主题化"教学思路："把历史学习内容设计成单个或多元化的'主题'，重新规划和整合教学内容、教学资源，以'主题'立意作为课堂教学的主线，以学生的兴趣为导引，以学生的发展为根本目的，设计实效化的教学环节，使教学逻辑严密、紧凑，以便学生进行探究性学习，提升课堂教学的思想内涵，增强历史教学育人功能。""历史学习是一种思想感悟，教学'主题'是历史感悟的'内涵'，是历史体验的'根基'。"②

时下，主题教学的主张依然活跃。如胡谟旭老师提出主题教学要关注三个要点：提炼出鲜明的主题，以统摄教学内容；精当地编选内容，以服务内容主题；联系生活实际，以升华主题意义③。周双宝、肖粤山老师指出："主题教学是历史课堂的'思想灵魂'，也是提升教师个人、

①　黄牧航：《论中学历史主题教学的三个层次——兼论 2005 年来广东省高考历史科命题的主题选择》，《中学历史教学》，2011 年第 4 期。
②　王继平：《论历史科"主题化"课堂教学——以高中历史课堂教学为例》，《历史教学问题》，2012 年第 4 期。
③　胡谟旭：《善用主题教学，"拨动"学生思维——以人民版必修三〈宋明理学〉为例》，《历史教学问题》，2015 年第 3 期。

实现教学价值的重要途径。"①刘林伟老师指出："教学主题决定课堂教学的立意和高度，是教学环节得以展开的主线，更是培养学科核心素养的重要载体。"②

三、"立意"说

立意是中国文化中重要的审美基调，贯穿于文学、艺术的方方面面。唐代诗人杜牧在《答庄充书》中说："凡为文以意为主，以气为辅，以辞采章句为之兵卫。……苟意不先立，止以文彩辞句，绕前捧后，是言愈多而理愈乱。"意思就是要用立意来主导文章的中心思想和行文结构，这样的文章才能形散神聚。清代画家方薰说："作画必先立意以定位置，意奇则奇，意高则高，意远则远，意深则深。"他认为平庸者作画必平庸，因为缺乏最宝贵的"立意"，所以作品平庸。这类以立意为胜的创作思想深刻影响了我国的文学艺术创作。在文学艺术领域，立意即指"文艺家对客观事物深入观察而获得的主题思想，是正式进入创作之前的准备，也是通过创作所要达到的目标"③。

十多年来，"教学立意"一直是中学历史教学研究的热词之一。2009年，费元度发文指出，所谓"教学立意"，主要指教学的主观意旨，包括教学原则、方法、目标设定、程式选择等；是一个意在教先，以意统教的过程，也是实现教学个性化的前提④。此后的十年里，历史教学领域关于教学立意的探索，成为众人瞩目的话题。不同研究者纷纷展开了多样化的释读和较深入的研究。

支玉良认为，教学立意是教学内容蕴含的教学价值和教学主题。

---

① 周双宝、肖粤山：《有效运用主题教学，提升历史学科素养——以新课标人教版教材为例》，《中学历史教学》，2017年第6期。
② 刘林伟：《研究主题教学，培育核心素养——以〈罗马人的法律〉为例》，《中学历史教学》，2018年第11期。
③ 夏征农、陈至立：《大辞海·美术卷》，上海：上海辞书出版社，2012年，第6页。
④ 费元度：《用"教学立意"构建个性化历史课堂——我说"以意统教"教学设计与实施》，《中学历史教学参考》，2009年第3期。

历史教师不能仅限于对知识点的落实，应该注重挖掘历史教学内容的价值，以多元的历史视角，开阔学生的历史视野，培养学生的历史智慧，并围绕这个立意组织、整合相关教学内容。而且教学立意的有无或高低，将直接影响历史教学有效性[①]。

聂幼犁、於以传认为，教学立意指预设的、通过这堂课的学习，学生获得的核心概念。过去有"一堂课一个中心"或"一条主线"之说，现在也有"一个灵魂"或"一条脉络"的说法。这都是从教学内容之间的逻辑关系或灵性上来比喻的。其实质是强调，学生在课堂上应获得不仅能贯通该课，而且能贯通此前和以后学习的核心概念[②]。周明认为，立意本指一篇文章所确立的文意。教学立意是一节课的"灵魂"和中心，是统摄教学内容思路的体现[③]。王德民、赵玉洁认为，所谓教学立意，是教师在借鉴史学成果、深入把握相关史实的纵横、前后联系基础上，结合课程目标所确立的本节课的中心或灵魂，是学生通过本节课学习所获得的核心内容[④]。范从华认为，教学立意指的是教师预设的、贯穿于课堂教学始终的教学主题或者教学意图。这个教学主题或者教学意图，可以是核心概念（知识立意），也可以是过程与方法（过程与能力立意），还可以是情感态度价值观（价值观立意），或者是三者融通的（素养立意）[⑤]。侯桂红认为，教学立意是教师基于学术研究成果对教学内容提出的核心观点或主张[⑥]。张玲俐、鲁东海认为，历史学科的教学立意就是教师根据特定的教学内容，选择相应的课程资源，从某种独特的视角出发统整教学过程，在能力、方法、情感、价值等维度上提炼的核心观

① 支玉良：《如何提升教学立意》，《历史教学（中学版）》，2011 年第 2 期。
② 聂幼犁、於以传：《中学历史课堂教学育人价值的理解与评价——立意、目标、逻辑、方法和策略》，《历史教学》（中学版），2011 年第 7 期。
③ 周明：《历史课堂"教学立意"不可或缺——以"发达的农业"一课为例》，《历史教学》（中学版），2012 年第 8 期。
④ 王德民、赵玉洁：《说课的凝意与升华——从"说教材"到"说教学立意"》，《历史教学》（中学版），2013 年第 2 期。
⑤ 范从华：《含义、选择与达成——对历史课堂"教学立意的几点思考"》，《中学历史教学》，2014 年第 9 期。
⑥ 侯桂红：《试论历史教学立意的概念、确定方法和评价标准》，《历史教学》（中学版），2015 年第 4 期。

念或见解①。陈志刚、于萍认为，教学立意是教师自己确定的教学主题，是其进行教学设计的依据。教学立意在"意"的内涵上，强调的是主题、宗旨，即该节课教学的宗旨或指导思想，而非教学内容②。郑流爱、朱亚楠认为，所谓教学立意，是指从教学要解决的核心问题凝炼出来的，具有统摄作用、关键地位和价值取向的概念或主题③。

综合上述观点，我们发现，研究者对历史课堂教学立意的界定各有不同，如主观意旨（费元度）、教学价值与教学主题（支玉良）、核心概念（聂幼犁、於以传）、灵魂和中心（周明）、核心内容（王德民、赵玉洁）、教学主题或者教学意图（范从华）、核心观点或主张（侯桂红）、核心观念和见解（张玲俐、鲁东海）、概念或主题（郑流爱、朱亚楠）。这些表述从历史课堂的不同维度切入，所指向的层面与范围各不相同，其中最大的差异表现在于，教学立意是教学内容的核心还是基于教学内容的思想提炼，对此，笔者认同侯桂红、陈志刚、周明等人的观点，即教学立意是观点、视角，而不是教学内容或者核心概念。正如周明老师所说：教学立意"不是教学内容本身，而是体现教学者的主观认识，贯穿于历史课堂始终的历史课堂教学价值"④。但细细品味，其中的共识也是非常明显的：教学立意是基于特定教学内容的；能够统领贯穿全课教学的；试图彰显历史学科育人价值，解决"为什么而教"的问题。

四、"灵魂"说

"灵魂"是什么？《现代汉语词典》有两条解释值得关注："附在人的躯体上作为主宰的一种非物质的东西"，"比喻起主导作用和决定作用

① 张玲俐、鲁东海：《历史教学如何立意更科学》，《江苏教育》，2016 年第 2 期。
② 陈志刚、于萍：《也谈教学立意的理解与实施》，《历史教学》（中学版），2016 年第 12 期。
③ 郑流爱、朱亚楠：《高中历史课堂教学立意：缘由、特征与凝炼——以人民版必修一专题三为例》，《中学历史教学参考》，2018 年第 8 期。
④ 周明：《挖掘教学立意应注意的几个问题——以人教版〈现代中国的对外关系〉单元教学为例》，《历史教学》（中学版），2013 年第 3 期。

的因素"①。这两个解释都与课堂"灵魂"有一定的关联，前一个可以看作比喻，后一个则是实指。课堂"灵魂"的说法几乎和教学立意同时出现，而且其含义也几乎是相同的。

2005 年，李长福老师在《价值观的引领——"百家争鸣"教学活动的灵魂》一文中说："在组织教学过程中，除了介绍代表人物及其基本观点，认识和理解百家争鸣产生的原因外，我以为发掘诸子百家思想的教化功能，引导学生形成正确的价值观，促进学生个性发展和思想成熟，是更重要的教学责任，也是这一教学内容的灵魂和核心价值所在。"②这是笔者所见最早的阐述一节课教学灵魂的论述。

泗洪中学特级教师周明一直致力于"课魂"的研究，在他的论述中，教学立意和"课魂""灵魂"是同义的，如"教学立意是一节课的'灵魂'和中心"③。其他老师也有类似的表述，如王晓荣说："教学立意是课堂教学的灵魂，它能体现教师对课程标准、教科书及新课程理念的理解与把握，决定着课堂教学的效能。"④朱可说："教学立意是课堂教学的灵魂，教材解读是教师素养的基本体现。"⑤於以传等老师说："立意是统领课堂教学的灵魂，是确立教学目标的重要前提。"⑥戴加平说："历史课的灵魂可简称为'课魂'或'课时灵魂'，也有学者或教师称之为'教学立意'。"⑦王德民、赵玉洁说："所谓教学立意，是教师在借鉴史学成果、深入把握相关史实的纵横、前后联系基础上，结合课程目标所确立的本节

---

① 《现代汉语词典》(第六版)，北京：商务印书馆，2012 年，第 823 页。

② 李长福：《价值观的引领——"百家争鸣"教学活动的灵魂》，《中学历史教学参考》，2005 年第 11 期。

③ 周明：《历史课堂"教学立意"不可或缺》，《历史教学》(中学版)，2012 年第 8 期。

④ 王晓荣：《浅谈教学立意与历史教学——以〈血与火的征服与掠夺〉一课为例》，《历史教学》(中学版)，2012 年第 2 期。

⑤ 朱可：《深入解读教材，提升教学立意——以人民版必修三〈宋明理学〉一课为例》，《历史教学》(中学版)，2012 年第 7 期。

⑥ 上海市教育委员会教学研究室：《知真　求通　立德——中学历史学科育人价值研究》，上海：上海教育音像出版社，2013 年，第 39 页。

⑦ 戴加平：《好课三要素：故事、学法、灵魂——"一节好的历史课标准之我见"》，《历史教学》(中学版)，2014 年第 11 期。

课的中心或灵魂。"①贾雪枫说："课魂，即教学立意，是统率一节课的中心。"②冯一下老先生在研究了一系列有关"课魂"的文章后，总结说："历史课灵魂是以史料（史实）、史法等为载体的主宰和指导历史课堂教学的思想、理念或观点。"③

对教学灵魂阐述最为精辟的则是李惠军老师。2015年，他在《历史教学》中连载八篇"灵魂的追问"系列文章，阐释了自己的这一思想。如何赋予历史以生命力呢？李惠军老师做了这样的回答："在很大程度上取决于你是否善于置身于历史的深处和细处去体察、咀嚼和感受，从而产生附着于内心深处的一种带有理性、情趣和灵动的智性敏锐，最终发掘足以统摄这段历史的主轴和主线，这就是我所倡导的历史课的灵魂。"④

历史课的灵魂在哪里？"灵魂"源于历史感知的理性升华与和历史体验的内心感动，从历史学科而言，它是史实、史识、史感的交集点；从课堂流程而言，它是启动、展开、升华的黏合点；从目标达成而言，它是知识、方法、情意的着力点。它是一节课的"神来之笔"，在灵魂统摄下，变多种资源为诠释灵魂的素材，使历史演绎、教学流程、学习体验在一个主轴下得以顺畅流淌。彰显灵魂的过程就是达成三维目标的过程。灵魂是三维目标浑然一体、有机融合的纽带，是预设目标循序渐进、分进合击的令旗，是达成目标有的放矢、形散神聚的标靶⑤。

李惠军老师用他那如椽大笔，深情而诗意地勾勒了对历史教学"灵魂"的理解。这是对教学立意概念的深度解读，更是对理想的历史课堂的一种愿景。他的文字读来不仅让人受教良多，更让人精神振奋。

---

① 王德民、赵玉洁：《说课的凝意与升华——从"说教材"到"说教学立意"》，《历史教学》（中学版），2013年第2期。
② 贾雪枫：《简论历史教师的教学智慧》，《历史教学》（中学版），2015年第12期。
③ 冯一下：《对推进"历史课灵魂"研究的一些想法》，《历史教学》（中学版），2016年第1期。
④ 李惠军：《灵魂的追问(1)历史教师的视界心界与历史教学的境界》，《历史教学》（中学版），2015年第2期。
⑤ 李惠军：《灵魂的追问(1)历史教师的视界心界与历史教学的境界》，《历史教学》（中学版），2015年第2期。

五、"主旨"说

2008 年左右，在上海市历史课程改革深入推进的过程中，上海市历史教研员於以传老师提出了"内容主旨"的概念，并在全市推广，取得了较丰富的研究成果和较大的学科影响①。

关于什么是内容主旨，於以传老师的界定是："用一句话或一段话概括出本课教学的中心，即预设的通过这堂课的学习，学生在课堂上获得的不仅能统摄、贯通该课，而且能与其之前和以后的学习相通的核心观点，以体现'教（学）有中心'的意识。"②

於老师提出的"内容主旨"主要指向教学内容，这和前文所述教学立意、课堂灵魂的侧重有所不同。他说："中学历史课程标准所规定的课程内容，自有其核心观点。依据课程标准编撰的教科书，无论采用课题体还是章节体，其课题（或主题）、单元（或章）、节（或课）也均有依从于核心观点的中心思想。""把握内容主旨，针对的是课程内容，其表述更侧重史学意义。"③

这一说法虽侧重于教学内容，但其含义依然有着较强烈的教学立意意味。正如於老师所说："把握课程内容主旨的前提在于对课程目标、课程内容与要求的准确认识和理解，其本质目的在于教学立意。"④另外，内容主旨并不是完全基于教学内容的，而是"由于学生群体认知水平的差异，理论上讲，不同的学校，不同的班级，即便是教学同样的课文内容，其在内容主旨的认识与把握上都会有差异"。也就说，内容主旨的拟定是要考虑学生认知水平的，这和教学立意的思想就基本一致了。

---

① 於以传：《顾后・瞻前——於以传教研文集》，上海：上海教育出版社，2014 年，第 240 页。
② 於以传：《规范教学设计文本结构，凸显历史课程改革理念》，《历史教学》（中学版），2015 年第 9 期。
③ 於以传：《中学历史课堂教学把握内容主旨的基本途径与方法》，《历史教学问题》，2012 年第 4 期。
④ 於以传：《中学历史课堂教学把握内容主旨的基本途径与方法》，《历史教学问题》，2012 年第 4 期。

第二节　一定之规：灵动课堂
立意阐释

笔者一直对"历史教学必须要有设计感，而立意则是教学设计的灵魂"这一想法持论甚笃。前一节所梳理的关于教学立意的研究成果，给笔者的教学提供了思想营养，坚定了自己关于教学立意的认识。"欲流之远者，必浚其泉源。"近年来，伴随着持续而深入的教学实践，笔者从研究者的成果中生发出了自己的感悟，并对"灵动课堂"中的立意形成了自己的认识。

一、教学立意的基本内涵

（一）认识的渐进性

教学立意的出现和深入研究有一个过程，这个过程也就是历史教师从关注课程内容到关注学科育人价值的过程。

新课程改革启动之前，历史教学与评价关注的重点都是学科知识，"背多分"就是对那时教与学的形象描述。这一时期，有智慧的历史教师为了让学生在纷繁的细碎知识中"抓大带小"，提纲挈领，提出了"一堂课一个中心"的观点，并在一定范围内得到推广。

21 世纪初，我国全面启动了新课程改革，提出"在面向未来的历史课程中，占据中心地位的应是人，而不是学科本身，这就要求新的高中历史课程必须关注学生的需要和发展，要求课程内容具有更多的人文色彩、人文精神和人文关怀"[①]。在实践层面上，这具体表现为课程实施由关注教师准确传递信息变为关注学生高效获得信息，课堂教学由教师主导变为师生共同活动、由单向传递变为多元交流，而学生则由被

[①]　朱汉国、王斯德：《普通高中历史课程标准（实验）解读》，南京：江苏教育出版社，2003年，第 292 页。

动接受教科书中现成的历史史实、历史结论变为自主探究的学习、体验感悟式的学习。为了更好地落实课标理念，培育学生的人文素养，对教材、教学内容的二次开发和统整成为一项重要的工作，由于"一标多本"下的高中教材是"模块—专题"模式，教师们在专题基础上提出了"主题教学"，进而关于教学立意、教学灵魂、内容主旨等研究相继问世。

（二）表述的多样性

研究者们给予教学立意的名称和相应解释不一而足，展现了对教学立意和学科教学的多元思考。这些表述中，有基于教学重点或者核心内容的"中心说""主旨说"，有基于教学线索的"主题说"，还有以教学中心思想为主的"立意说""灵魂说"。单就一个"教学立意"，就有"核心概念"（聂幼犁、於以传）、"核心内容"（王德民、赵玉洁）、"教学价值和教学主题"（支玉良）、"核心观点与主张"（侯桂红）、"教学主题或教学意图"（范从华）、"教学目标"（戴加平）、"教学思路与目标"（秦娟）等。多元化的解读展现出历史教师们对历史课堂教学的深度思考和不懈追求。

（三）内涵的共通性

尽管在用词、解释等方面存在许多差异，但究其实质，大家所要表达的有关教学立意的深层话语具有明显的相似性，有时就干脆交叉使用，互相替代。比如，老一辈历史教育专家冯一下先生在文章标题中就直接把"教学主题"和"教学立意"等同[①]，而在戴加平、贾雪枫、周明、王晓荣等人的相关论文中，"教学立意"和"课堂灵魂"则是等同的，互相解释的。

综观笔者可见的有关教学立意问题（包含主题、灵魂、主旨等）的论文，可以归纳出研究者们的如下共识：

教学立意是针对一节课的教学内容的，但不是简单地再现教学重

---

① 冯一下：《在理解与解释之间合理选择——试说〈圣雄甘地〉一课的教学主题（立意）》，《中学历史教学》，2018 年第 1 期。

点，而是试图对教学的中心内容进行挖掘、思考和信息的再加工，可以说是对教学内容的超越；教学立意贯穿整堂课，有统领作用，其价值类似于文章的中心思想，有隐有显，体现教学设计者的主观意图和设计者所预设的价值目标；教学立意大多是从教师教的角度出发，试图回答"为什么而教"这一学科教学的基本问题。

二、灵动课堂的立意界定

灵动课堂的教学立意与前文所述学者阐释的教学立意概念有共同之处，也有自己个性化的概念界定。它不是以课时的某一个（重要的、中心的）内容为直接指向，而是基于一课时的教与学而形成的蕴含思想性和价值判断的历史见解，它以历史意识为底色，同时展现了一种释史视角，内蕴一条思维路径（如图 2‑1 所示）。

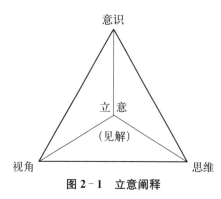

图 2‑1　立意阐释

历史意识是灵动课堂教学立意的底色。什么是历史意识呢？历史意识是人类对历史长河中各种事物消长变化形成的一种独特感悟，"是指人们在历史认知基础上凝聚、升华而成的经验性心理、思维、观念和精神状态"。历史意识大致包括以下三方面的含义："一是贯穿于研究者思维和判断中的历史感；二是能够发现并把握研究对象的历史规律及其独特的历史形式；三是对研究对象所关涉的史实和历史知识有认识的自觉性，并在此基础上深刻把握研究对象在历史发展中承上启下的作用。"[1]

历史意识的形成、建构和传播是历史学生生不息的源泉。"历史学的产生、发展和不断更新，从根本上说是历史意识活动的表现和结果；

---

[1]　徐兆仁：《历史意识的内涵、价值与形成途径》，《中国人民大学学报》，2010 年第 1 期。

历史哲学的产生、发展和不断更新，从根本上说是历史意识沉淀、升华和哲学化；历史教育的产生、发展和不断更新，是历史意识的传播、互动和不断建构的过程；至于文学、艺术、科学、自然及其他学科中的历史意识活动和体现，则是历史意识作用的发挥和不同的表现形式。"①历史意识在历史学习和历史研究中的存在是弥漫性的，无处不在，但却不是"玄之又玄"的"玄学"，而是可以被言说、被诠释的。基于历史意识对教学内容进行提炼、升华，可以形成授课者对这段历史的个性化感悟和理性认识，把这份感悟和认识表达出来，并用来指导一节课的设计与教学实施，就是教学立意。

灵动课堂的教学立意展现了一种释史视角。释史视角是指后人解释历史问题时所持有的观察角度和基本立场。众所周知的"盲人摸象"寓言故事就告诉我们，观察角度和所见范围不同，所得认识也就大相径庭。历史学是一门独特的学问，兼具自然科学求真求实的客观性和人文学科向善至美的主观性。基于史实认定，求真是历史学的目标，而基于史识提炼则复杂得多。它要求历史学者以客观事实为基础，理性的表达自己的史学见解。但无论我们怎样提倡"客观""理性"，都不得不面对一个现实：我们根本无法找到那个不带任何偏见的"上帝视角"，而是会受到时代、立场、角度等多种因素的限制。社会存在决定社会意识，不同地域的人因特有的自然环境背景、不同时代的人因特定的文明发展阶段，会孕育出形形色色的意识形态、价值准绳、审美倾向、思维习惯、话语系统，人们对历史的认识、见解总是自觉或不自觉地受到这些因素的影响。每个观察历史的人都会在某个时代、某类话语、某种文化之中，用特定的角度和立场表达自己的认识。为说明这一问题，葛剑雄、周筱赟两位先生把历史研究和历史运用区分开来，说："人文社会科学，包括历史学，他们本身所反映的事实、揭示的规律，是客观的、中性的，没有所谓的'阶级性'，这与自然科学并无二致。但对研究的结果如何评价，如何运用就免不了包含价值判断、政治色彩和个人功利了。所

---

① 徐赐成：《历史意识建构与历史教育》，《中学历史教学》，2016年第2期，

以说，历史研究完全可以没有阶级性，而历史运用则必然离不开使用者的立场和利益。"①他们的观点给出了一个不同的认识视角，具有启发意义。从这个视角看历史研究，纯粹的史学考证类研究是可以剔除主观性的，最起码能把研究者的主观性降到最低，这种认识和兰克的"历史客观主义"有相似之处。但问题是一般性的历史研究和历史运用是很难区分的，因为历史研究的宏观目的就是古为今用，鉴往知来，抛开这个目的，历史学的意义和价值就要重估。

除了宏观的问题以外，有时对同一个问题的关注点略有差异，甚至语言表述侧重有所不同，也会形成截然不同的认识。对于近代史上的"洋务运动"，我们常会使用"中体西用"这个概念来组织语言，形成教学立意，组织教学。但同是基于这一个概念，侧重于"体""用"和侧重于"中""西"就会出现两个迥异的立意和教学思路。比如，《中外历史纲要（上）》第 17 课"国家出路的探索与列强侵略的加剧"中有这样的表述："为了挽救国家的颓势，他们推行了一系列以'自强''求富'为目标的洋务新政""洋务派的初衷不是改变封建统治……是在封建制度的基础上修修补补"。② 基于这些论述，我们围绕"洋务运动"可以提炼的教学立意就可能是围绕"洋务运动学习西方是为了挽救清朝封建统治"这一中心思想展开，关注更多的也就是洋务运动的阶级性和局限性。这种思路显然是围绕"体""用"关系展开的。

如果我们跳出"体""用"之辨，而去发掘"中""西"之间的关系，则能得到另一种认识。"体""用"的表述代表了"中国近代早期改良主义者和洋务派的精英们对中西文化关系思考的结果"③，具有阶段性，甚至可以说当时的"体""用"观是中国社会上层所做出的应时之变和权宜之计。从这个角度审视洋务运动，固然能在阶级性上获得一种较为深刻的历史认识，但却有囿于阶级分析之嫌。鸦片战争以后，西学东来，强

---

① 葛剑雄、周筱赟：《历史学是什么》，北京：北京大学出版社，2005 年，第 168 页。

② 《普通高中教科书·中外历史纲要（上）》，北京：人民教育出版社，2019 年，第 97 页。

③ 王列盈：《论"中体西用"观对中国早期教育现代化的影响——对洋务学堂的历史考察》，华中科技大学博士学位论文，2004 年，第 10 页。

烈地冲击着古老的东方帝国，出现了"三千年未有之变局"。从更加开阔的、贯通前后的视角来看，"中""西"关系是近代中国乃至于延伸至当代绕不过去的一个永恒话题，因为它是古老中国向现代文明转型嬗变的关键问题。立足中西文化交流与碰撞，就拥有了更为深邃的历史眼光，拥有了一个回望历史、观照现实的宽广视角，教学立意也就进入了一个更高的境界。

灵动课堂的教学立意内蕴了一条思维路径。历史思维是学习和研究历史问题时所产生的心智反应，是通过观察、阅读等各种感知方式探索历史事物之间本质联系和规律性的认知活动。德国学者约翰·吕森说："现代历史思维是指历史科研方法论指导下，对过去经验的认知方法和一种新型的与当代需求紧密联系的辅助性历史知识的结合。"[①]历史思维培养是历史教育的重要内容之一。历史学习中，依据时序而形成史事的横通纵贯，基于逻辑而推导的因果关联，观照现实而产生的借鉴反思等，都是历史思维的具体表现，也是历史教学立意的题中应有之意。教学立意呈现出来的是一段文字，但这段文字却不同于文学的创造，而是教师依托一种审视历史的科学的观念与方法，也就是以唯物史观为指导，通过阅读教材以及重要的史学著作，领略典型的史学观点，然后对某一部分历史材料、历史知识进行分析、综合、抽象，进而形成的一种理解过去、观察现实、展望未来的历史见解。这一过程虽然没有展现在学生面前，但却有着一条由史观到史论再到史料的完整的思维路径。

三、灵动课堂立意的特征

历史灵动课堂的教学立意有四个基本特征。

（一）立学科

灵动课堂的教学立意是教师基于对历史发展的研究和思考而形成

---

① ［德］约翰·吕森：《历史思维中的道德与认知：一个西方的视角》，隋俊、王晜译，《山东社会科学》，2004 年第 11 期。

的智慧见解，是立足历史学领域的认知，而不是超学科的、泛化的"人生智慧"。笔者主张从历史中汲取人生智慧，但这种智慧应该是立足于具体的历史问题。之所以强调这一特征，是因为当下的历史教学中还存在较多的"泛智"现象，比如在执教《中外历史纲要（下）》第 9 课"资产阶级革命与资本主义制度的确立"时，对于美国政治制度，从历史教学的角度考虑，重点要探究美国联邦制和三权分立确立的历史机缘和过程，进而认识人类政治文明的多样性，这样的历史课才有更多的"历史味"和"历史感"。但却有不少教师重点探讨何谓联邦制、三权是如何分立和制衡的，并举了大量的现代美国民主运作的例子加以说明，这实际上是用历史课来教授政治学的内容。尽管历史学是包罗万象的，教材中也有诸如文学、艺术、自然科学、政治学、经济学等方面的内容，但历史学就是历史学，应该有自己的学科边界。教学中涉及此类内容时，我们要关注的不是这些知识本身，而是要透过这些事物窥察历史的变迁，将教学重点放在时代演进及其原因探讨上。中学阶段课时有限，讲授过多泛学科的知识，不仅会挤占原本属于历史探究的时间，还会让历史学科失去自己的学科特质，成为一个"杂货铺"。

（二）有智性

有智性，就是指教学立意的表述具有较强的历史洞察力，给学生以智慧启迪。"读史使人明智"，历史是一门充满智慧的学问，历史教学的终极目的不是让学生掌握具体的历史知识，而是要通过探究和思考，让学生在思想和认识上得到质的提升，正如朱可老师所说："好的教学立意能让学生通过自主的学习与探究，把僵化的历史知识变成灵动的学科认识。"[①]为此，教师在凝炼教学立意之时，要透过文字信息的表层，发掘知识间的联系、知识背后的方法和逻辑；要尽可能揭示历史人物、历史事件所蕴含的深刻意义；要在激发学生的逻辑思维能力、辩证思维能力方面做文章，展现学科育人的深层意义。

---

① 　朱可：《高中历史整体性教学设计策略新探——〈中外历史纲要〉试教心得》，《历史教学》（中学版），2019 年第 7 期。

记得聂幼犁教授曾谈及，上海一位教师在讲授"新航路开辟"一课时，所给出的教学立意是"恶也是历史进步的推动力"，这就是一个典型的充满智性的历史教学立意。通常情况下，我们更加喜欢向学生介绍这一时期航海家们不畏险阻、劈波斩浪的英雄主义精神，以期从态度、信念等方面进行价值观教育。而实际上，这些航海英雄的另一面却是跨洋大盗、亡命之徒的面目，他们对黄金的狂热追求，对非洲、美洲的赤裸掠夺，在人类文明史上写下了极不光彩的一笔。"恶也是历史进步的推动力"，这一教学立意无疑是一种更加深邃的历史洞察，给人以醍醐灌顶之感。

（三）能贯通

灵动课堂的教学立意是超越具体知识点的，它要解决的不是对某一历史问题的史事钩沉、诠释评价，而是要统摄整个教学过程，形成高于教学内容又关联教学各要素的"势"。这种统摄有两层内涵：一是能够从逻辑、意义的层面覆盖一节课的主要学科知识，二是能够从历史的延续、变迁的层面关联前后课时、整个单元乃至于宏观历史进程。这就要求教师有通贯的眼光，要前瞻后视、左顾右盼，凝炼出具有通贯感的教学立意。"文以气为主"，古人行文讲究气韵贯通，课堂教学也要讲究一气贯通，而这个"气"就可以通过教学立意来体现，决定着课堂教学的逻辑是否严谨、条理是否清晰。

贯通，不仅指古今历史的贯通，还可以实现中外历史的关联，以"'通古今''贯中外'的宏观历史意识"[①]，升华教学立意。《中外历史纲要（上）》第14课"清朝前中期的鼎盛与危机"一课的课文充分展现了清朝前期100多年的强盛辉煌，政治稳定，中央集权进一步强化；经济繁荣，人口快速增长；民族团结，现代中国的版图得以奠定。从历史的纵向发展来看，这是一个令人景仰的盛世，从古今贯通的维度凝炼教学立意，对这一段历史更多的是赞颂和讴歌，但如果我们把康乾盛世放在世

[①] 苗颖、刘晓兵：《从高考考查谈时间观念素养的教学分解》，《历史教学》（中学版），2018年第6期。

界范围内观察的话，又可以得出更深层次的历史认识：处在剧变时代的清朝，没有看到，更没有顺应世界潮流，逐渐闭关锁国，埋下了近代落后挨打的伏笔。这也正是课文标题中"鼎盛"与"危机"这两个关键词的内在关联。换个角度看问题，历史认识就会不同，这种贯通性是灵动课堂教学立意着力较多的地方，这样做不是为了颠覆传统的历史认识，不是为了标新立异，而是要让学生养成变换视角、全面客观看待历史问题的思维习惯，获得真正的历史智慧。

（四）合学情

所有的教学意图都要经过学生的学习活动来实现，学生的认知基础、学习能力状况直接影响着教学的难易、深浅，也深刻影响着教学立意的达成，因此，教学立意的提出必须吻合于学情。

王德民、赵玉洁曾撰文反对"'一节课不止一个立意'之说，因为这既违背'一堂课一个中心'之初衷，教学实践上亦不可能。从逻辑上讲，在整节课的层面上，一节课若有两个或两个以上的'中心'，那么它们也就不可能成为'中心'"[①]。陈志刚、于萍不赞成此说，认为："由于各地学生的学情千差万别，一线历史教师的知识素养、教学能力参差不齐，教师们对教学内容的理解自然丰富多彩"，"如果认为某课的教学立意只能有一个，意味着全国的某节历史课的教学只能有一个声音、一种形式，势必造成千人一面的局面。即使对教师个人而言，由于所带的不同班级学生水平的差异，教学立意也应该不同。"[②]学者之间对这一问题的分歧并不难解释，王老师从教学内容出发，认为既然教学内容是固定的，自然教学中心也只能有一个，而教学立意是源于教学中心的，自然也只能有一个；陈老师则从教师和学生的差异性、多样性出发，自然得出教学立意具有多样性的结论。两者各执一端，各有其理笔者对教学立意的理解更接近于陈志刚老师。我们知道，面对客观的历史事实，历

---

① 王德民、赵玉洁：《教学立意的概念辨正及其操作解读》，《历史教学》（中学版），2016 年第 2 期。

② 陈志刚、于萍：《也谈教学立意的理解与实施》，《历史教学》（中学版），2016 年第 12 期。

史学家站在不同的立场上会得出迥异的历史认识。"同一史实，一人的解释与他人的解释不同，一时代的解释与它时代的解释不同，甚至同一人也，也于同一史实的解释，昨日的见解与今日的见解不同。此无他，事实是死的，一成不变的，而解释则是活的，与时俱进的。"①同样的道理，面对同一个教学内容甚至同一个内容中心，不同的教师面对不同的学生，也会有千差万别的教学立意，甚至同一个教师面对不同的学生，也会有不同的教学立意。2017 年，《历史教学》杂志社还组织过"同构异表"的教研尝试②，也就是说，哪怕是相同的教学设计，不同的教师上出来的课也是个性鲜明的，这正说明课堂教学绝不是千人一面、千篇一律的，而是有着浓郁个性化的演绎。

　　教学立意和教学设计是多样的，但无论哪一种设计的落地，都要贴合学生的历史学习基础与能力，而不能"拔苗助长"。教学一定要关注学情，"以学定教"的提法表达的是极其朴实的道理，却蕴含着极其重要的意义。当下，有一种不太好的倾向，一些公开课非常注重深度挖掘，甚至一味求深求全，最终让课堂教学远远超越了学生的理解能力，不仅没有实现教学目标，甚至还造成了学生的思想混乱。基于学术研究的新进展，高屋建瓴地拟定教学立意，这种钻研精神固然值得尊敬，但在让众人仰视的同时，许多教师不禁疑问："这节课是对谁上的，是学生，还是听课老师？"合适的才是最好的，有些学校学生底子很薄，用一个中位的、学生能接受的教学立意引领教学可能是最佳的选择。

第三节　道亦有道：凝炼教学立意策略

　　历史灵动课堂追求思想和思维的穿透力，希望能透过知识的表层符号，借助各种逻辑形式，进入到意义塑造的内核，这就必然需要

---

① 李大钊：《史学要论》，上海：上海古籍出版社，2013 年，第 45 页。
② 详见《历史教学》（中学版），2017 年第 9 期。

考虑立意的问题。如果把灵动课堂的教学过程看作一支箭的话，那么这支箭的箭镞就是具有内在张力和通透质感的教学立意，它既引领着课堂教学的方向，也是表达历史教学价值诉求的主要着力点。

一、凝炼教学立意的基本依托

教学立意是教师在理解教学内容的基础上形成的"史识"，是一种"个性化"的表达。由于观念、学养和占有资料等方面的差异，不同的教师面对相同的教学内容，会形成多个不同的教学立意；同样，同一教师面对相同内容，也可以变换视角形成多个不同的教学立意。但无论哪一种教学立意，其凝炼过程都是在挖掘历史学科独特的育人价值。正如叶澜教授所说："为实现拓展现有学科的育人价值，新基础教育要求教师在做教学设计时，首先要认真分析本学科对于学生而言独特的发展价值，而不是首先把握这节课的知识重点和难点。"[1]

灵动课堂实践中，凝炼教学立意需要考虑多重因素，其基本点有四个。

(一) 深谙学科性质

学科性质是一门学科具备，而其他学科不具备的本质属性。语文、数学、英语、历史……每一门课程都有与众不同的性质和特点，只有认清学科性质，领略课程特点，才能凝炼高远而适切的教学立意；也只有如此，才能依据教学内容和教学立意，设定合理的教学目标，选取恰当的教学资源，建构科学的教学流程。历史学科是一门兼具跨越时空，沟通过去、现在、未来，对个体人生和人类社会的发展都有着重要指导作用的学科，其中所蕴含的追求真实的精神、古今贯通的意识、向善立德的价值值得我们历史教师重点关注。

---

[1]　叶澜：《重建课堂教学价值观》，《教育研究》，2002 年第 5 期。

（二）深析学情状况

教育学被视为一门科学，是因为"教学的主体是人，教学的根本任务是促进人的身心的充分发展。要完成这个任务，教学必须建立在对人的身心发展规律充分认识的基础上，必须遵循人的身心发展规律"[①]。我们无论设计教学还是实施教学，都要花大力气认真研究学生的认知规律，细心揣摩学生的学习心理，顺应学生的思维习惯，摸清学生学习的"最近发展区"，深入了解学生关于历史知识的已知、未知、应知、欲知，乃至于应知而未知，知其名而未知其实的各种情况。在此基础上，寻找学生的学习疑难点，认知冲突点，新旧结合点，探究兴奋点。进而有针对性地凝炼教学立意。

（三）深读学术著作

历史学本身就是一个动态的学科，新的史学研究成果不断出现。历史教师不是专业的历史研究者，基本不参与历史学术研究，但许多时候，我们必须借鉴史学发展的前沿成果才能让中学历史的学科育人价值得到充分发挥。尤其是在新课程新高考背景下，历史教学和考试评价的发展基本打通了初中、高中和大学的知识体系，只有及时关注史学研究动态，深入阅读重要的研究成果，并将这些成果渗透到教学中，才能让历史教学的立意不落俗套，才能让历史教学焕发生机。

（四）深研学理逻辑

从历史哲学上说，历史学是基于观念、视角、证据和逻辑的解释，这四个要素之间的内在关联就是历史学的基本学理。历史教学立意的凝炼同样离不开这四个要素的"碰撞"，这就需要教师从历史学的深处精研学理，并在教学立意的寥寥"微言"中展现历史发展的"大义"。比如，教学"中华文明的起源"时，教师必须熟稔的掌握"多元一体"的文明起

---

① 张华：《课程与教学论》，上海：上海教育出版社，2000年，第75页。

源理论；教学"宋元经济与文化"时，教师就不能不理解"唐宋变革论"的内涵；教学近代抗争探索历史时，不知道费正清等人的"冲击—反应"理论，就不能较好地指导学生阅读各种近代史著作；而且所有的史学知识，又都离不开唯物史观的理解和运用。可以说，把握历史学的学术机理，并运用于教学，对于提升历史教学立意的高度不可或缺。

二、凝炼教学立意的常用策略

凝炼教学立意有多种方式，但揆其要者无非两端：一是基于对课标和教材的直接运用、解读、概括和升华，二是教师利用史学研究中的新观点、成果来展现具有教师独特理解的立意。下文着重以教材解读为视角，探索凝炼教学立意的策略。

教学立意是对教学内容的凝炼。教材是课程专家、学科专家和优秀一线教师在深度理解课程标准的基础上，基于学术研究的进展和时代需求，充分考虑学生的心智和认知水平编写而成。教材体现国家与社会对适应社会与时代的合格公民的预期，是最主要的教学资源，确立高格调的教学立意自然就离不开教师对教材的深度解读和价值挖掘。教材解读是教师的基本素养，当下中学历史教师解读教材呈现出六个层次：一是最原始的平铺直叙，照本宣科，以"本"为本；二是立足知识视角，强调考点的整理和提取，教师教学时只见"树木"（一个个的知识点），不见"森林"（教材的整体架构和内在思想）；三是"语文"式的注解，即对教材中的疑难词句、核心概念进行必要的解释，以帮助学生理解教学内容。这三种解读层次是递进的，后者略优于前者，但都没有跳出"知识授受主义"的窠臼，只得其"言"，未得其"意"，无法建立起教学立意的有效基础。第四个层次是能对课文进行通透的感知，理解课文核心概念的同时又能深入领会教材所要传递的内在精神。第五个层次是在熟稔把握教材内容的基础上进行必要的整合联系，在解构之后进行教材重构，以寻找更顺畅新颖的教学路径。第六个层次是能够跳出教材的文本系统，借助新的史学研究成果对教材进行反观透视，先"入"后

"出"地对教材进行发展活化①。后3个层次基本实现了教材为我所用，依托教材而又高于教材。以这3个解读层次为基础凝炼教学立意，会呈现出三重不同的教学立意境界。下面笔者就以"新文化运动"作简要阐述。

（一）深析文本内涵，展示教材核心要义

历史教材呈现的是编者所理解和认同的历史。从大的层面讲，它一定程度上体现了国家意志；从小的层面说，它是编者对历史的阐释。就像文章一样，教材有着自己的内在精神和主题，教师领会并借用教材呈现的价值诉求作为自己课堂的教学立意，是一种简便而又具有实效的做法。

一般情况下，教材会用明白的文字向我们传递编者的观念与主张，这是我们设计教学时首先要关注的问题。从教材显性表达中领略课文主旨有三个着力点：标题、核心概念和高频词语。把握住这三个着力点就能清楚地理解教材主旨，教学立意和教学设计就可以从这里展开。

在教学"新文化运动"时，民主与科学是新文化运动的核心内容，也是教学立意的不二选择。源自西方的民主与科学思想本应在民国创立后长足发展，却被复古逆流和复辟活动所阻碍，进步知识分子为了拔除这些历史深处的障碍，主要以白话文为武器，掀起了批孔除旧的社会风潮，使民主与科学成为一种社会意识和价值观念，近代中国社会逐渐向自由、平等、理性的方向迈进。思考至此，我们就可以把本课的教学立意凝炼为："民主与科学之槌，擂响了思想解放的战鼓，唤起了理性的解放和精神的觉醒。"教学探究流程可以设计为三个阶段：民主与科学倡行之时（背景篇）、民主与科学鼓吹之事（内容篇）、民主与科学实践之思（评价篇）。

（二）转换认识视角，表达深刻历史见解

历史事实是唯一的，而历史书写则是多元的，为培养学生多角度审

---

① 刘晓兵：《入而能出：开放视野下的教材处理》，《历史教学》（中学版），2013年第4期。

视问题的能力，在所展示的显性主题之外，教材还会有意无意地向我们提供一些多样化的观念和视角，这就为我们凝炼教学立意打开了一扇新窗。这些视角和观念不似核心主题那么清晰，它可能隐藏在字里行间，也可能存在于教材的非正文内容中，还可能隐含在相关章节的关联与迁移中，捕捉并凝炼它，需要教师对教材进行深度思考甚至解构重组。教师可以对相关联章节内容进行取舍整合，抽取共性思想；可以借助新的史学观念对本课内容进行创新性解读，获得新的"史识"；可以抓住教材非正文栏目中的论点进行生发阐释，搭建理解历史的桥梁；也可以利用教材引用的史实细节进行拓展延伸，深化对历史的感悟等。无论哪一种做法，都是要透过教材的显性表述，进入文本系统的深处，发掘教材的言外之意。

如前所述，教学立意不仅可以是一种观点，还可以是一个视角。从视角的层面分析，中学师生常用宏观、中观和微观三个维度来观察认识历史现象。中观维度是指针对历史事物本体的感知，解读教材聚焦在课文内，前述的几种教学立意即是如此。宏观维度的特点是长时段、宽镜头、多领域，常说的"大历史观"就是典型的宏观维度，落实在教学立意上，就是更重视前后史事的因果关联、不同领域的相互作用。从宏观角度认识历史时，我们就可以将"新文化运动"的教学立意确定为："思想领域的现代化和近代中国思想领域的'新陈代谢'。"如果我们的视野再宽阔些，本课的教学还可以从政治、经济、文化模块纵横交织的角度思考，尝试从辛亥革命与新文化运动的关系、五四运动与新文化运动的关系等角度立意。

微观视角是现代社会认识历史的一大进步，走出了传统史学宏大叙事的场景，走入了寻常百姓和历史细节。从这个角度进行的教学立意是一种"小切口、深探究"的思路，即选择一个历史侧面或者细节，通过对这个"切片"的剖析展开教学，形成由此及彼、即小见大的教学立意。这是许多教师喜欢采用的一种教学设计方式。由于《新青年》杂志在新文化运动中的旗帜地位，许多教师都曾以《新青年》杂志作为切入点设计教学，他们或以《新青年》的自身历史为主线，或以《新青年》作为原始材料阅读为抓手来铺陈教学，立意虽有不同，但从效果上看，都不失为新人耳目的教学创意，而探究他们教学立意的角度和教学设计的流程，无疑都是"一粒沙里看世界，半瓣花上说人情"的思路。

（三）拓展专业阅读，借鉴史学研究新见

历史教材作为特殊的文本，出于政治性、教育性等多方面的考虑，在史学观念和历史结论的选择上必然会更加倾向于稳健的表达，而许多史学研究的新成果就算已经得到了学界的认可，趋向于成熟，进入教材往往也需要时日。本着史学求真、求是的基本宗旨，为优化教学，中学历史教师大多已经不再满足于仅仅向学生传授教材旧有的结论和认识，而是到史学研究的前沿去寻找教学的优质资源，用新观点、新成果更新教学内容，并作为教学设计的依托，形成结合前沿研究的教学立意，展现教材未能涉及的观念和价值。在这样的教学立意，从基础上对教学内容重新编码组织教学，能让学生更充分地涵濡历史意识，汲取历史智慧，也能让自己的历史课堂与时代同行。

"新文化运动"是多年来史学研究的热词，论文和专著很多，新观点和新认识不断涌现，许多在学术界形成共识的成果可以在教学中为我们借鉴。在当下近代史研究的话语体系中，五四运动和新文化运动已经合二为一，称为"五四新文化运动"，美籍华人历史学家周策纵甚至在其大作《五四运动史》中将 1917 年到 1921 年统称为"五四时代"。我们在教学中就可以综合五四运动这一政治事件和新文化运动这一文化事件进行教学设计，以"近代中国的社会转型和文化转型"作为教学立意。美国思想史专家史华慈曾经论述"五四新文化"中出现的多元启蒙思潮，借鉴这一思路，就可以把"民国初年的多元启蒙和文化自觉"作为教学立意。阅读了黄楠森的《五四新文化运动与自由主义》[①]后，结合胡适"争你自己的自由就是争国家的自由"的论述以及民主、新道德等"新文化"词汇的自由主义思想内涵，我们还可以把"个性自由与社会进步"作为教学立意。

---

① 　黄楠森：《五四新文化运动与自由主义》，《文艺理论与批评》，1999 年第 3 期。

　　有这样一个常见问题："有人说新文化运动太激进了，完全割裂了传统，这是应该否定的，你如何看待这种说法？"认为新文化运动过于激进、全盘西化、造成中国文化的断裂是 20 世纪八九十年代的一个典型观点，可今天的史学界已经改变了这种看法。当我们阅读袁伟时《新文化运动与"激进主义"》[①]、严家炎《五四"全盘反传统"问题之考辨》[②]、欧阳军喜《论五四新文化运动的儒学根源》[③]等文章后，发现新文化运动喊出的激进反传统口号实际上只是一种策略，新文化并不反儒，它反对的是封建礼教和对儒学的利用与独尊，而不是儒学的基本价值。由是，我们以批判性思维培养作为教学落点，把"近代思想解放中的变革与传承"作为教学立意。

　　以上三种教学立意的创意来源是不同的，但内在追求却是相通的。在具体实施教学时，如果能做到教材的显性表达、隐性信息和学术研究新成果"内""外"结合，教学立意的价值就能得到更充分的彰显。王国维先生在《人间词话》中说："境界有大小，然不以是而分优劣"，"有境界，则自成高格"，教学立意尽管有深浅之分，但却无法做出优劣高下的判别，因为每一种教学立意都有其特点和价值。笔者主张历史教师多读书，多了解史学研究新成果，不断提升自己的学养和素养，但却反对教学中一味追求专业化、学术性的做法。只有尊重学生知识背景，依据内容特点和学生特点，从实际出发凝炼教学立意才具有旺盛的生命力，毕竟，合适的才是最好的。

第四节　大象有形：课堂标题彰显立意

　　课堂教学立意并不是看不见、摸不着的"玄学"，而是可以被表达、

---

① 袁伟时：《新文化运动与"激进主义"》，《东方文化》，1999 年第 3 期。
② 严家炎：《五四"全盘反传统"问题之考辨》，《文艺研究》，2007 年第 3 期。
③ 欧阳军喜：《论五四新文化运动的儒学根源》，《孔子研究》，1999 年第 2 期。

被感知的。现场听课或者细读教学设计文稿，听课者和阅读者可以较清晰地把握住一节课的立意。教学立意的展现方式并不固定，有的课例是在设计教学时就开宗明义，导入环节就奠定了一节课的主题基调，其后的教学过程就围绕着课初设定的教学立意展开；有的课例则在课尾"点睛"，课中的各环节尽情铺陈，形散神聚，最后结课时以精练的语言、精巧的图示、精当地展现教学立意，简短明了，宛如"豹尾"，却又"余音绕梁"；还有的课例则采用主线贯通的办法，一节课中并没有直接给出立意，却将一个清晰的立意隐含在其中，正所谓"草蛇灰线，伏脉千里"，师生之间对教学立意的传递和领悟是不言而喻的。这些都是展现教学立意的极好方式，此处不再展开。下文笔者拟介绍一种添加课堂标题彰显教学立意的做法。

一、何谓课堂标题

这里所说的课堂标题不是指课本上的章节标题，而是授课人根据本节授课的内容、教学设计乃至学生活动的各方面，重新拟定的标题，是授课人的重新思考和二次创造。课堂标题是提供给学生感知本节课内容的第一元素，是师生课堂交流的重要起点，更是展现教学立意，实现教学创新的重要手段。

课堂标题与课本的章节标题相比，章节标题属于编著者，而课堂标题属于授课人；章节标题是编著者为构建知识体系而设计的，是概括课时知识的核心话语，而课堂标题是授课人为更好地达成教学目标而添加的、总领本节课的灵魂或眼睛；章节标题是教材编著者设计出来指引使用教材的教师及学生的框架和脉络，而课堂标题是授课人设计出来实现师生交流的桥梁和纽带；章节标题是静止的、千人一面的，如山的沉稳，课堂标题是鲜活的，因人而异，如水的灵动。从课程目标看，章节标题侧重于学科知识层面，而课堂标题则侧重于关键能力、核心方法、必备品格、价值观念等更高层次的目标。

在新授课中，许多课时的章节标题是平淡乏味的，而课堂标题则可以生动活泼。设计一个课堂标题，可以实现对学习内容大跨度的概括和连接，基于课本又不拘于课本，也可以实现对学习内容深层次的分析，源自教材又高于教材。而在一些探究型课中，则可以据预期的学生活动和目标达成的效果设计课题，从而对学生进行引领和指导。

二、为何添加标题

上课与写文章一样，拟的标题耐人寻味，会增色不少，文题如眼，课题也如眼。有人说："题好一半文。"上课时使用一个漂亮的标题也是"成功的一半"。结合新课程改革，可以说，添加课堂标题是教师教学设计中的创新点，是实践新课程理念的需要，在课堂教学中有着独特作用和重要地位。

首先，设计课堂标题是课程资源二次开发的需要。

"教师不仅决定教学资源的鉴别、利用、积累和开发，是教学资源的重要载体，其本身就是教学过程中最重要的条件资源。教师的素质状况决定了教学的效果，在实际教学中，许多教师在自身以外的教学资源十分缺乏的情况下，往往能化腐朽为神奇，实现教学资源价值的超水平发挥，促进教学目标的更好实现。"[1]在教学中精心设计课堂标题可以充分发挥教师个人才智，将教师的因素纳入教学设计，就是教学资源的二次开发，优化重组。如学习"孔子"，备课中，笔者查阅了大量资料，知道对孔子的评价从历代的"万世师表"到康有为、陈独秀的批判再到"文革"时期的彻底打倒，再到今天于丹的"心灵鸡汤"、李零的"丧家狗"等，共有十几种评价。于是，笔者把本节课的课堂标题设计为"对一个人的十五种评价"，这一看似怪异的标题却极大地吸引了学生——对孔子的评论为什么那么多，都是怎样评论的，是什么原因让他得到了这样的评价，学生的急切写在了脸上。这一标题就是教师在充分占有多种资料的前提下，对课题的重新设计，体现了教师资源与教材资源的结合。

---

[1]　朱汉国、王斯德：《普通高中历史课程标准（实验）解读》，南京：江苏教育出版社，2003年，第279页。

其次，添加课堂标题，是提高学生兴趣，激活课堂的需要。

卢梭说过："教育的艺术就是使学生喜欢你所教的东西。"但由于高中历史教学说理成分多，容量又大，整天不是背景，就是影响，使历史课成为学生眼中"枯燥，没有意思的课"[①]。要想让学生喜欢历史课，就必须改变课堂枯燥的现状。而设计一个新颖而恰当的标题，会引起学生的共鸣，激发学生的兴趣，在最短的时间里调动学生的学习热情。如复习课"近代中日关系史"，笔者设计了"睡在我身边的'凶'弟——近代中日关系"这样一个标题，既点出了日本侵华的凶恶，又鲜活生动，当学生看到投影屏幕上的标题时，纷纷眼前一亮，参与学习的激情瞬间被点燃了，之后的史实回忆、问题分析、结论获得环节就进行得轻松自然，水到渠成了。

最后，添加课堂标题，是实践新课程理念，实现素养培育的需要。

添加一个恰当的标题，不仅有助于学生对知识的记忆，而且有助于培养学生的历史思维能力。比如两堂探究课的标题"从不同角度看问题——义和团与近代中国"和"众说纷纭哥伦布"就能有效地引导学生从不同角度认识历史事件和历史人物，这种课题本身对学生有启发引导作用，使学生的思维训练更有针对性，更加科学。这类课堂标题还有利于形成对历史人物和历史事件评价的科学态度和客观公允的评价标准，对于学生历史解释素养的提升大有裨益。

讲到列强侵华史时，笔者设计了"当老朽遭遇强盗"的标题。这一标题，通过"强盗"一词体现教师对列强侵华的态度，在师生交流中传递着丰富的情绪，这是寓评论于标题的做法。刚一打出这几个字，学生们的情绪就有了明显的变化，由好奇转而思考，进而感慨，显然，从这节课的开始，教师就抓住了学生。在"民族资本主义曲折发展"一课上，用课堂标题"追逐张謇的足迹"，深度研习"唐太宗"时，用课堂标题"功业唐太宗与道德唐太宗"则可以从史学思想方法着眼，既让学生很快入课，也有利于学生运用唯物史观的理论深化对历史和现实的理解，增强史

---

① 朱煜：《高中历史新课程创新教学设计》，长春：东北师范大学出版社，2005 年，第 14 页。

料实证意识，认识证据和视角对历史解释的作用，学会从不同角度思考问题，养成独立思考的习惯。

三、如何添加标题

(一) 设计的课堂标题要贴切

添加课堂标题是教学设计的一个组成部分，不是孤立的，课堂标题的设计要服务于教学设计，要紧扣本节课的教学内容或学生活动，而不能随心所欲，哗众取宠。这就要求教师对本节课内容既要有宏观把握，又要有细致思考，在充分的备课后，结合课型、本节课要学习的核心主干知识、预期的学生活动以及要达成的教学目标等多方面，设计一个有助于学生学习的标题。因为标题的容量毕竟有限，因此设计时既可以综合考虑以上几点，也可以从某一方面入手，但必须保证标题与课堂相协调。"中国古代艺术"学习后的探究课上，可以从课型入手设计课题，如"探索发现——寻找艺术中的历史"；讲授"十一届三中全会"，可以从授课内容入手，设计标题为"惊天春雷"，等等。

(二) 设计的课堂标题要鲜活

标题是师生本堂课交流起始阶段的重要环节，教师要在第一时间抓住学生的眼球和思路，向学生传达一种积极的信号。因此，课堂标题要新颖、生动，感染力强，要让学生耳目一新，甚至可以处理成"情理之中，意料之外"。课堂标题可以是幽默的，可以是充满悬念的，如讲授"古代中国的农业经济"时，为突出核心知识点"自然经济"，笔者用了标题"董永和七仙女的生活"，学生好奇董永怎么和历史课扯上关系，胃口自然就被吊了起来，对本堂课充满了期待。可以是饱含感情的，如讲授改革开放时，设计标题"天翻地覆四十年"来展现改革开放带给社会生活的巨大变化；讲授"抗日战争"时，添加标题"万众一心战日寇"则融入了一种民族感情。

（三）设计的标题要凸显史识

教师设计课堂标题是要让标题有意蕴，有嚼头，做到史论结合。这一句话或短短的几个字要体现教师对这段历史的深度理解和个性阐释，给学生以思想的启迪，"言有尽而意无穷"，要让学生在接触标题后就开始进入一个崭新的心路历程，训练历史思维，升华历史意识，培养历史情感，获取历史智慧。

2019 年 10 月，笔者所开设的上海市市级公开课"辽宋夏金元的经济和社会"一课，添加了"'流动'的王朝"作为课堂标题①。"流动"二字是对这一历史时期经济社会特征的高度概括。2017 年，笔者开设的区级公开课"明朝的统治"添加了"观人物活动，探政治生态"作为课堂标题②，点出要从"人物"的角度观察明朝政治②。课堂标题可以是教师自己总结的一个词、一句话，也可以是名言、诗句、歌曲名、电视栏目名等，可以土洋结合，中西合璧，甚至可以是外语，不一而足。而究其实质，历史课堂的标题是教学立意在课首的呈现。

第五节　触类旁通：活动课程
立意解析

在社会的传承与发展中，那些曾经产生了重大影响的历史人物往往留存下三种不同的形象：历史形象、文学形象、民间形象。由于年代久远，这三种形象的界限逐渐模糊，后人真假难辨。探寻历史人物 3 种形象的由来，在辨析中还原人物的真实面貌，是中学生深入学习历史知识，形成历史意识，感悟历史变迁的有效视角。笔者组织的"刘邦三种形象辨析"的探究活动课，取得了良好的教学效果。

---

① 苗颖：《"流动"的王朝——〈辽宋夏金元的经济和社会〉教学设计》，《历史教学》（中学版），2020 年第 2 期。
② 苗颖：《观人物活动，探政治生态——〈明朝的政治〉教学设计》，《中学历史教学参考》，2018 年第 3 期。

一、探究活动概述

人物史是历史教学的重要内容，了解重要历史人物的活动，评价历史人物的功过得失，是学生历史解释素养培育的重要抓手。中国古代杰出的帝王是历史人物中的重要一类，笔者把探究活动课的选题就放在了其中的典型——汉高祖刘邦的身上。笔者先利用一个课时对中国古代有突出成就的帝王做了一个简单介绍，并梳理出评价帝王的若干角度。在此基础上，提出历史人物普遍存在的 3 种形象，并列举曹操、诸葛亮等典型人物的历史形象、文学形象和民间形象之间存在的巨大差异。汉高祖刘邦身后同时留下了这 3 种鲜明的形象。为拨开文字记录的迷雾，寻找真实的刘邦，辨析刘邦的 3 种形象就是一个富有积极意义的课题。

探究实践活动过程：① 教师依据自愿原则把学生分成三个组：历史形象组、文学形象组、民间形象组，每组选定一名组长，由组长进行分工。② 各小组拟定活动方案，上交文字稿。③ 以小组为单位开展活动，采用各种方式收集资料。④ 各小组整理资料，撰写研究报告，准备展示交流。

二、探究活动成果展示

主持人：各位老师、同学，大家好！汉字、汉语、汉民族、汉文化，一个"汉"字尽显风流，成为中华民族图腾式的文化符号。提起这个"汉"字，也让我们想起那个两汉王朝的开创者——刘邦。刘邦历经多年征战，灭秦剪楚，建立了汉家 400 年的江山，也为后人留下一个充满传奇色彩的人物形象。2000 多年来，刘邦的形象早已载入青史，被后人景仰；也被文人墨客用自己的生花妙笔写入文学作品，让后人诵读；更成为寻常百姓的永恒记忆，演义出许多生动的故事，在民间尤其是在他的故乡沛县广为流传。在五彩缤纷的刘邦故事中，我们很想弄清楚，哪些是历史的真实，哪些是文学的创作，哪些又是民间的传说呢？历经20多天的努力，我们三个组的同学各自完成了自己的探究任务，下面就请他们为大家展示所发现的刘邦。除要介绍本组的观点外，还要简单介绍小组的活动过程，说出自己依据的资料或者素材的来源。

民间形象组：我们组的资料收集主要有三个途径。一是查阅文字资料。通过向图书馆和个人借阅，共收集有关书籍十余种，包括中华书局版的"徐州历史文化丛书（八卷本）"、中国戏剧出版社的《汉高祖秘闻录》以及《徐州民间故事集成》《沛县汉皇遗迹揽胜》《汉皇故里》《刘邦的故事》等地方印行的书籍。二是访问学者和民间长者，在采访的七人中，樊巷街的刘老先生提供的资料最多，也最有价值。三是上网。网上资料相对较为丰富。

我们组收集到的这几十则传说向我们展现了一个神奇的真龙天子形象。他在云雾桥下因龙而生；出生就带有冲天王气，引起了秦始皇的恐慌，令人在沛县凿了八宝琉璃井以断王脉，还派人追杀襁褓中的刘邦；刘邦在家人带领下，由中阳里向东逃跑，逃跑途中蜘蛛结网惑敌，蝼蛄钻土救命，骏马抬蹄护主；孩提时的刘邦"违背力学规律"的成功"登箕"；成年后，刘邦为吃狗肉而乘老鼋渡河；路遇相面者的"一语道破天机"；逃避追捕、藏匿深山时"上有云气"……一直到他驾崩后"魂魄回故乡"等。所有这些都让我们感受到神灵对他的护佑。我们甚至在沛县的民间传说中找不到一点关于刘邦负面形象的传说，这充分说明了沛县人民对他的爱戴。简而言之，在民间传说中，刘邦不是一个凡夫俗子，而是一个"真龙天子"。刘邦的这种民间形象蕴含着民众朴素的历史观，他们不能对历史现象作出合理解释，只能把杰出人物的出现视之为天命所归，归之于神明的力量。

文学形象组：我们组的探究活动实践包括两个部分内容，一是收集阅读文学作品，收集到的关于刘邦的诗词曲有30多首，比如唐代王珪的《咏汉高祖》、胡曾的《沛宫》、明朝杨士奇的《歌风台》等；演义小说和戏剧作品有10多种，比如《前汉书平话续集》《两汉开国中兴志传》《两汉通俗演义》等小说，《汉高祖濯足气英布》《萧何月下追韩信》《汉公卿衣锦还乡》等元杂剧作品；二是收集并选择性地观看了一些影视剧，比如陈道明主演的《楚汉传奇》、胡军等主演的《楚汉风云》，以及《汉刘邦》等。

许多文人墨客对刘邦进行了讴歌，大部分都肯定了刘邦灭秦剪楚，开创汉家 400 年基业的历史功绩，还有人对刘邦这个"老粗"（毛泽东语）的文学才能赞赏有加，比如袁枚就非常欣赏刘邦的大风歌，赞其"马上归来句亦工""英雄不必读书史，直撼血性为文章"。也有一些诗人对刘邦充满了不屑，比如唐朝章碣的"坑灰未冷山东乱，刘项原来不读书"，宋代张方平的"偶因乱世成功业，便向翁前与仲争"，清代孙源湘的"从来天下事，多属负心成"等，均包含着对刘邦的讽刺。演义小说或者戏剧作品中，刘邦的形象则呈现出多样化的色彩。有的作品中的刘邦胸怀大志、知人善任、谦虚、仁爱、知错能改，有的则被描绘成好大喜功、胆小懦弱、才能不足、奸诈阴险的反面形象。影视作品中的刘邦形象比较丰满，虽有一些批评，但以正面为主。

在众多文学作品中，元代散曲作家睢景臣的《般涉调·哨遍·高祖还乡》应该说是一个特例，这首散曲借用一个农民的口吻对高祖还乡的场面进行了有趣的刻画，将一个光鲜照人的大汉天子的"老底"揭开，打回原形："只道刘三，谁肯把你揪掉住，白甚么改了名，换了姓，唤做汉高祖。"文字通俗，生动活泼，对这个"大人物"极尽揶揄、嘲讽之能事。通过进一步查阅资料，我们发现，睢景臣这种描绘其实不仅仅是对刘邦的嘲弄，更是对当政者的批判，他表达了普通农民对达官贵人"铺张""显摆"的不满。

通过探究学习，我们认为，围绕刘邦的文学创作大部分还是忠实于史实的，展现的刘邦形象优缺点并存，但立场基本是正面的，既没有被像"杨家将"那样被过度拔高，也没有像曹操那样遭到肆意抹黑。

历史形象组：我们组阅读了相关历史书籍并请教了几位我县的汉文化学者。所阅读的古籍主要是《史记》《汉书》《资治通鉴》，现代历史学者的著作主要有白寿彝主编的《中国通史》、范文澜的《中国通史简编》以及《刘邦传》等；所走访请教的学者主要有沛县汉文化研究会的张小沛先生、逯新启老师，沛县文化局的张让副局长，沛县中学退休教师秦伯鸾、黄清华等。

纵观刘邦的一生，其身份大致经过了这样的变化："不治产业"，喜欢交游的农民——司职泗水亭长、负责乡里治安的秦朝小吏——义释役卒后揭竿而起、西进灭秦的起义领袖"沛公"——与楚霸王项羽逐鹿天下的群雄之一"汉王"——建章立制，与民休息的大汉开国皇帝"汉高祖"。

刘邦为人虽有狡黠的一面，但总体来说是很仗义的。刘邦不善打仗，多次被项羽打得大败，但刘邦却能屡败屡战。刘邦善于用人，善于采纳别人好的建议，是他能最终打败项羽的关键。刘邦登基后轻徭薄赋、与民休息、励精图治，是一位好皇帝。

在阅读中，我们注意到，后人对刘邦的评价肯定赞扬的居多，而且评价颇高。如司马迁认为刘邦的功绩在于，使自周王朝东迁后动荡了几百年的社会生活复归于正常，"此乃传之所谓大圣也""非大圣孰能当此受命而帝者乎"。毛泽东则进一步对刘邦作出高度评价，认为他"决策对头""用人得当""比较能够采纳各种不同的意见""是封建皇帝里面最厉害的一个""是一个高明的政治家"。在横向比较了世界历史上的诸多帝王后，著名历史学家约瑟·汤因比给刘邦极高评价："人类历史上最有远见、对后世影响最大的两位政治人物，一位是开创罗马帝国的恺撒，另一位便是创建大汉文明的汉高祖刘邦。恺撒未能目睹罗马帝国的建立以及文明的兴起，便不幸遇刺身亡，而刘邦却亲手缔造了一个昌盛的时期，并以其极富远见的领导才能，为人类历史开创了新纪元！"

经过阅读和专家学者的讲解，我们认识到，不同时代，尤其是不同立场的人对刘邦这个历史人物的评价有明显差别，后人评价历史人物的视角和结论往往受到时代、阶级和个人主观倾向等多种因素影响。司马迁就曾将刘邦的成功归之于"天命"，而马克思主义者毛泽东则认为，刘邦出身低微，比较熟悉社会生活，更了解人民心理，所以能够成功。

（学生代表发言结束后，主持人请历史教师进行点评总结。）

师：三个组的代表发言都很精彩，不仅立足于把"事"说清楚，也能够把"理"讲明白；不仅逻辑清楚，史论结合，而且能够由个别到一般，由史实、史论进而讲述到史学观念，让老师大为赞叹。同学们在参加活动时很用心，也有较大的收获，通过这次活动，相信大家对我们那位2000多年前的老乡刘邦有了更清楚的了解，也对评价历史人物的方法更加熟悉，体会到了历史人物评价中存在的多样性和复杂性。我提议，课后大家再接再厉，结合调查走访以及其他组成果，自选角度写一篇小论文，注意史论结合和表达准确。

三、选题立意反思

本次活动课，学生参与的热情度高，学习成果的质量高，整体实效大大超过了往常。仔细分析本次活动，笔者认为，以下三个方面保障了本次活动的成功。

（一）选题得"韵"

选题是唤起学生兴趣，确保探究活动有效开展的起点。本课的选题从历史选修教材的教学延伸开去，将文学、历史乃至社会学结合在一起，角度巧妙，不仅能够有效激趣，而且充满韵味，耐咀嚼，耐品味。具体说来，这一选题凸显了拓展性和冲突性。

拓展性。本课从后人阅史的角度，搜集了刘邦的三种形象，并进行了辨析。教学定位是拓展选修课，但却实现了课堂内外，必选修之间的结合，更吻合了课程标准中关于历史解释素养培育的精神："人们通过多种不同的方式描述和解释过去，通过对史料的搜集、整理和辨析，辩证、客观地理解历史事物。"[1]应该说，选题角度不大，却较为深入，对于学生深化学习，增强知识迁移和方法运用大有裨益。

冲突性。这一选题更大的优势在于内蕴矛盾冲突，具有较大的探究价值，更易唤起学生的探究意愿，而且思维含量高。刘邦的三种形象

---

① 　中华人民共和国教育部：《普通高中历史课程标准》(2017年版)，第5页。

差别巨大,拂去笼罩在刘邦身上的"光环"和"迷雾",寻找真实的刘邦,对中学生而言,宛如一顿令人期待的大餐,颇具吸引力。

(二) 实践得"法"

如果说常规课堂教学最大的弊端是"填鸭"的话,探究活动课最易出现的问题就是"放羊"了。当下许多探究活动课选题低幼化,实践无章法,看似热闹却没有深度。本课有效避免了这些问题,体现出有序和多样的特征。

所谓"有序",一是过程规划性强。在教师的指导下,活动过程经过了系统的预设和规划,从选题到成果展示的 20 余天里,各小组按照时间节点和进度进行实践活动。在有限而固定(傍晚和休息日)的时间内完成了借阅、调查、走访等任务。二是分工明确具体。教师结合学生意愿把全班学生分为三个组,各小组内又进行了细致分工。如民间形象组设正副小组长各一名,负责对本组活动进行规划组织并主笔撰写报告;网络查阅小分队成员两名,负责收集网络上的相关素材;图书借阅小分队成员三名,负责到图书馆等处借阅书籍资料;采访小分队成员六名,两两组合进行采访和记录;还设有资料整理和活动记录员一名,对收集到的资料进行汇总整理,对活动开展情况进行及时记录。在细致分工的基础上,各小组每周集中活动一两次,研讨素材并商议下一步的活动。

所谓"多样"也体现在两个方面,一是学习方式的多样性。学生的学习方式涵盖了阅读、上网、调查、走访、讨论、撰写、展示交流等多种形式,所涉及的学习方法既有历史的,也有语文的,还有综合实践课程的。这种多样性的学习带给学生丰富的体验,大大提升了学生的综合素质和实践能力。二是课程资源的多样性。本次活动所借助的资源有历史典籍、学者著作、文学作品、民间传说、网络信息、音像资料等,有图书馆、博物馆、社区、人力资源等多种乡土资源,几乎涵盖了中学能够采用的资源形式,可谓丰富多样。

（三）成果得"意"

新课程对探究活动的定位主要是引导学生体验探究过程，而对成果的要求则较低。难能可贵的是，学生对所收集到的素材进行了分析鉴别，凝炼升华，而不是简单地罗列资料。研究成果蕴含感悟，质量较高，应该说这次活动既得其"形"，又得其"意"。

首先，得历史学习方法之"意"。展示中，学生从刘邦这一人物形象的分析进而推广到一种普遍存在的历史现象，得出了人物评价的基本认识和一般方法。从学生所表达的"古人不能对历史现象作出合理解释，只能把杰出人物的出现视之为天命所归，归之于神明的力量""后人评价历史人物的视角和结论往往受到时代、阶级和个人主观倾向等多种因素影响"等历史认识中，我们相信，学生对历史学习已经超越了知识的表层，深入到了历史的观念和方法层面。

其次，学习成果得探究活动课之"意"。从课程的角度来说，探究活动课首先是立足于学科的，是学科教学的拓展和补充，并不同于作为独立课程的综合实践活动。本次活动课定位准确，教师引导学生从历史学科出发，进行了多学科的跨界融合探究后，在成果的表达上又回归到了历史学科，探究活动中所获得的方法和结论，不仅有助于历史学习的深化，有助于学生理性、客观地评判历史人物，还有效地培育了"史料实证""历史解释"等学科素养，可谓得探究活动课之"三昧"。

第六节　教学设计：流动的王朝——
辽宋夏金元的经济和社会

2019年10月23日，在上海市高中历史学科德育实训基地和松江区教育局联合举办的"苗颖老师灵动课堂教学主张展示研讨"活动在上海市松江一中举行。活动得到松江区教育学院、松江区中学历史骨干教师专业发展共同体的协办支持。活动中，笔者执教了统编教材《中外历史纲要（上）》第十一课"辽宋夏金元的经济和社会"。

一、教学设计思路分析

本课分"农业和手工业的发展""商业和城市的繁荣""经济重心南移""社会的变化"四目。前三个目讲述经济（第三目涉及文化），后一目讲社会变化，内容较为庞杂，且经济与社会两部分又相对独立，凝炼一个统摄整节课的教学立意就成为教学设计的关键。

笔者认为，历史教学立意应该是基于一课时的教与学而形成的蕴含思想性和价值判断并统领全课的历史见解，同时也可以提供一种释史的视角。在阅读与思考中，"宋帝国在地理上和经济上是由道路和河渠网络所支撑起来的"[①]，"东京养甲兵数十万，居人百万家，天下转漕，仰给在此一渠水（汴河）"（《宋史·河渠志》）两句话给了笔者灵感，也赋予了这节课"灵魂"。笔者突然福至心灵：既然四通八达的水陆交通支撑了宋帝国，"流动"不正是贯通宋代经济、社会等各方面的典型特征吗？"任督二脉"一打通，我的思路也迅速"流动"起来：从《清明上河图》的"汴河"，到四通八达的河网交通，再到走向世界的海上丝路，水流让"富商大贾周流天下"，商业兴盛、城市繁华，在此基础上，人口的横向流动让经济重心南移，纵向流动则形成了阶层交流和社会变迁。

到此，似乎已经"圆满"了，但笔者总感觉历史教学的深度不足。这样的设计展现了宋代经济社会的特点固然不错，但仅是停留在对社会表象的认识，并没有走进内部，为什么宋代的流动性会如此强烈，历史演进的学术机理是什么呢？教学中还缺少一个由表及里地深层次探究。这时，笔者想到了"唐宋变革论"。"唐宋变革论"是日本学者内藤湖南和宫崎市定等人关于中国中古史的研究观点，拥趸很多，影响巨大。他们认为，唐代是中国中世纪的结束，宋代则是中国近世的开始。教学中，笔者运用这一学术思想的部分内容，设计一个"溯流探源"的环

---

① ［德］迪特·库恩：《儒家统治的时代：宋的转型》，［加］卜正民主编：《哈佛中国史》，李文锋译，北京：中信出版集团，2016年，第225页。

节，既可以把碎片化的经济、社会内容融合为一个整体，更可以由表及里地透视历史的演进，对学生学科素养落实、历史意识的培育具有重要意义。由此，"流动的王朝"实现了由点及面、由外到内、由现象描述到实质分析、由学科知识到学术思想的演进。

除了教学立意之外，还有两个问题需要在教学设计时做出合理应对：一是教材内容丰富，知识点众多，却大多是一笔带过，很像"流水账"，如何让这些"脱水"的知识获得新生命，变得温润而有历史的味道？二是本课内容和初中教材有较多重叠，如何避免"烫剩饭"，如何权衡内容的轻重，找到新的教学发力点？

笔者以为，给干瘪的知识注入生机的办法就是引入历史细节，让典型的、鲜活的历史事物替教师、替教材"代言"。教材面广量大，必须突出重点；初高中内容重叠较多，必须取舍有道。由此，笔者确立了"抓大带小"的原则，重构教学内容。四目中，"社会的变化"为初中教学中没有的内容，且思维含量较高，难度较大，是教学的重点和难点。另外三目的基本史实初中都有所涉及，应以提升学生的历史认识和培育学科素养为主，淡化知识点。农业、手工业的发展是商业繁荣的前提，可以商业繁荣这一经济领域中的最重要变化带出。教材主要介绍了宋朝的经济和社会，辽夏金元的一笔带过，可以宋为主，在榷场交流中带出少数民族经济。

二、教学设计

【教学立意】

流动是宋王朝的典型特征。江海奔流，提供了四通八达的水陆交通；百物周流，造就了繁华的城市、新生的纸币、和平的榷场、跨海的丝路；重心南流，形成了江东经济甲天下，头枕东南，面向海洋的经济新格局，引发了东南科举冠天下的文化新趋势；科举竞流、婚姻交流、土地转流，更是开创了一个四民合流的新世界。溯流探源，在宋代经济社会流动性的背后，是文明积累到一定程度的突破。

【教学目标】

知道宋代农业、手工业的典型成就和商业、社会的突出变化。

借助水陆交通、海上丝路、人口南迁等历史地图探讨历史问题，认识空间地理因素对宋朝经济和社会发展的重要影响；把经济与社会的新变化置于历史演进的宏观时空中，形成基于时空背景解释历史的意识。

运用文字、图片、数据等多样化的细节史料，尤其是关于交子产生记载相抵牾的史料，展开学习探究，增强史由证来、言必有据的实证意识。

探讨商业与农业、手工业，经济重心南移与科举重心南移，经济发展与社会变迁之间的因果逻辑，辩证认识社会各要素之间的关系。

【重点难点】

重点：宋代社会阶层的流动。

难点：对宋代流动性原因的分析与认识。

【教学过程】

新课导入：从第七届世界军人运动会真人版《清明上河图》再次惊艳全世界说起，抛出问题：《清明上河图》画的是汴梁城的街景，应该命名为《清明上街图》才对，为什么叫上河呢？汴河对于汴梁人、对于宋朝人有什么特殊的意义呢？

汴梁城的街市以汴河为中心排开，宋太宗感慨道："东京养甲兵数十万，居人百万家，天下转漕，仰给在此一渠水。"（宋太宗语，《宋史·河渠志》）汴河如此重要，是因为它连接了各地，甚至连接了世界。（PPT展现引自《哈佛中国史》70页、220页的"开封及其河网图，1083年""北宋的道路与河流网络图"）《宋史》说："汴水横亘，首承大河，漕引江湖，利尽南海。"（《宋史·河渠志》）四通八达的河流，便利了交通，繁荣了经济，更昭示着一个高度流动的王朝的出现。下面我们就来学习——流动的王朝：辽宋夏金元的经济和社会。

（**设计意图：**交通在历史发展中有着极其重要的作用。宫崎市定说："历史地图如果去掉交通路线的话,我们根本无法从中读出它的历史意义。"①宋代,正是因为大运河的功能得到充分发挥,河流、海路运输能力的大大增强,形成了一个纵横交织,连通天下的水上网络。这个新的交通系统是宋代经济繁荣的基石,也是本课的设计"底色"。以热点导入新课,师生在交谈中,借助"上河""汴河""漕运""江湖""南海"等词语,以及地图,了解宋朝以"江海奔流"为动脉的水上交通,引出"流动"二字,进入课堂学习。)

过渡:四通八达的水陆交通网络,便利了商品的运输和流转,带来了商业的兴盛,城市的繁荣。

第一部分　百物周流,商贸达天下

1. 城市风流,汴杭富天下

材料一:当时开封以经商为业的有两万多户,其中 640 家资本雄厚的商户,分别属于 160 行,囊括米、盐、茶等各类商品贸易。号称"正店"的大酒楼有 72 家,……酒楼、茶坊适应商业大潮,与娱乐场所瓦子,都通宵营业。

——摘编自樊树志《国史十六讲》

材料二:

　——《清明上河图》的三个局部:孙羊正店、久住王员外家、税务机关

问题:从材料一、材料二中,你能感受到宋代开封怎样的经济和生活状况?

学生回答后,教师讲述:20 000、640、160、72 这一组数据充分展现

---

① ［日］宫崎市定:《东洋的近世》,张学锋等译,北京:中信出版集团,2018 年,第 20 页。

了汴京城商业的繁荣。一组图片述说着汴京城娱乐休闲生活的多彩多姿，吃喝玩乐"一条龙"服务，好一座让人流连忘返的城市。

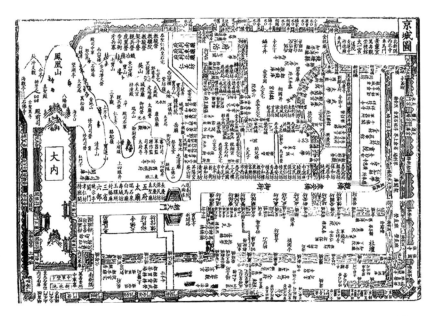

　　——咸淳年间雕版墨印临安《京城图》，摘自吴钩《宋：现代的拂晓时辰》

　　问题：这张地图被称作"南宋版的杭州旅游攻略"，从这些密集的图标中，你感受到了什么？

　　材料三：钱塘自古繁华……参差十万人家……市列珠玑，户盈罗绮，竞豪奢。

　　　　　　　　　　　　　　　　　　——柳永《望海潮》

　　金主亮闻歌，……遂起投鞭渡江之志。

　　　　　　　　　　　　　　——（宋）罗大经《鹤林玉露》

　　教师讲述：南宋咸淳年间雕版墨印临安《京城图》让城中的"人间烟火"一览无余，全景式地再现了临安的繁华，柳永所言"参差十万人家"所言不虚，"市列珠玑，户盈罗绮，竞豪奢"一语更是道出了杭州的富庶和辉煌。而柳永的这首名作《望海潮》，甚至勾起了金朝海陵王完颜亮要"提兵百万西湖上"，渡江攻打南宋的野心。

（**设计意图**：学生在初中就已学过宋代的商业和城市繁荣，高中教学不宜面面俱到，重复讲解，但也不宜直接忽略，因为这是宋代经济的典型特征。本课笔者的处理是选择最典型性的历史现象进行史料研习，意图在初中学习的基础上深化对历史的认识。所选择的两个点分别是开封、杭州两座城市和四川出现的交子，使用的教学方法则各有侧重。此处使用的是"神入"手法，运用图片、文字等不同类型的细节，创设具有带入感、现场感的历史场景，带领学生"游览"汴州、杭州的城市风景；而完颜亮读完柳永词后要"提兵百万西湖上"的文坛韵事，更反衬出杭州城的都市繁华，更是让学生如临其境，"感受"强烈。）

材料四：（宋太祖）曰："五代之际，生灵凋丧。朕躬览庶政，万事粗理，每念上天之贶（赏赐），致此繁盛，乃知理乱在人。"蒙正避席曰："乘舆所在，士庶走集，故繁盛如此。臣尝见都城外不数里，饥寒而死者甚众，不必尽然。愿陛下视近以及远，苍生之幸矣。"上变色不言。

——摘自《宋史·吕蒙正传》

问题：材料四中，宋太祖和吕蒙正对当时的经济状况分别做出了怎样的评价？对此，你如何看待宋代的经济繁荣？

（**设计意图**：宋太祖从与五代乱世的强烈对比中感慨宋代的经济"繁盛"，并为自己的国家治理成就而感到自得；吕蒙正则旗帜鲜明地指出，这种繁盛仅限于都城之内。宋代并非经济的全面繁荣，都城之外就"饥寒而死者甚众"，并借此劝诫皇帝不要被眼前的繁盛遮蔽双眼，而应该以更宽的视野观察社会，体察民情。这种设计思路是要在教学中提供历史的"AB"两面，引导学生辩证的认识历史问题。[①]）

过渡：宋朝高度繁荣的商业和城市需要大量的货币，宋朝政府尽管铸造铜钱的数量超过唐朝十倍，但依然不能满足贸易的需求。于是，世界上最早的纸币交子诞生了。

---

① 此处系笔者受张耕华先生的观点启发，后期修改而成。参见张耕华：《略论史料的另面与史事的另面——关于中学历史史料教学的两点建议》，《历史教学》（中学版），2020年第1期。

2. 交子初流，纸币先天下

材料五：初，蜀民以钱重，私为券，谓之交子，以便贸易。富民十六户主之。

——（宋）李焘《续资治通鉴长编》

问题：从材料五可知，交子创制于何地？何人创制？为何创制？

材料六：真宗时，张咏镇蜀。患蜀人铁钱重，不便贸易，设质剂之法。一交一缗，……谓之交子。

——《宋史·食货志》

问题：《宋史》与《续资治通鉴长编》两部史书中关于交子的记载在哪些问题上是相同的？在哪些地方又有不同？同一件事情为什么会出现不同的记载？如何才能弄清楚这一问题？

（**设计意图**：《续资治通鉴长编》和《宋史·食货志》都是研究宋史价值较高的史料，然而关于交子创制的记载却有明显冲突，正可以构建一个带有一定学术性、冲突性、探究性的真实问题情境。材料难度适中，具有中等学力的学生都可以看出其中端倪。这种冲突性情境设置，意在唤起学生探源求真的热情。在这一真实的学习情境中设计了四个问题。第一、第二两个问题是关于异同点的设计，主要是让学生提取信息并比较差异。第三个问题主要是基于史学思想方法的维度，让学生认识到，不同的人对历史的记载会有分歧，而造成分歧的原因也不止一个。第四个问题，意在引导学生像历史学家那样思考，主要训练学生如何解决问题。发现问题还要能够解决问题，培养学生问题解决能力是教学的一个重要着力点。这一个个问题，形成自然的问题链，引发学生从浅入深地思考，增强学生的实证意识和实践能力。）

3. 多族交流，榷场和天下

呈现宋辽、宋金榷场贸易地图，师生一同观察地图，在谈话中了解榷场的位置特点和功能。

材料七：朝廷创置榷场以通南北之货，内足以专课息之源，外足以固邻国之好。

——《宋会要辑稿》

宋朝在宋辽榷场贸易中每年有四十余万的收入，以致每年给辽国缴纳的岁币（三十万）可以从榷场贸易中收回。

——霍贺《浅析宋代的对外贸易》（《青海社会科学》，2006 年第 1 期）

问题：据材料七，指出榷场设置在经济和政治上的重要作用。

教师讲述：榷场是各政权在边境接界地区设置的交易市场，由官方管理，商品种类繁多，宋朝贸易的商品多为加工品，少数民族政权则多为土特产品。（在探讨完榷场后，教师带领学生简要了解这一时期少数民族地区经济的发展状况，从略。）

（**设计意图：**"和"字是本目教学的核心。学习了解民族间的榷场交流是载体，领略"和"的价值意义则是本目设计的宗旨。辽宋夏金元时期各政权有"战"有"和"，其中"和"的重要表现之一就是榷场贸易往来，但高一学生对此并不清楚，教师提供了榷场分布图和文本史料，引导学生观察地图，了解榷场的位置、功能和概况，解读史料，分析榷场设置的经济与政治作用，并突出强调榷场"和"天下的积极意义。因少数民族政权的经济发展不是本节课的重点，故在此处适当涉及，一带而过。）

4. 丝路海流，巨舰惊天下

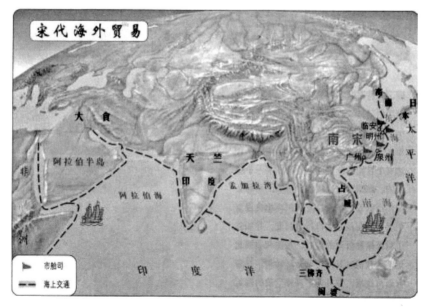

——王孝通《中国商业史》

材料八：舟如巨室，帆若垂天之云，舵长数丈，一舟数百人，中积一年粮，豢豕酿酒其中。

——（宋）周去非《岭外代答》

与宋朝通商贸易的国家有五十多个，宋高宗曾说，市舶之利动以百万计。

——关履权《宋代广州的海外贸易》

问题：据地图和材料，指出宋代海上丝路的起点、终点，简介海上丝路的最远路线，概括海外贸易的规模以及对宋王朝的意义。

（**设计意图**：一个"惊"字突出了宋代海船之大、贸易之盛。宋代的海上丝路贸易大大促进了本国经济发展和国际经济文化交流。这一环节综合运用地图和文字史料，展现海上丝绸之路的规模，在强调空间意识的同时，也把"流动"从区域推进到了世界。）

师生问答得出认识：商业的繁荣是建立在农业和手工业快速发展的基础之上的。利用表格、图片完成宋代农业、手工业的学习。

（**设计意图**：由于初中对宋代农业、手工业成就学习较为深入，此处从简。借助表格、图片再认农业、手工业的成就。）

第二部分 重心南流，江东甲天下

1. 人口常流，南北易天下

教师讲述，从物的流动过渡到人的流动。简单介绍从东汉末年到南宋时期1000多年的人口南迁史，尤其是"永嘉之乱""安史之乱""靖康之变"，北方的三次大的战乱。然后出示战国、唐、宋三个时期经济形势图。

问题：北方战乱，人口的持续南迁对南北经济发展产生怎样的影响？阅读三幅地图，指出南北经济对比发生了怎样的变化？

[**设计意图**：千余年里，北方战乱，经济遭到严重破坏；北民南迁，一方面带去了大量的劳动力，另一方面带去了先进的生产工具和技术，促进了南方经济的发展，宋朝形成了"头枕东南，面向海洋"的经济新格局（宋史专家葛金芳语）。

地图是历史教学中的基本素材之一，引导高一学生运用恰当方法观察地图,可以培养学生的空间认知能力和地图解读能力,并能够在观察中获得发现,启迪思考。师生共同读图并作方法归纳:① 阅读地图标题以定名;② 观察地图轮廓以定位;③ 对比三图差异(观察密集点)以定量。]

2. 文化分流,东南冠天下

材料九:北宋籍贯可考的进士 9 630 人,南方 9 164 人,其中,两浙、两江和福建五路 7 038 人,占总数的 73%。

——摘编自刘海峰《中国科举史》

问题:材料九中这组数据说明了什么?北宋时期司马光和欧阳修还发生过"分路取士"和"凭才录取"的争论,你赞同采用哪种录取方式?

(设计意图:文化水平受经济发展水平的影响。经济重心的南移带动了文化重心的南移,科举录取人数是地区文化水平的集中体现。运用数据史料,化繁为简,对学生理解文化重心南移有直观的帮助。"分路取士"与今天的分省高考有相似之处,教师没有直接介绍"分路录取"的做法,而是运用了观点讨论的方式,意在深化学生的历史理解,并能在结合现实的基础上表达自己的见解。)

第三部分:四民合流,大宋新天下

1. 科举竞流,读书赢天下

材料十:书中自有千钟粟。书中自有黄金屋。书中有女颜如玉。

——宋真宗《劝学诗》

问题:皇帝亲自做这样的诗作,反映的是怎样的国家政策导向?这一导向对科举制度的发展有何作用?

材料十一:唐代有宰相524人,科举出身者为232人,《宋史》载宋代133名宰相中,由科举出身的达到123名,(比例)大大高于唐代。

——何忠礼《科举制度与宋代文化》

问题:材料十一说明了什么?宋代宰相来源的变化对社会阶层关系有何影响?

[**设计意图**：崇文抑武是宋朝的基本国策，其结果是"利弊兼得"，弊是外战不强，利则使宋代成为文人的黄金时期。重文和科举引导了普遍的向学风气，更打通了阶层流动的重要渠道，让"白衣秀士拔地而起"（钱穆先生语），也让门阀世胄难以为继，宋代纵向的阶层流通大大超过前代。这里使用数据史料可以"短平快"地说明阶层流动，比其他材料更有呈现力，有助于学生理解。]

2. 阶层汇流，婚姻融天下

教师讲述：常言说，皇帝的女儿不愁嫁，可是唐代的文宗皇帝却发了愁，他想把女儿嫁给崔、卢两大望族，可是崔、卢两大望族却拒绝了这门婚事。这是为什么呢？

材料十二：（唐文宗）"民间修昏（婚）姻，不计官品而上（尚）阀阅，我家二百年天子，顾不计崔卢耶？"

——（宋）欧阳修、宋祁等《新唐书》

问题：据材料十二，指出这一时期婚姻择偶的标准是什么？

材料十三：本朝贵人家选婿，于科场年，择过省士人，不问阴阳吉凶及其家世，谓之"榜下捉婿"。

——（宋）朱彧《萍洲可谈》

材料十四：薛居正子薛惟吉之嫠妇柴氏，将携资（十万贯）再嫁。士大夫向敏中、张齐贤都争着求娶……相互闹得不可开交。

——方建新《宋代婚姻论财》

问题：材料反映宋朝的择偶标准又是什么？如何看待这种择偶标准？唐宋择偶标准的变化说明了什么？

（**设计意图**：唐朝的择偶标准以"门第"为主，宋朝则以"才和财"为主要的择偶标准。这种观念未必完全正确，但却使得士农工商四民之间可以自由通婚，日趋平等，等级门第被打破。这种强烈的功利性和世俗性，是社会观念变化的重要表现。

婚姻是窥察社会流动性的重要窗口。从唐宋择偶标准差异的视角入手，选取历史的细节史料，感受从重"阀阅"，到重"才和财"的唐宋婚姻观变化，体悟宋代社会成员身份趋于平等的特征。）

3. 土地转流，契约定天下

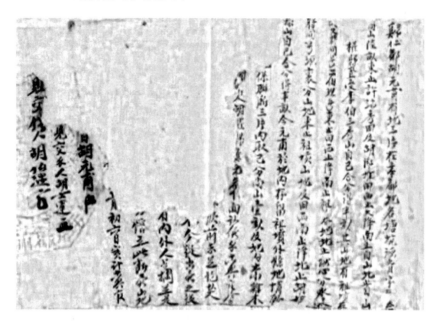

——宋代地契残片

材料十五：典卖倚当庄宅田土，今后并立合同契四本，一付钱主，一付业主，一纳商税院，一留本县，违者论如法。

——《宋会要辑稿》

问题：据宋代地契残片及材料指出土地买卖要经历哪一重要步骤，这说明了什么问题？

（**设计意图**：在宋代，"贫富无定势，田宅无定主""千年田换八百主""有钱则买，无钱则卖"成为普遍现象，为了保障土地买卖中双方的权利，政府不仅"不抑兼并"，还给予了契约和法律支持。契约化是市民社会的重要一环，英国历史学家梅因说："所有进步的社会的运动，到此为止，都是一个'从身份到契约'的运动。"①宋代的契约化，不仅在土地流转中广泛运用，在劳务关系、经济往来中也有较普遍的使用。契约化既是物权自由流动的体现，又是物权、人权在一定程度上得到保障的体现。此处以图片、文字加上教师讲述，介绍宋代契约化的产权流动，管

---

① 转引自吴钩：《宋：现代的拂晓时辰·序》，桂林：广西师范大学出版社，2015年，第4页。

窥唐宋之际社会的深刻变迁，进一步认识宋朝的流动性。）

第四部分：溯流探源，何以变天下

教师讲述并与学生对话交流。前三个部分展现了宋代经济发展和社会变化的情况，如果让你在"流动"之外，另外用一个词语来概括宋代的特征，你会用什么词呢？历史学家还会用什么词语来表达自己对宋代的看法呢？

（**设计意图：**前三部分的学习是对宋代的条分缕析，是一种"解构"，与这些具体社会现象相对应，教学中教师还应有综合的、通贯的意识，把零散的、碎片化的具体史实熔为一炉，引导学生"建构"对一个时代的整体认识。在培养学生概括、归纳的能力的同时，也避免"明足以察秋毫之末，而不见舆薪"的认知偏颇。）

材料十六：今天大多数的历史学家都相信，大约在 11 世纪发生了一场"唐宋变革"：中国历史从中世纪的黄昏转入近代的拂晓时刻。"唐宋变革"并不是断裂式的突变。不管宋代与唐代之间看起来有多么大的差异，宋代的近代性同样是前代文明冲积的结果。

——吴钧《宋：现代的拂晓时辰》

问题：史学界对宋代历史的描述使用了哪一词语？你是如何理解这个词语的？作者认为这一现象是如何形成的？

材料十七：农业生产的商品化对社会的发展影响非常大。被交换经济的大浪吞没的旧庄园，只能选择"开门，与外成市"，庄园主也再没必要强制劳动者作为隶民依附于自己。中世纪的部曲得到解放，佃户代之而起。商业的繁荣，使城市的形态也为之一变，几乎变成了完完全全的商业都市。政府也必然地会摆脱中世纪式的财政与土地密切结合的政策，选择具有近世特征的政策。财富的积累，促进了近世文化的发展，导致宋代社会不得不倾向于一种资本主义式的统治方式。

——摘编自宫崎市定《东洋的近世》

问题：材料中宫崎市定解释了宋代社会哪些方面的变化？这些变化之间有怎样的关联？由此，你认为导致"唐宋变革"的根源是什么？

（**设计意图：**教材各板块学习完，再用上一个问题"收口"，归纳宋代的总体社会状况，由分到总，课堂教学似乎可以结束了，但笔者在设计中总感觉意犹未尽，因为"知其然"还未"知其所以然"。于是，笔者又做了深化设计——溯流探源，何以如此？意在探究宋代的"流动"特征哪里来？社会各要素分别是如何演进的？在历史演进过程中彼此呈现出怎样的关系？

关于"唐宋变革论"，史学界的讨论很多，可以说是深入讨论宋代经济社会时无法忽视的学术思想，但由于高一学生的学养和学力不足，教学中不宜引入过多的概念，不宜专业性太强。这里，笔者没有使用内藤湖南等人的原著，也刻意回避了"中古""近世"等词语。而以吴钩的概述介绍这次"变革"，以宫崎市定侧重于经济的阐释展开探讨，重点突出三点：① 宋代"流动性"特征的深处是一次"社会变革"；② 这一变革是长期的历史积淀而引发的由量变到质变；③ 社会各层面的变革是关联的，是环环相扣的，其根源是社会经济的进步。这种处理，既保持了"唐宋变革论"的基本思想，又深化了对唯物史观的理解，更是让艰深的学术思想走下殿堂，以中学生可以接受的形式化入中学教学的尝试。）

【合作探究】

在上两节课的学习中，我们知道，宋朝崇文抑武，国家积贫积弱，是一个饱受诟病的时代，但通过今天的学习，我们却发现，它经济高度发展，文化成就卓著，阶层充分交流，是一个如水一般流动的、充满生机的、让人向往的时代。你如何认识这个历史的悖论？

（**设计意图：**提到宋朝，多数国人马上想到的是"积贫积弱"，是与少数民族政权鼎峙与战争中国势的不振。而在西方许多史学著述中，汉学家给予宋代极高评价，甚至称之为"中国历史上最伟大的时期"。这种巨大的反差缘于时代的差异和视角的不同。元、明、清三朝一直有人认为宋代"武备不振"或者"积弱"。将宋朝描述成积贫积弱并使之深入人心的，则是近代的一些史学家。面对近代中国遭遇的劫难与屈辱，以及中国在西方列强面前所暴露出来的贫困孱弱，近代知识分子无不痛心疾首。特别是在日军侵华的背景下，有些历史学家将对国家的感情投射到历史上，宋朝就成了他们抒发抗战决心与悲愤心情的一种寄托,其中积郁着强烈的民族情感,充溢着建设强国的期冀①。

这一探究活动利用宋代政治与经济社会的相悖提出问题,引导学生认识不同的历史解释,并从来源、目的和史家所处的时代际遇等多方面,说明导致这些不同解释的原因并加以评析,进而尝试提出自己的想法或见解。这一问题的设计让学生对宋朝的认识更加全面、丰满和理性。)

课堂小结: 两宋时期,四通八达的水陆交通便利了各色商品的周流天下,连接了世界。在经济高度繁荣和重心南流的基础上,阶层等级打破,纵向流动加剧。所有这些,共同缔造了一个开放而充满活力的新世界。

(**设计意图:** 水的流动带来了商品的流动,商品的流动引发了社会阶层的变动,这一切汇成了流动的王朝。从历史现象中归纳宋王朝经济和社会的"流动"的特征,且以此为关键词概括本课的主旨,引导学生更好地认识宋朝,理解时代特征。)

【作业设计】

阅读下面材料:

宋代之前是不存在迁徙自由的,进入宋代后,"士农工商"四民都加入流动的队伍。士人四处游学,农民不再被束缚在土地上,以及商品经济的展开,让许多地方都是"主(本地)户少而客(外来)户多,往来不定,(人)口尤难记(统计)"。

宋朝社会纵向流动的丰富性,并不仅表现为"朝为田舍郎,暮登天子堂"。所有人都有机会改变自己的地位。贫者可以致富,富者也可能一夜之间沦为贫民,佃客可以凭自己的劳动成为田主,贫富贵贱处于变动之中,阶层没有板结化,社会也因此才焕发出活力。

——吴钧《宋:现代的拂晓时刻》

问题:(1)宋代"人"的流动可以分为哪两个方面?各有哪些表现?

(2)你如何看待宋代社会中人的流动?

---

① 李裕民:《宋代"积贫积弱"说商榷》,《陕西师范大学学报》,2004年第3期;李华瑞:《对宋朝历史为何有多样解读》,《人民日报》,2019年1月12日。

（**设计意图**：教学中，虽在经济重心南移部分涉及人口南迁，但却是北方战乱下的被迫迁移，并不能说明人口的自由流动。作业题从学术研究的视野，提供了横向人口的迁徙和纵向社会阶层的流动，完善了这一内容。）

【教有所思】

（1）以高远的立意统领教学，是笔者倡导的"灵动课堂"的核心要素之一，也是着力突破统编教材内容安排"面面俱到"的重要着力点。"灵动课堂"是笔者在对历史学、历史教学的深度思考和积极探索的基础上凝炼出的个人教学主张。"灵动课堂"有四个要素：高远的立意为"灵魂"，顺畅的逻辑添"灵气"，多彩的细节增"生动"，多维的对话是"互动"①。教学立意表达本课的核心认知，起到思想引领作用，是应对统编教材，避免知识碎片化的重要举措。本课以"流动"赋予课堂"灵魂"和"纲领"，作为辽宋夏金元经济和社会典型特征统摄整节课，在此基础上设定学科素养目标。聚焦主干知识，变焦相关知识，用三个方面九个小点拼出了一幅辽宋夏金元经济和社会的"流动"全景，并溯流探源，深度探究。课后，李惠军老师给出了"流动的王朝，灵的课堂"的评价。

（2）以情境为基础，以问题为引领，以多维度的对话建构学习的意义。教师的所有教学意图都离不开课堂上师生的互动。师生对话、生生对话是教学互动的主要形式。本课中，笔者创设的教学情境追求结构化、带入感和冲突性三个维度，如婚姻观变化的教学情境就是如此。问题设计除了思维含量上的考量外，还着意从逻辑的角度勾勒一种思维脉络，也就是从分析史料到重组信息，再到结合知识，最后创生观点，如交子问题的设计，就能够较好地让学生在清晰的逻辑演进中提升认知，习得方法，优化思维。本课对话活动的展开以交谈式为主，只是在最后部分的探究中运用了讨论式。师生交谈式对话中，教师刻意注重了五个要点：倾听、引导、追问、辩难、评价，尤其是问题回答中的引导。

（3）新课标历史教学的核心诉求是指向学科核心素养的，而不是

---

① 张史敏：《苗家有"女"初长成——记苗颖老师立足课堂的专业发展之路》，《中小学教材教学》，2017 年第 5 期。

指向知识的。本课从教学目标的拟定，教学环节的设计都注重了学科核心素养的培育。如借助水陆交通、海上丝路、榷场和人口南迁等历史地图展现商业繁荣和经济重心的南移，意在引导学生"在不同的时空框架下对史事作出合理解释。"运用关于交子产生记载相抵牾的史料，展开学习探究，意在让学生"能够通过对史料的辨析和对史料作者意图的认知，判断史料的真伪和价值"，增强史由证来、言必有据的实证意识。使用文字、图片等多样化的细节史料，展现宋朝科举、婚姻观、土地流转等的变化，则是期望学生学会"从历史表象中发现问题，对历史事物之间的因果关系做出解释"[①]，等等。

统编教材的教学探索还刚刚起步，本教学设计中自不免存在各种疏漏与不足，敬请批评。

三、点评分析

松江区教育学院刘晓兵老师撰文对本节课作了点评。他说：2019年9月，统编高中历史教材在上海等六省市先行使用。统编教材纲要式的叙述、大跨度的结构、密集型的内容，给一线教学带来了新的挑战。如何用好统编教材？如何在教学中培养和提高学生的历史学科核心素养？如何基于课标有效设计历史课的教学过程？这一系列问题摆在高中历史教师面前，亟待解决。苗颖老师的"辽宋夏金元的经济与社会"一课交出了自己的答卷，给我们带来了一些启发。要而言之，可以归纳为以下四点。

（一）抓大带小：立足教材实际的内容重构

统编高中历史教材每一课的时空跨度都很大，内容呈现是细大不捐。第 11 课"辽宋夏金元的经济与社会"，从时间上跨越数百年，空间上涉及辽宋夏金元五个王朝或政权。正是这种长时段，大跨度的特点，

---

① 中华人民共和国教育部：《普通高中历史课程标准》(2017 年版)，第 6 页。

让教材的叙述极其简略。许多问题以结论的形式一带而过。没有故事细节、淡化知识逻辑。面对这种"内容很丰满、表述很骨感"的"纲要体"课文，教师要想在一节课中面面俱到地给学生说清楚相关问题是不可能完成的任务，更遑论情境创设、合作探究的设计了。针对教材的实际，遵循"合理整合教学内容"的课标理念，教师可以采用的较合理的办法就是"抓大带小"，突出本课时的关键问题，并以关键问题为中心，通过重点内容的突破，带动整体内容的教学。

辽宋夏金元时期，两宋的经济发展水平明显高于其他并立政权，社会变化也更为突出，课标的"内容要求"在这部分也主要突出了两宋，教材编写也以宋为主，因此，本课教学的基本思路就是以宋的经济与社会发展为主，在其中带出辽夏金元的相关历史。在教学过程中，考虑初中阶段对宋元农业、手工业的状况有了较细致的学习，因此在经济部分以商业的探究为主，带出农业手工业的发展；考虑社会变化是较之初中增加较多而又较难理解的内容，因此把教学重难点确定在了这里，并以纵向的阶层流动为主，带出人口的横向流动，等等。

（二）课魂统领：基于课程标准的教学立意

课标对这部分内容的叙述只有一句话："通过了解两宋时期的政治与军事，认识这一时期在政治、经济、文化与社会等方面的新变化。"[1]不难看出，"新变化"是本课的关键词，也是本课时教学的关键问题。那么，两宋时期的经济与社会新在何处？苗颖老师的这节课给出了一个清晰而准确的提炼：流动的王朝。和前代相比，宋代社会的流动性明显增强，不仅表现在商品的流动上，更表现为土地产权的流动、人身的自由流动和社会各阶层之间的纵向流动，尤以后者为学者所津津乐道。可以说，"流动的王朝"这一教学立意不仅充分挖掘了课标所提出的"新变化"的"新"，更吻合了这个时代商品流通、土地流转、阶层流动的典型特征。

---

[1]　中华人民共和国教育部：《普通高中历史课程标准》(2017年版)，第13页。

这节课以"流动"立意，贯通始终，从四通八达的河流水网切入主题，分为"百物周流、重心南流、四民合流、溯流探源"四个教学板块，独具匠心地用"城市风流、交子初流、榷场对流、丝路海流、人口长流、科场竞流、婚姻交流、土地转流"等紧扣主题的子目标题展开教学，呈现多姿多彩的宋代经济与社会状况。在第四部分，教师带领学生沿着"水流"回溯，寻找"流动"之源，历史变革之因。透过表象，追索历史长河内蕴的实质动力的教学，既把前面条分缕析拆解开来的历史形态再次聚合在一起，更大大强化了历史解释的力量。这都是在"流动"这一主题下完成的。就连课后作业也紧扣主题设计：宋人横向的地域上的迁徙流动和纵向的阶层之间的"流动"。在这一主题的统领下，思路顺畅，逻辑贯通，教学过程如行云流水，一气呵成。

（三）问题解决：指向素养落地的史料演习

指向学科核心素养是当下高中历史教学的应然追求，但如何使学科核心素养不"飘"在半空，而是实实在在地"种"在学生的头脑当中，是一项具有较高"技术含量"的艰巨任务。它需要教师深谙历史学科的性质和特点，明晰每一项素养的内涵及各素养之间的关系，并"将核心素养的培养作为教学的出发点和落脚点"[①]。在此基础上，以历史情境为背景、以有效问题为导向、以史料研习为手段，多维度地培育学生的历史学科核心素养。

本课中，教师利用绘画、地图、拓片、正史、笔记以及学者著作等多样化的素材创设教学情境，并通过逐层推进的问题引导学生思考、解决历史问题。以"史书中交子记载分歧"教学情境为例，教师先呈现了《续资治通鉴长编》中的一段文字，学生阅读提取交子出现原因、地区后，接着呈现《宋史·食货志》的一段话，让学生比较两者的相同与不同，继而分析两种记载存在差异的原因，并思考解决问题的办法。这是一个带有一点学术味道的真实而又典型的"陌生的、复杂的、开放性的真实问

---

① 中华人民共和国教育部：《普通高中历史课程标准》(2017年版)，第45页。

题情境"①。学生普遍对这类问题有较强的探究愿望。冲突型情境和逐层推进的问题链相结合，融史料教学、问题教学、对话教学于一体，大大增强了情境的带入感，启发引导也就非常顺利了。这样的情境创设和教学推进，不仅有助于培育学生质疑并考证史料的实证素养，更有效提升了学生应对、探究并解决问题的实践能力。

（四）灵动课堂：促进深度学习的立体架构

本课是苗颖老师"灵动课堂"教学主张的展示课。"灵动课堂"有四个基本要素：立意（灵魂）、逻辑（灵气）、细节（生动）、对话（互动）。本课中，以"流动"为立意并统领整节课教学，以各环节的起承转合与史论推演逻辑清晰，史实细节丰富，教学对话充分而深入。更为难能可贵的是，在淋漓尽致地展现这四个要素的基础上，教师实现了对课堂教学结构化、立体式的设计。

这种立体架构表现在三个方面。一是教学环节的整体建构。这种整体感除前文所说的以"流动"贯穿全课、引领教学外，还体现在运用并列式、递进式、转折式、对立式的环节设计和"榫卯"式过渡语让教学的起承转合自然、顺畅，更体现在运用"悖论式"的课堂小结将本节课与本单元前面两节内容"扣合"在一起，以启发学生宏观、深刻的思考。二是教学纵深的立体呈现。高中教学中的历史基础知识，初中基本已经学过，比如本节课的农业、手工业、商业，以及经济重心的南移等都是。那么，高中教学比起初中，差异在哪里？差异首先在于对于素养达成的层级要求不同，也就是教学的深度不同，本节课正是运用具有思维含量的历史问题作为背景，引领学生思考，获得学科核心素养的发展，并逐步培育学生的历史意识。三是对话形式的多元推进。教学中，教学情境的创设实现了创史者（创造历史的人，指各种历史人物）、叙史者（记录、撰写历史文本的人，如《宋史》《续资治通鉴长编》的作者等）、阅史者（阅读历史的人，如老师、学生等）之间的多维度对话，尤其是师生之间的交

---

① 中华人民共和国教育部制定：《普通高中历史课程标准》（2017年版），第13页。

流、追问、辩难，让教学活动浑然一体。

郭华教授提出，"深度学习"有五大特征：联想与结构、活动与体验、本质与变式、迁移与运用、价值与评价[①]。本课用立体式的结构、学科化的情境、冲突性的问题、深层次的对话，引领学生从单一性、封闭性的低阶思维向创造型、批判性的高阶思维转变，让深度学习悄悄发生。由此也可看出，"灵动课堂"有四个要素作为表征，以深度学习、学科素养作为内核，是一种教学风格、教学样态，却没有固定的操作程序，不是一种教学模式。

新课标、新教材，给历史教师提出了新的要求，面对即将在全国使用的统编教材，我们该如何落实新理念，应对新挑战，这节课给我们展现了历史教学的一种新样态，庶几可以为一线历史教师提供一些借鉴。

---

① 　郭华：《深度学习及其意义》，《课程·教材·教法》，2016 年第 11 期。

第三章

顺畅逻辑：灵动课堂之『灵气』

第一节 明义：教学逻辑的
内涵阐释

随着新课程改革的深入推进，教学模式不断创新，好课的标准益发多元。但不管教学模式、好课标准如何变化，上好历史课都需要关注并优化一个基础性元素——教学逻辑。只有教学逻辑顺畅、通透，历史教学才能立得住，行得远。

一、教学逻辑的概念

逻辑一词源自古典希腊语（logos），最初的意思是"词语"或"言语"，后来引申出"思维"或"推理"的意思。逻辑是论证问题时离不开的思维工具，比如归纳逻辑、演绎逻辑、辩证逻辑等。通常所说的逻辑一般指思维的规律，相应的，教学逻辑则是指教学中内蕴的思维规律，即教师设计和实施教学的内在理路。课堂教学是一个系统过程，是通过教师设计的各种师生活动让学生获取学科知识、培育学科素养、感悟学科魅力的过程。在这一过程中，教师是活动的设计者、发起者、组织者，其设计、发起、组织这些活动时所依据的思维规则就是教学逻辑。教学逻辑从宏观到微观包括课程教学逻辑、学段教学逻辑、单元教学逻辑、课时教学逻辑，后一个可以看作是前一个的子逻辑。比如，课时教学逻辑可以看作单元教学逻辑的具体化，而单元教学逻辑则是学段教学逻辑的基础点，以此类推。灵动课堂中的教学逻辑主要指课时教学逻辑。

二、教学逻辑的价值

和教学过程的显性表现相对应，教学逻辑是隐性的，相当于人身体中的血脉和神经，为设计教学流程、实施教学行为、达成教学目标提供营养和动力。一个人，血脉阻滞、神经错乱虽然在外形上看不出，却是较严重的疾病；一堂课，教学逻辑不通或者混乱，也会严重影响教学的效果。比如，有的教师教学行为过于拘泥，一味按照"背景—过程—影响"的"三步走"思路开展教学，教学呆板、无趣；有的教师上课缺乏设计意识，兴之所至，任意拓展，教学杂乱无章；有的教师不注重教学的起承转合，过渡生硬或者缺失环节，教学整体感不强；有的教师思考不够深入，对史料过度解读，仅凭一则史料推导出一个时代的特征，教学的科学性值得商榷；等等。这些常见的忽视教学逻辑的现象，大大降低了历史教学的效度，更让历史教学失去了应有的趣味和美感。关注并优化教学逻辑在素养时代的历史教学中有着极其重要的价值。

首先，圆润、顺畅的教学逻辑是培育历史学科核心素养的关键举措。素养时代的教学要达成的是价值标准、思维方式和行为表现三大领域的变化，这种变化包含并超越了知识的获取和技能的形成[1]，其核心是思维能力。实现这些变化，尤其是思维方式的变化，教师的教学必须展现清晰的理路，用教师的教学逻辑去引导学生的思维逻辑发展。我们常说，"知其然更要知其所以然"，教学逻辑就是要向学生传递所以然。比如，2017版课程标准对历史解释素养有这样的表述："不仅要将其描述出来，还要揭示其表象背后深层的因果关系。"[2]教师对探索历史因果关系的示范和指导，自然离不开科学合理的教学逻辑。

其次，圆润、顺畅的教学逻辑是实现深度学习的必要前提。深度学习是素养时代教学中倡导的重要学习方式。"知识具有三个不可分割

---

① 吴卫东、林碧珍、章勤琼：《变学科逻辑为教学逻辑：台湾"素养导向臆测教学模式"的教育学审视》，《教育发展研究》，2018年第20期。

② 中华人民共和国教育部：《普通高中课程标准》（2017年版），第5页。

的组成部分,即符号表征、逻辑形式和内在意义"①,深度学习的核心是意义建构、知识迁移、问题解决、思维提升,其本质是学会学习、学会应用。具体到历史学科,就是要透过历史表征,窥见客观历史和历史研究背后的思维方式、价值观念和逻辑方法②。引领学生进入思维和逻辑的层面,需要教师展现顺畅的教学逻辑。

第二节 探源:教学逻辑的学理基础

教育学是一种系统的科学,学科教学逻辑并不是教师臆想而来的,而是有其深厚的学理基础。学科教学逻辑来自三个维度的统一,即学科逻辑、文本逻辑和认知逻辑。

一、学科逻辑

学科逻辑包括学科知识体系,也包括学科认知方式。具体到历史学科,2017 年版课程标准指出,"历史学是在一定历史观指导下叙述和阐释人类历史进程及其规律的学科"③。这里面包含两层逻辑,一是人类历史进程及其规律中所蕴含的客观历史发展的逻辑,二是探寻、叙述和阐释历史发展时所使用的逻辑,即研究或者认识历史的逻辑。简单来说,历史学科逻辑由历史发展的逻辑和历史研究的逻辑组成。

历史发展由原始蒙昧到文明繁荣,社会形态由低级到高级,其间虽有大量的偶然事件,但却存在着"人类历史发展的基本规律和大趋势"④,历史教学逻辑首先要吻合于这种基本规律和大趋势。具体来

---

① 郭元祥:《知识的性质、结构与深度教学》,《课程·教材·教法》,2009 年第 11 期。

② 苗颖:《逻辑课堂,深度教学——例谈历史教学中的链式史料运用》,《历史教学》(中学版),2015 年第 11 期。

③ 中华人民共和国教育部:《普通高中历史课程标准》(2017 年版),第 1 页。

④ 中华人民共和国教育部:《普通高中历史课程标准》(2017 年版),第 1 页。

说，历史教学中应该遵循的历史发展逻辑主要是时序性、因果律和整体感。所谓时序性，是指历史事件的发生有先有后，"古人不见今时月，今月曾经照古人"，前事会对后事产生影响，后事却无法施加影响于前事。因此，历史学习和理解的常规理路往往是从古到今，借助前面的历史知识积累来认识其后历史发展中的延续与变迁。因果律是指任何一种历史现象或事物都必然有其原因，所谓"物有本末，事有终始""种瓜得瓜，种豆得豆"即是此意。历史教学呈现"人类历史发展的基本规律和大趋势"时要充分重视因果律，确保因果关系的科学合理。所谓整体感，是指历史发展的各层面不是割裂的，而是互相作用、整体演进的。与此相洽的历史教学逻辑就是要展现这种整体性，让学生感知，历史发展中的各种事件不是孤立存在的，而是人类社会洪流中前后相继的一朵朵浪花。学习历史要知道洪流由无数个浪花组成，更要学会透过浪花窥察洪流的走向。

历史研究有自身的流程和规则，基本逻辑主要有两个：由史到论和由表及里。求真实、讲逻辑是历史研究的内在价值诉求，论从史出、史论结合是历史研究基本的学理原则，这不仅是史学的精髓，也是理性思维的起点和最基本特征[1]。史学研究要从史料出发，由史料推导出结论，需要严密的逻辑推演，更要谨守"有一分证据说一分话"的基本原则。但反观当下的历史教学，却存在着大量的从一则史料中得出定性结论的现象。这种对史料的片面解读使历史教学失去了逻辑美感，牵强附会。由表及里是指后人对历史的观察与认识总是先从表象入手，逐渐进入意义和规律的领域。反过来，先言规律和意义，就会大而无当，就会掉入以论带史或者以论代史的窠臼。

总的来说，学科逻辑是学科知识、学科思维、学科思想方法的统一。过去，我们过于重视学科知识，而忽视了学科逻辑。"学科知识本来应当运用思维方法合乎逻辑地推导出来，然而学生并未感受到这种逻辑

---

① 聂幼犁、於以传：《中学历史课堂教学育人价值的理解与评价——立意、目标、逻辑、方法和策略》，《历史教学》(中学版)，2011 年第 7 期。

力量。"①新的知识观下，教学更加重视学科逻辑，积极展示学科知识形成的背景、规则，引导学生通过探究获得深度学习体验，像历史学家那样思考。比如，传统教学中，我们会教给学生"秦始皇是暴君"的论断，学生只要记住就行了。但侧重学科逻辑的教学则远没有这么简单。对于"秦始皇是暴君"，我们会问"什么是暴君？标准可靠吗？""秦始皇做了什么事情使我们把他归入暴君的行列？推理可靠吗？""你是怎么知道秦始皇做过那些事情的？证据可靠吗？"

二、文本逻辑

教学所依凭的文本逻辑主要是课程标准的逻辑和教材的逻辑。新课程实施以来，教师的教学观念有了较大进步，普遍以课程标准作为上位的指导性文本，"教教材"的观念也逐渐转变为"用教材教"的观念。设计教学时不再囿于教科书的金科玉律，而是广泛开发教学资源，从史学研究中寻找灵感和借鉴。但不可否认的是，在"一标多本"转变为"一标一本"的形势下，尽管教学资源多种多样，教材依然是最为主要的课程资源（没有之一）。这样，课程标准的叙述逻辑和教材的编写逻辑就在较大程度上影响了教学设计的思路。2003 年版高中历史课程标准和教材是以模块＋专题的体例呈现的，不同的教材编写体例也有较大的差别，人民版、岳麓版教材采用的是先中国史、后世界史的编排顺序，人教版则采用的是中外混编的办法，由古到今按时序铺陈，2017 年版的高中历史课程标准，2019 年 9 月起在北京、天津、上海、辽宁、山东、海南六省市率先使用的统编教材则是以通史体例呈现的。这些教材编写的差异必然会造成教学逻辑的巨大差异。在 2003 年版课程标准和教材的专题体例下，教授必修三"三民主义"时，必须要考虑到学生已经学习过了必修一的"辛亥革命"这一知识背景，教学带有一定的复习色彩；而上海地区的教师使用华师大版通史教材时，"三民主义"就是新授

---

① 邢红军：《中小学思维教学的深化研究》，《课程·教材·教法》，2016 年第 7 期。

课。同样是学习"中华民国临时约法"，使用人民版教材就只能进行纵向的历史比较，而使用人教版教材的教学就可以多出一种教学思路——把《中华民国临时约法》和美国 1787 年宪法进行对比教学（人教版按时间编排中外历史，学生已学习了美国 1787 年宪法）。

自 2020 年起，全国的历史课程标准和教材将实现统一，这事实上强化了课程标准和教材的作用，对于原有"一标多本"的高中历史教材格局，又是一次较大的转变。全面、正确地解读教材是教师的基本功，也是提升教学质量的首要基本前提。作为教育部统一编写的教材，其地位远非普通读本可比。它不仅有着特定的时空背景，包含编者的创作意图和自成系统的行文逻辑，更有着鲜明的价值判断和不容误读的话语体系，而其深层，是国家意志的高度和立德树人的深度。可以说，教材的基本结论和文本逻辑在很大程度上是具有确定性的，对其解读只能是唯一的，具有权威性。当然，这并不是说只能"教教材"，在深入领略教材逻辑和核心意蕴的基础上，教师依然有很大的自主发挥空间，依然可以创造性地、多元化地解读和使用教材。但是，其前提一定是深入研究教材的编写逻辑。

三、认知逻辑

认知逻辑是学生学习的规律和方法，包括认知心理的规律和尊重学生的认知基础与能力。认知是指人们认识活动的过程，即个体对信息接收、提取、转换、判断、推理和问题解决的加工处理过程。这一过程以观察、思维、表达等智力活动为主要内容，动机、兴趣、情感等非智力因素在其中起着重要的作用。不管是接受式学习还是探究式学习，学生都要凭借自己原有的知识结构，对来自客体的信息进行选择、加工和重组，用现有的认知结构去同化外部世界。在这一过程中，学生所获得的经验、知识，既不是外在客体的简单复制，也不是主体内部预先形成的认知结构的展现，而是由主体与外部世界不断相互作用的结果。

　　认知逻辑就是在此基础上形成的学生的认知结构和认知世界的方式。教学活动指向学生的发展，要通过学生的认知行为来达成。因此，教学设计必须关注学生的认知逻辑，从学生的视角去设计和组织教学，这也是学界倡导"以学定教"的原因。如果要定位历史学科逻辑（包括客观历史的发展逻辑和历史研究的逻辑）和学生认知逻辑在历史教学逻辑设定中的地位的话，我们不妨说，认知逻辑是入手点，历史逻辑则是落脚点，历史教学是要借助学生的认知逻辑，帮助学生理解历史的逻辑，最终形成自己认识历史的逻辑。

　　关注中学生的认知逻辑主要应考虑两个问题，一是把握并遵循学生的心理特点，二是了解学生的知识背景。中学生的心理特点中最需要关注的就是好奇心。我们常说，兴趣是最好的老师，学生的认知源于被吸引。寻找吸引学生的教学切入点和素材、问题，创设鲜活的情境，是尊重认知逻辑的重要表现，也是将学生带入历史学科知识内部的最佳途径。正如佐藤正夫所言："要有效地展开教学活动，一个首要条件是儿童学习的认知兴趣与智力积极性。而这种认识兴趣和智力积极性只有在和儿童已有的经验、知识、能力相联结，并提出新的学习课题和问题时，才能发挥最大的诱发力。"①

　　学习是在已有经验和概念的基础上不断增加新经验、新概念的过程。奥苏贝尔说："假如让我把全部教育心理学仅仅归结为一条原理的话，那么，我将一言以蔽之曰：影响学习的唯一最重要的因素，就是学习者已经知道了什么。"②学生是带着已有知识到课堂里学习的，这些已有知识极大地影响着他们记忆、推理、解决问题、获取新知识的能力。了解并根据学生的已有知识基础确定教学起点，从学生较为熟悉的地方入手，有梯度地设计教学流程，并预设适当的探究空间，是有助于学生的学习和思考的。也正因为如此，同样是历史课，初中和高中的教学关注点就有很大差异，同样是高中历史课，省市级重点中学和普通中学

① ［日］佐藤正夫：《教学原理》，钟启泉译，北京：教育科学出版社，2001年，第209页。
② ［美］奥苏贝尔：《教育心理学：认知观点》，余星南、宋钧译，北京：人民教育出版社，1994年，扉页。

的教学起点也有不小的差异。尊重并基于这些差异，就是找到了历史教学的逻辑起点。

第三节　问道：历史理解的逻辑贯通

行文的内在逻辑是后人阅读历史、理解历史的重要着眼点。2014年江苏历史学科高考试卷曾运用埃里克·方纳《美国自由的故事》中的引文设计了一道试题。由于引文剪裁的随意、概念背景的缺失，给考生带来了较大困扰。聚焦此题，探幽发微，有助于我们感悟历史书写的时代限定和历史理解的背景依托，进而发现历史理解的深层逻辑。

原题是这样的：

《美国自由的故事》写道：美国人遇到了"两套对立的自由概念的体系"，一种是"为私营企业"自由服务，另一种是以"一种对财富平等的分享"为基础的"社会化的自由"。事实表明，大多数美国人在1936年时都接受了这样的观点：自由必须包含由政府保证的经济安全。由此可知

A. 罗斯福新政体现了第一种关于"自由"的观念

B. 罗斯福新政体现了"另一种"关于"自由"的观念

C. 大多数美国人认为政府应当保障公民的政治自由

D. 大多数美国人认为"自由代表着从物质的无保障中得到解放"

这道题的切入点是"'自由'概念的阐释与理解"，涉及的教材知识点是罗斯福新政。命题者通过引用文字材料创设情境，在短短的百余字里运用了9个"自由"。这9个"自由"互相解释，互相比较，意图让学生辨析"自由"在不同语境中的不同含义，可以说试题的设计颇有创意。由于试题所引材料过于简略，语言表述风格又不同于常规，加之翻译带来的阅读困难，学生根本无法辨识这系列"自由"的"庐山真面"。试题提供的答案是D，考后虽然江苏省教育考试院没有提供本题的难度系

数,但却指出有 59% 的学生错选了 B 项,"难度很大"①。近期,笔者反复阅读了《美国自由的故事》②一书,依托原著语境,基本弄清了所述问题的来龙去脉。在此,笔者尝试对该试题提出自己的看法,并对历史言论与概念的阐释和理解谈谈自己的思考。

一、结合原文的解析

试题所引文字全部出自美国当代著名历史学家埃里克·方纳《美国自由的故事》第九章"新政与自由的重新定义",所探讨的"自由"是罗斯福新政中的经济保障问题。针对试题所说"两套对立的自由概念的体系",从该章节"保障与自由"部分摘引的下列文字或许能够说明其内涵(下画线为笔者添加)。

全国天主教福利问题研讨会在 1935 年放弃了教会长期以来对政府干预经济的反对,宣布"社会正义"要求政府保证人们能有持续性的就业机会,保证所有美国人都有"一种说的过去的生活和足够的经济安全感"。(第 283 页)

早在 1934 年,在第二次"炉边谈话"中,罗斯福就将他自己的"自由"定义——即"普通人拥有的更大的安全感"——与早期的为"少数特权阶层"利益服务的契约自由并列。因此,罗斯福将始终把自由与经济安全联系起来,将根深蒂固的经济不平等当成自由的最大敌人。(第 290 页)

如果罗斯福启用这个词来支持新政,"自由"——这个词在镀金时代的本义是指有限政府和自由放任的经济——变成了他的对手的战斗口号。(第 290—291 页)

反对新政的力量为后来那种反政府干预的保守主义思潮的生长蔓延播下了种子。这种思想支持自由市场,反对福利国家。(第 292 页)

---

① 江苏教育考试院试题分析编写组:《2014 年(江苏卷)试题分析》,南京:东南大学出版社,2014 年,第 234 页。

② [美]埃里克·方纳:《美国自由的故事》,王希译,北京:商务印书馆,2002 年。

　　由以上引文，尤其是加下划线的文字，我们可以梳理出这样的信息：20 世纪 30 年代上半期的美国存在两种关于自由的表述，这两种"自由"都与个人政治自由无关，而是关于经济问题的。一种坚持的是传统观点，主张契约自由、有限政府和自由放任的经济政策；另一种则主张经济安全、福利国家，反对经济不平等。罗斯福并不是对两者的折中，所主张的恰恰是"另一种"，也就是立足经济平等，追求"经济安全"，实施保障制度。这种主张遭到了来自部分社会上层人士的反对，但随着时间的推进，正像试题中缺省的"如同罗斯福以压倒多数赢得连任的事实表明"①，罗斯福的这种主张得到了更多的人的支持。试题中的另外两种表述："自由必须包含由政府保证的经济安全"（题干）、"自由代表着从物质的无保障中得到解放"（D 项）与"另一种"自由所论述的是同一个主题，具有内在的一致性。这个主题可以用原著中本部分的标题来概括，即"保障与自由"。这种精神在实践中的表现就是罗斯福新政关于社会保障的措施。罗斯福把社会保障"构想成是一种对自由内容的扩张，即把向范围更为广泛的需要帮助的美国人群体——包括失业者、老年人和没有自立能力的人在内——提供政府帮助作为一种普遍的公民权利"②。

　　这样看来，B 项显然是正确的。那么，是什么偏差让命题者否定了B 项呢？江苏省教育考试院的《试题分析》并没有对此做进一步的探讨，笔者见到的一种对此题的分析或许能够让我们看出一丝端倪。该观点认为"新政作为'一种旧民主制度的新应用'，本质上还是维护垄断资产阶级统治，不可能服务于以'均贫富'为基础的'社会化的自由'，选项 B 错误"③。笔者揣测，可能命题者和该观点一样，把"对财富平等的分享"理解成了"均贫富"的平均主义，实际上，"平等"和"平均"是差异巨大的两个概念，"平等"在这里强调的是经济主体的地位，"平均"则强

①　[美]埃里克·方纳：《美国自由的故事》，第 292 页。
②　[美]埃里克·方纳：《美国自由的故事》，第 292 页。
③　冒兵：《论历史课程的教学匹配——例说历史高考复习的有效性》，《历史教学》（中学版），2015 年第 1 期。

调的是经济上的数量。按原著中所述，罗斯福"将根深蒂固的经济不平等当成自由的最大敌人"，坚决主张"经济平等"，和传统农耕社会的"均贫富"、社会主义者要求的"集体所有"有着本质的区别。在对文献进行解读时，我们不能完全立足于自己的语言习惯和先入为主的认识，而应该考虑文献撰写者的语言特点和行文风格，应该充分结合言论或者事件产生的时代背景。

二、基于时代的阐释

行文至此，笔者陷入了深深的思考。《美国自由的故事》作为一部享有极高美誉度的历史专业著作，命题人的解读和大部分学生的理解竟然如此大相径庭，问题出在哪儿呢？我们该如何做才能正确解读史料，尤其是那些富有语言个性的言论和概念呢？德国历史主义史学家德罗伊森说："历史方法的特色都是以研究的方式进行解释的工作。"[1]要实现正确解读，恐怕首先要从学者对历史阐释的特点说起。

在美国人的意识中，自由是一个至关重要的概念，自由女神像、自由钟等著名景观的象征意义深入人心。但在历史上，自由的内涵却是不断发展变化的。法国著名历史学家马克·布洛赫说："每个时代都按自己的口味来重新确定自由这个概念所包含的内容。"[2]方纳自20世纪70年代发表其成名作《自有土地、自由劳力、自由人：内战前共和党的意识形态》一文时，就敏锐地捕捉到这一观察美国历史的重要视角。《美国自由的故事》是方纳的代表作，该书将"自由"作为观察美国历史的一个组织性话题，把一部从殖民地时期到当代美国的历史描述成了一个"充满了辩论、分歧和斗争的故事"。[3]

在埃里克·方纳的笔下，美国自由有四个维度：政治自由、公民自由、个人自由和经济自由，叙述的线索主要从政治和经济两个方面

---

① ［德］德罗伊森：《历史知识理论》，胡昌智译，北京：北京大学出版社，2006年，第11页。
② ［美］埃里克·方纳：《美国自由的故事》，第10页。
③ ［美］埃里克·方纳：《美国自由的故事》，第532页。

展开。

　　从政治方面来说，美国的政治自由具有鲜明的时代特色。美国独立战争时期的自由集中表现为民族性的自由和民主性的自由两方面。民族性的自由指争取政治自决，摆脱殖民而独立，增强联邦政府的力量——"一个软弱的政府，是对自由的一种否定"；民主性是（男性白人）对参与政治即投票权的强烈愿望——"投票权是自由的第一标志"。内战时期的美国自由意味着公民权利和地位的平等，呼吁把自由赋予黑人奴隶。第二次世界大战后，美国总统杜鲁门正式将冷战作为美国外交政策的基础，并将其定位为一场全球范围的有关自由未来的斗争，使自由具有了鲜明的意识形态色彩，那就是遏制苏联，遏制共产主义，称霸世界。20世纪60年代的民权革命使政治自由的受众群体扩大，黑人赢得了选举权，妇女的政治地位得到提高。

　　从经济方面来说，伴随着工业经济的日益成熟（即三次工业革命的先后开展），"决定一个人处于自由还是被奴役状态的问题"与市场关系紧密联系在了一起。镀金时代（从内战到19世纪末）的"契约自由"——"契约思想"，是"自由意志和自愿行为的体现"。进步时代（20世纪初到大危机前）的"工业自由"——"有限政府"和"自由放任的经济"，表现出美国人对经济形势的高度自信。"大萧条时期"不可避免地迫使人们对"自由"重新定义。扩大政府的权利，利用政府力量保障自由，尤其是要求政府在经济自由上承担更多的责任，成为美国经济"自由"发展的趋势。第二次世界大战爆发后，罗斯福用"四大自由"将保护美国与对更好未来的期望联系起来，这个口号后来成为美国参战目的的官方宣言。这四大自由就包括了言论自由、信仰自由、免于匮乏的自由和免于恐惧的自由。

　　埃里克·方纳用他那如椽大笔把"自由"这个词在不同时代的含义演绎得淋漓尽致，见解之独到、文笔之精美，令人折服。鲜明的时代性让"自由"这个原本简单的词语展现出光怪陆离、熠熠生辉的色彩。事实上，不仅方纳笔下的"自由"具有时代性，历史上许多概念、学说在产生后，其内涵往往都会随着时代的变迁而发生变化，同样会留下深深的时代烙印。像我们所熟悉的平等、民主、人权等名词也和"自由"一样，在不同的历史时期有着不同的内涵和价值，同样演绎出了一个个"充满辩论、分歧和斗争"的故事。人文主义是我们解读西方思想的主要线索，但在思想史上，普罗泰戈拉、芝诺、苏格拉底、柏拉图、亚里士多德、彼特拉克、霍布斯、伏尔泰、卢梭、康德等精神先驱的著作对人文主义的诠释却是五光十色、渐进发展的。造成这种差别的，固然有个人因素，但至关重要的，则是大时代的作用。在中国历史上，儒学的主体内容从周孔之道到孔孟之道，再到两汉经学、魏晋玄学、宋明理学，其范畴早已糅合三教，不复旧日模样，审视其间的不同阶段，儒学的"因时之变"和"应世之用"清晰可见。说的沉重一点，也许时代的局限是每一个著述者最沉重、最无法跳脱的宿命，那位欲"究天人之际，通古今之变"的史学巨匠，虽然笔参造化、鬼斧神工，令后人高山仰止，但也只能让自己的眼光和笔触止步于汉武时代。

三、回归历史的理解

一般而言，由于作者在阐释和运用某些概念时往往有足够的文字铺垫，后人阅读时很自然地会被带入语境之中，理解起来并没有太多的障碍。但在阅读所引用的史料片段时，由于这些片段所展现的历史往往只鳞片爪，缺乏原文更为宽阔的语境，让人很难做出准确解读，弄不好还会出现盲人摸象的笑话。那么，在无法查阅原著的情况下，怎样才能更准确地把握史料的真实内涵呢？笔者以为，最根本的做法就是回归历史，实现历史理解。这种回归需要从两个角度进入：一是回归作者所叙述的那个时代，在特定的历史背景下理解概念；二是回归叙述者生活的时代背景，从叙述者的视角观察和认识历史。

回到原作者所叙述的"历史现场"解读言论和概念，需要寻找"一个支点"，形成"两条线索"。"一个支点"是指作者发表议论所指向的或者相关联的历史事物。对于一些简单的语言表述，当找到这个历史"支点"后，我们就能够较准确地理解这些语言。大多数时候仅仅找到支点远远不够，我们还需要依托这个历史支点，理出或横或纵的线索。

横的线索是从支点处对历史作一个横切面，在当时的政治、经济、文化等社会各层面之间实现"横通"，借助各历史事物之间的相互影响、因果关系来理解作者的意图。例如，梁启超在《李鸿章传》的绪论中借用了孟子"知人论世"的观点，认为李鸿章的悲剧结果乃是中国晚清时势所造就，并不是李鸿章一人所造就，进而发出了"吾敬李鸿章之才，吾惜李鸿章之识，吾悲李鸿章之遇"的感叹。他说"读中国近代史者，势不得不口李鸿章。而读李鸿章传者，亦势不得不手中国近代史"①，只有结合时代背景，才能深入理解历史人物及其言论。诚然，晚清时局艰难，李鸿章纵为"中国近四十年来第一流紧要人物"，也是独木难支大厦，晚年只能无奈地悲叹，自己只是清王朝这间"破屋"的"裱糊匠"，回天乏术②。梁启超的这些观点也启发我们，不知时事而空骂李鸿章卖国不是科学的历史认识。

纵的线索是从支点上溯下延，把历史上前后相关联的历史事物连成一条线，实现"纵贯"，从历史发展的沿革中探寻言论或者概念所涉及历史事物的"所以然"。例如，文艺复兴时期的人文主义有着强烈的世俗色彩，鼓吹人们追求现实生活的享乐，甚至有几分私欲膨胀不受节制的倾向，用今天的观念看来，我们很难把它和"崇高"的人文精神联系在一起。而要理解它，就需要我们从中世纪的禁欲主义盛行的宏观历史背景，黑死病的肆虐对宗教价值判断的颠覆来认识。

回到原作者生活的时代背景，设身处地地理解历史概念和言论，就是陈寅恪先生所谓的"了解之同情"。他在《冯友兰中国哲学史上册审查报告》中说："凡著中国古代哲学史者，其对于古人之学说，应具了解之同情，方可下笔。盖古人著书立说，皆有所为而发；故其所处之环境，所受之背景，非完全明了则其学说不易评论。"③要明了作者所处的"环境"，需要阅读者知悉其生活的宏观和微观双重背景。

---

① 梁启超：《李鸿章传》，济南：百花文艺出版社，2008 年，第 2—3 页。
② 雷颐：《李鸿章与晚清四十年》，太原：山西人民出版社，2008 年，第 70 页。
③ 陈寅恪：《金明馆丛稿二编》，上海：上海古籍出版社，1983 年，第 247 页。

　　宏观背景包括该作者生活时代的历史发展特征、经济状况、政治制度，以及社会主流价值判断、舆论导向等。1901 年，梁启超最先提出了"中华民族"的概念，考其缘由，这一时期社会上"排满"观念和汉民族复仇主义思想日益炽烈是主要原因。其后，"中华民族"一词逐渐获得认同则和日益深重的民族危机不无关联。同样的，康有为的《孔子改制考》《新学伪经考》是基于政治目的撰写的，当时"购船置械"的洋务运动已经走向失败，列强虎视，大清王朝"屡见败衄，莫克振救"（梁启超语）。康有为欲造变法之势，但又认识到"布衣改制，事大惊人，故不如与之先王，既不惊人，自可避祸"。基于这样的社会背景和思想出发点，康有为借助了孔子和儒学的权威地位来宣传社会进化论中变的观念，呼唤一种从未有过的社会制度。当我们把西方政治学说与传统儒学的冲突碰撞结合在一起认识康有为的这两部著作时，自然就能读出他否定今文经学，把孔子装扮成托古改制先师的言外之意。

　　微观背景主要指原作者的家世渊源、阶级立场、人生经历、主观倾向等个人因素。这些因素会导致学者诠释历史时的"前见"的差异，继而造成文本叙事的主观性和多样性。不同的人处同一个时代，对相同的历史事物所阐发的思想观点有时会截然不同，就是微观背景的差异所致。此类情形俯拾皆是，在此不再赘述。

　　还需要说明的是，像"自由"这一类的译著文字，由于文化背景、作者语言特点和翻译等因素的影响，有些文章拗口不说，一个接一个的从句烦琐冗长，个性化的语言似是而非，解读起来更加困难。这时候，就需要我们大胆拨开系列从句的冗余，抓句子的主干成分，掌握它的核心意思。然后借助上文所述"回归历史"的办法进行理解分析。

　　"诗家总爱西昆好，独恨无人作郑笺。"历史上和现实中，强作解人的误读不胜枚举。只有结合时代，回归历史，我们才能更加清晰、准确地把握历史概念和历史言论的真实内涵。

第四节　聚焦：历史试题的逻辑审视

2019 年 11 月，考试评价国际研讨会在上海召开。大会的主题是"测量也是学习"，给测量评价工作赋予了新的意义。考试评价改革是推动教育教学改革向纵深发展的重要抓手和时代课题，试题是测量某一学科（或多学科）必备知识、关键能力、学科素养、核心价值的重要尺度。要保障教育测量与评价的科学性、有效性，首先要实现试题本身的科学性。尤其要实现试题内部的逻辑自洽。如果试题本身存在逻辑缺陷，就像拿着一把刻度不准的尺子去量体裁衣一样，必然会出现偏差，严重影响考试的公信力。命制试题的逻辑要求很多，最基本的则有两个：语法和推理。下面试以材料型选择题为例略作探讨。

一、语法逻辑：语言表达通畅、准确，没有歧义

试题是命题人向考生传递信息的唯一载体，如果试题的表述让人不知所云或者产生歧义，其考查功能自然也就不存在了。因而，作为一种文本，试题首先要合乎语言学的规范，能够清晰准确地传递语言信息。这就要求命题的语言要千锤百炼，要通畅，要准确。通畅是指表达合乎语法，准确是指用词吻合语境，这样才能够保证文从字顺，没有歧义。有意思的是，这看似简单的要求，却也会让有些试题"中招"。

下面是 2010 年安徽省文综卷第 22 题：

2001 年上海合作组织成立，坚持"互信、互利、平等、协作、尊重多样文明、谋求共同发展"的"上海精神"。它与欧盟的主要区别在于（　　）。

A. 促进了地区经济政治一体化

B. 构建了一个地区国家安全共同体

C. 加强了区域性经济合作

D. 顺应了和平与发展的时代潮流

参考答案：A。

这道题曾引发一线教师的热议，讨论的焦点集中在试题的表述是否存在逻辑问题上。许多老师认为：该题"设问不够严谨"，"逻辑不严密"，"命题不严谨，设问不合理，给出的参考答案有偏差"。[①] 从实测结果看，这道题"失分率相当高，平均得分率在 20％—30％之间。平时学习成绩比较好、高考成绩也比较高的学生，这道题也基本上答错了；学习能力一般、做选择题思考比较少的学生反而答对了"。[②]

仔细分析，造成一线老师质疑和实测效果不理想的原因就在于试题的语法逻辑缺陷。

从语法上说，题干的末句"它与欧盟的主要区别在于"这一句式，不同于"两者（上海合作组织和欧盟）之间的主要区别在于"的问法。后一种问法"两者（上海合作组织和欧盟）"是并列关系，没有主次，只要是一方的特征而不是另一方的特征即符合要求。而试题的问法，"它（上海合作组织）"和"欧盟"之间并不是并列的，在句中，"它"是主语，"与"字并不作连词，而作介词，所要表达的是"上海合作组织具备的特点中欧盟不具备的是（什么）"。试题所给正确答案 A 项是欧盟的特征而不是上海合作组织的特征，与题干的问题并不吻合，这恐怕就是那些"学习成绩比较好"的学生没敢选 A 的原因了。

这道题的意图是考查上海合作组织和欧盟之间的区别，并没有创设新的材料情境，没有其他的思维障碍点，难度并不大。出现上述测试结果，固然有学生局限于思维定势，不知变通的原因，但更主要的显然是试题的逻辑缺陷，是这种表述造成了语义混乱，误导了学生。换句话说，恰恰是命题人反常的语言逻辑打乱了学生，尤其是那些学力高的学生的正常思维，让他们不知所措。

对于材料型选择题的语法要求还有很多，比如，在材料摘编和剪裁时要疏通前后语句，让材料能够相对独立地展示一个问题情境，既具有

① 刘晓兵：《从一道高考题浅谈命题的逻辑》，《中学历史教学》，2012 年第 10 期。
② 林桂平：《例谈如何克服复习备考中的思维定势》，《中学历史教学参考》，2010 年第 8 期。

足够的解题信息量，又简明扼要，不罗嗦。再如，所设计的问题应有很好的指向性，没有歧义，不模棱两可，题干末句到每一个选项之间都应该可以连读，在语法上没有阻滞。还有，选择项的设置要整齐、有序、互斥。整齐是指四个选择项的文字量要长短适中，且大体一致；有序是指四个选项的基本属性要相同或者相近，排列要有内在的逻辑，比如按照时间、方位顺序排列，按照一般的语言习惯排列等，这样既具有逻辑上的美感，又避免误导学生；互斥是指四个选项的表述彼此没有交叉重叠，而是各自独立。这样才能做到"所有选项在语法、长度、语言习惯上没有明显的暗示"①，以防给学生的作答带来非智力障碍。

二、推理逻辑：过程推演精准、循理，能够自洽

逻辑思维是思维能力的重要组成部分，也是选择题要考查的重点之一。选择题必须展示从题干到题肢尤其是到正选项的恰当逻辑关系。这就要求干肢之间的推演一定要精准、循理。精准指的是不仅题干的信息足够支撑正选项，而且准确指向正选项，没有其他可能；循理指的是到正选项的推演理路要合乎演绎的基本原则，有迹可循。历史学科中，对史料的解读，从史料到结论的推理是检验考生史学素养的重要试金石，也是历史学科学业质量水平的主要测量目标之一。让"证据史料能够通过各种逻辑形式指向结论"，是确保材料型选择题科学性的隐性基石②。

由于史料的多样性，历史认识的复杂性，高考中还有很多逻辑上存在缺陷的试题，背离了"史由证来，论从史出""有一分证据说一分话"的学理原则。仅 2018 年高考，就有不少历史考卷的试题存在逻辑推理方面的争议。比如，有教师指出，全国Ⅱ卷第 28 题（"日本阻止琉球向中国进贡"题）"若从事物的内在历史逻辑考察，其严谨性似乎不

① 聂幼犁：《中学历史常用题型及其编制技术（上）》，《中学历史教学参考》，2009 年第 10 期。
② 苗颖：《史料实证素养的教学分解初探》，《历史教学》（中学版），2017 年第 2 期。

甚周全"①；有教师指出，全国Ⅰ卷第 25 题（"藩镇割据"题）的"史料实证及逻辑推理显得有些牵强""历史的逻辑推理明显是不严谨的"②；等等。为便于说明，笔者再试析一例。

（2014 年海南卷第 3 题）史载，东晋时，太尉郗鉴为女择婿，遣人至朝廷重臣王导的家中"遍观子弟"。王氏子弟各自修饰，以图被选，只有王羲之"在东床坦腹食，独若不闻"，被郗鉴认为是理想的女婿人选，"遂以女妻之"。这主要反映了当时（　　　）。

A. 女性地位低下　　　　　B. 婚姻讲究门第

C. 择婿方式独特　　　　　D. 大臣拉帮结派

答案：B

本题材料摘编自《晋书·王羲之传》，本题材料浅易，配选项的干扰性不强，难度不大。但从正向逻辑推演的角度来说，由题干材料到正答项 B 项之间并没有展现出清晰、合理的推理路径，也就是说，从材料解读到答案获得不是必然的。推究其原因，是试题在两个问题上没有理清。

第一个问题是没有把握住材料的核心意思，解读时明显偏离了主题。本题的正选项也是要从材料中得出的结论是"这（材料）主要反映了婚姻讲究门第"，果真如此吗？郗家到王家选婿，"遍览子弟"后选中了那个在"东床坦腹"的王羲之，是因为其与众不同的"风格"和"气度"。材料呈现的是王羲之和其他王氏子弟的不同，而不是王氏子弟与寒门庶族的比较，显然不能说明"婚姻讲究门第"，否则，"王氏诸少并佳"为什么都没有被看上呢？推溯这一事件记载的源头，问题更加清晰。对这一事件的最早记载是《世说新语·雅量》（这也是成语"东床快婿"的最早出处）。《世说新语》是一部展现魏晋风骨、名士风流的笔记，"雅量"一词清晰说明文章要展现的是当时名士超凡脱俗的精神气质。

第二个问题是，假使材料有意突出了"郗鉴到王家这样一个高门大

① 李元亨：《今朝试卷孤篷看，依旧青山绿树多——2018 年全国Ⅱ历史试题的"瑜"与"瑕"》，《中学历史教学参考》，2018 年第 7 期。
② 胡文根：《史料实证考查中的史料剪裁及论证逻辑》，《中学历史教学》，2018 年第 8 期。

户选婿"的事件，是否就能充分说明郗鉴在婚姻问题上"讲究门第"呢？从郗鉴择婿"讲究门第"是否就能够推理出"当时婚姻讲究门第"呢？仔细琢磨，这两个问题的答案都是否定的。郗王两家联姻只是一个孤立事件，郗家和王家两个士族大户联姻，固然有可能是出于门当户对的考虑，但在无法反证他们不能接受"寒门庶族"的情况下，说他们讲究门第是很牵强的。由两家联姻的这一事件进而推及"当时婚姻讲究门第"则更加夸张，因为"当时婚姻讲究门第"的说法是对社会风气的判断，支撑这一结论的应是一种众多事件构成的普遍社会现象。所谓"孤证不立"，单凭一件事情而想见一种社会风气，在逻辑上是一种过度推演。

题干到题肢尤其是到正选项的逻辑关系是广受关注的，各种试题解析和评论常有涉及。笔者认为，干肢之间的逻辑推演一定要清晰，有"迹"可循，具体要做到充分、精准、合理六个字。充分，指的是题干的信息足够支撑正选项；精准，指的是题干的设问准确指向正选项；合理，指的是题干到正选项的推演理路要合乎演绎或归纳的基本原则。如果说材料是水源，那正答项就是农田，推理则是引水入田的灌溉渠。灌溉渠要通畅而且不能旁逸斜出，基于问题的材料解读要能够在逻辑的约束下，精准指向正确答案，没有歧义。

以上是以材料型选择题为典型进行的逻辑分析。选择题体量很小，一般不逾百字，但正是这方寸之间，却蕴藏着万千玄机，值得命题人和一线教师去深入探讨。而从试题的深度研析中，学科育人和教育测量的科学性将得到进一步彰显。

第五节   致用：教学逻辑的优化策略

教学逻辑是在教学主客体以及各要素之间、各环节之间形成的逻辑关系，优化教学逻辑就是要让各要素、各环节的连接更加顺畅、有序和有效。立足历史教学的学科逻辑、文本逻辑和认知逻辑，历史教学逻辑的优化可以从以下四个维度展开。

一、以意统形，整体建构

好课如美文，形散神聚，内在逻辑一气贯通。要想实现"神聚"和"贯通"，让教学逻辑在宏观层面上畅达、顺畅，需要教师在设计课堂教学时有一个整体建构的意识，从史学认知、价值引领或者情感熏陶的维度提炼出一个统领全课，同时关联前后课时的主题意旨，教学各个环节则围绕这个主题意旨展开，这就是教学立意。鲜明、合理、高远的教学立意是基于课程目标和学科核心素养的综合考量，能够展现授课者的思想和境界，统摄着教学内容、教学策略、教学评价等诸方面，引领着教学过程的各环节，凝聚着教学的灵魂，决定着教学的品质和课堂演绎的逻辑。

用教学立意统领并整体建构历史课堂教学，需要教师不再局限于"就知识点论知识点"，而是通观全课，疏通教学思路、提炼教学立意。例如，在教学"新文化运动"时，通常的做法是从新文化运动的兴起背景、运动内容和历史评价三部分展开。这种思路简约而清晰，易于操作却也易流于平庸，需要增加思维含量，用深层的学科逻辑弥补创意的不足，以鲜明的教学立意点亮课堂的烛火。教师可以结合教材梳理并思考如下问题："新文化""新"在何处？ 这种"新文化"从何而来？ 内涵之"新"还是形式之"新"，抑或兼而有之？ 是什么原因导致了新文化在这时出现？ 与"新"相对的是"旧"，那"旧"文化是指什么？ 新旧之间的主要差异和根本分歧是什么？ 两种文化的冲突碰撞是如何展开的？ 对社会和时代产生了哪些影响？ 这些问题的解答，可以疏通"新文化运动"内部的知识逻辑，也让教学立意呼之欲出："新制度需要新思想，《新青年》呼唤新觉醒，新文学传播新观念，新文化引领新时代。"教学可以按照这个逻辑分四部分展开。

从教学逻辑的维度审视教学立意，用立意统领并整体建构历史课堂教学，还需要教师不再局限于"就事论事""就课论课"，而要具备更宽广的视野，从一个单元、一个专题、一个历史时期甚至整个人类历史演进的高度反观课时教学，把具体的历史事物作为大历史的构成要件或者观察维度，以管窥天，小中见大。这样提炼的教学立意才有高度，才能够超越某一特定的历史事件，对整节课具有统领性，和前后课时之间具有关联性。仍以"新文化运动"为例，鸦片战争以降，天朝梦碎后爱国知识分子放眼世界，探索新知，寻求强国御侮之道。从林则徐、魏源到康有为、梁启超、严复，到孙中山、章太炎，再到陈独秀、胡适、李大钊，先进知识分子的持续探索形成了近代中国思想解放的潮流。近代思想解放潮流主要就是解决"中国向何处去"这样一个历史课题。在实现这一目标的历史进程中，各种思潮先后涌现，呈现出鲜明的时代性和阶段性。基于这个通贯前后的思路，教学立意和思维逻辑的落脚点就是"思想领域的现代化和近代中国思想领域的'新陈代谢'"。历史教学扣住了这个主题，就能有效避免对"新文化运动"的片面化解读，就能够帮助我们从历史演进的深层逻辑思考"新文化运动"的历史地位和时代局限。

唐代诗人杜牧在《答庄充书》中说："凡为文以意为主，以气为辅，以辞采章句为之兵卫。"套用在历史课堂教学上，就可以说，教学应以主旨立意为中心，以基于立意而形成的顺畅逻辑作为辅助，以多样化的故事细节为支撑。

二、起承转合，呼前应后

教学立意明确后，需要规划教学的各板块、各环节。一般而言，各板块的呈现遵循先易后难、先古后今、先史实后史论的顺序。比如，学习洋务运动，需要以第二次鸦片战争的战败为知识背景，才能理解兴办洋务的必要；学习甲午战争，要先弄清楚战争的来龙去脉，然后才能分析其利弊得失。

板块明晰后，各板块、各环节之间的起承转合就成为教学设计的"榫卯"，体现教师对一堂课的整体把握和设计思路。好的设计，各环节之间过渡自然，浑然天成；次一些的设计，有斧凿痕迹，但仍然能够将各环节连成一体；而再次一些的，由此及彼的转换非常生硬，甚至根本没有设计，"因为学完了上一个内容，所以来学习下一个内容"，直接转到了下一环节的学习。这种生硬的过渡虽然对前后环节本身的学习影响不大,但却不利于学生理解前后知识的关联,让知识之间缺乏逻辑性。历史的重要特点之一就是史事之间有着纵横的、千丝万缕的联系,各环节之间的恰当过渡正是体现这种联系的最好落脚点,是引导学生关注历史的延续与变迁、史事的前因与后果、社会各要素之间的关联与相互作用的重要表现。过渡环节虽不是轰轰烈烈,煞有介事,但却可以润物无声、春风化雨地深化学生对历史的理解。生硬的过渡甚至没有过渡是教师教学逻辑阻滞的表现。出于优化教学逻辑的考虑,教师在设计教学时,要在两个教学环节之间寻找出恰当的连接点,比如事件推进、人物关系、视角转换、同类对比、异质求同等,从而让起承转合顺畅自然。

除了板块或者环节间的勾连外,内容和素材上的前后呼应也能优化教学逻辑。比如,许多教师非常注重导入语凝神激趣的作用,总是不遗余力地寻找新鲜的话题或者角度来引入新课的学习,起到了非常明显的作用,但很多时候,导入环节结束后,下面的教学就和导入无关了,导入使用的素材、创设的情境并没有得到充分利用。这是非常遗憾的,在教学逻辑上也是有缺陷的。好的导入除了凝神起兴、吸引学生快速进入本课学习之外,还应该埋下一个值得思考的问题或者预置一个耐人寻味的情境,在下面教学的适当时机,这个问题或者情境将再次被激发,从而升华它的教育价值。如果能够反复使用导入时的话题或者情境,每一次使用都可以给学生展现一个新天地,而多次同一话题或情境的使用可以构成一个系统教育图景的话,教学效果就会大大增强。正所谓草蛇灰线,伏脉千里,一个反复出现而不断升华的教学情境或者多个前后呼应的教学环节,正是优化教学逻辑的重要诉求。

三、论从史出,逻辑自洽

"历史是一门注重逻辑推理和严密论证的实证性人文学科"①,历史研究"在于根据史料而加以间接之推理,非直接之观察也。所有历史

---

① 徐蓝、朱汉国主编:《普通高中历史课程标准(2017年版)解读》,北京:高等教育出版社,2018年,第59页。

之知识均属间接之智识,故历史之为学实属推理之科学,其方法乃一种用推理进程之间接方法也"①。基于证据,循于逻辑是书写和研究历史的基本逻辑。历史学家借助史料和逻辑方法,按图索骥,层层推演,再现历史真相,获得历史结论。历史课堂教学也应遵循史论推演的逻辑,坚持史论结合,论从史出。

历史课堂教学中,从史料信息的提取到结论的获得,应该形成一条清晰的证据链条。这是史料实证素养培育的核心要求,也是检验教学逻辑严谨性与否的一个重要维度。其间,无论是单则史料的解读还是多则史料的归纳对比,逻辑的运用、想象的植入都是链条上的一环。这一链条可以比喻成水渠,历史推理的水流沿着这条水渠,将自然流向结论,而不会向别处冲出。这就需要教师在教学设计中从"有一分证据说一分话"起,辨析材料中获取的信息是否足够充分支撑一个观点;逻辑推演中的理解是否准确,逻辑是否丝丝入扣、无懈可击;结论或者观点的表达是否准确,没有歧义②。

2012年,华东师范大学的聂幼犁教授曾经以"历史的证据、推理和想象"为主题开设过一节公开课,影响颇大。课后,聂教授对这一"试验"做了说明。他认为,这次教学是"以推理这个思维的基本特征为中心",让学生领悟"有证据还必须合理推断,不能夸大其证明力""这取决于对证据及其与结论间逻辑关系的正确认识"③。这些认识和尝试直指当下历史教学重结论、轻逻辑的软肋,对一线教师有着重要的借鉴价值,也是优化历史教学逻辑的重要维度。

四、制造冲突,以悖激趣

从认知逻辑的角度看,矛盾冲突的情境最能引发学生的思考,制造

① 何炳松:《通史新义》,长沙:岳麓书社,2010年,第3页。
② 苗颖:《史料实证素养的教学分解初探》,《历史教学》(中学版),2017年第2期。
③ 聂幼犁:《〈历史的证据、推理和想象〉的试验说明与反思》,《历史教学》(中学版),2012年第3期。

冲突，以悖激趣就是一个优化教学逻辑的有效手段。所谓的制造冲突，就是指借助史料展现两种不一致的甚至对立矛盾的观念或者事实，以此激发学生的兴趣。这两者可以是史事的发展、前后的对比、中外的差异，也可以是观念的碰撞、价值的多元、逻辑的悖论，等等。

基于认知冲突创设教学情境，以唤起学生探究的兴趣，在考试命题和历史教学中比较常见。2017 年全国Ⅰ卷第 26 题题干给出了四种"不同史籍关于唐武德元年同一事件的不同历史叙述"。同年，全国Ⅲ卷第 27 题则给出了北宋时期"关于宋太祖驾崩前夜宋太宗（时为晋王）的活动"的两种不同记载，这都是以悖激趣的典型试题，意在考查学生的实证意识和逻辑能力。在课堂教学中，原因分析、事件记录、历史评价的分歧都可以作为制造认知冲突的素材。笔者在教学五四运动时，就曾运用回忆录的不同记载，创设了"第一个进入曹宅的到底是谁？"的教学情境，设计了一连串问题，最后指向深层问题"同是当事者，记述为什么差别这么大？"①由此较好地优化了教学逻辑，唤起了学生的深度思考。制造冲突情境的关键是不要纠缠于冲突问题的本身，而是要透过这些矛盾冲突，看到宏观历史的转型嬗变或者史学的思想方法，进而升华历史学习。

教学逻辑是教学设计的内在脉络，也是展现教师教学智慧的关键所在。优化教学逻辑，需要教师抓大放小，删繁就简，从纷繁的史事中理出头绪，高屋建瓴地把握历史发展的脉络和规律，并能够寻找到历史学科知识与学生的认知现状的最佳结合点，设计教学。但强调教学逻辑，绝不是反对和排斥突破常规的教学安排。比如，时序是历史发展的逻辑，自始至终地讲述就符合时序逻辑，但如果某一事件的结果出人意料，令人震撼，教学中先讲结果，再倒叙背景和过程，反而可以吸引学生，这恰是最合乎教学逻辑的安排。教学逻辑要让课堂教学成为一个有序的、严谨的、合乎逻辑规律的思维过程，而不是要用程序化思维扼杀教学灵性。历史教学有规律，但没有公式，"运用之妙，存乎一心"。

①　苗颖：《系统设问与顺势追问》，《中学历史教学》，2018 年第 9 期。

历史课堂呼唤灵动飞扬的教学创意，更呼唤顺畅、合理、顺畅自如的教学逻辑。

第六节　实操：基于逻辑的史料链条

史料是构成历史学的基本材料，运用史料创设历史情境，引领学生认知历史、感悟历史，是历史课堂教学和命题检测的重要手段，准确而又合乎逻辑地解读史料则是历史学科无可争议的核心素养之一。当下，大家惯常使用的史料教学方法往往是针对某一历史问题提供一则史料，让学生通过阅读这则史料提取有效信息，然后推演出教师想要展现的历史认识和结论。虽然这种做法并不违背"论从史出、史论结合"的基本原则，但由于单则史料所呈现的历史是点状的，仅仅能够提供认识历史的一个视角、一个侧面、一种观点，学生感知和接受的历史往往是片面的、简单的、孤立的，更不具备深层逻辑性。

历史学是立体、交错和复杂的，历史人物的言行和重大历史事件的发生往往受到多重因素的影响，历史结论的形成更是复杂多变，"一言难尽"。正如李大钊先生所说："盖人事现象，极其复杂，每一现象的发生，大抵由种种原因凑合而动，种种事情，皆有交感互应之关系。"①历史研究的深入让我们越来越清晰地认识到，直来直去的从单一史实到结论的推演是经不起检验和推敲的。为避免历史教学简单化的倾向，笔者尝试采用了"链式"史料运用的手段，重点关注隐藏在史料背后的逻辑与方法，通过"考其联络，明其因果关系，以解释史实，说明其发达进化"②，让历史课堂更具理性和深度。

所谓"链式"史料运用，是指围绕教学中的某一个探究主题，提供相同或不同来源的若干则关联史料。这些史料所蕴含的显性或者隐性信息之间能够建立某种逻辑联系，从而构成环环相扣的推理链条。解读

---

① 李大钊：《史学要论》，上海：上海古籍出版社，2013年，第12页。
② 李大钊：《史学要论》，第10页。

时，学生并不是从一则史料得出结论，而是由此及彼、由表及里地综合运用史料，在逐层推演和互证互通中感受历史学的逻辑之美，体味历史学的深邃之味。下面就以"戊戌变法"为例试作说明。

一、史实的信与枉，立场的内与外：从矛盾冲突看历史记载的主观性

史料鉴别是历史学的第一要务。梁启超说："史料为史之组织细胞，史料不具或不确，则无复史之可言。"[①]杜维运则说："任何一种史料都不是完全可信，里面可能有错误，可能有虚伪，可能有私人的爱憎，可能有地方及民族的成见，不经精密的考证，即笃信不疑，后患实无穷无尽。"[②]影响史料可信度的原因有很多，"私人的爱憎"也就是人为的主观性是其中的重要因素。这种主观性可能是有意地粉饰、遮掩或者污蔑、抹黑，也可能是了解不确或者认识偏颇。学习和研究历史，要引导学生分析不同史料之间的差异，去除人为的遮蔽，还原历史真实；继而认识历史叙述立场的"内外有别"，发现历史记录的主观性。这将有助于学生逻辑思维和批判思维的发展。

孤证不立，单则史料是无法构建历史真相的。"治史如断案"，无论是文献之间的佐证校勘，还是文字史料和遗址遗存的二重证据，都需要我们从多种史料中进行对比分析，从彼此之间形成的逻辑关联探索真相。争讼日久的"袁世凯告密是否引发戊戌政变"的记载就可以较充分地说明这一问题。

材料一：凡是未经中间人手修改或转写的，是直接的史料；凡是已经中间人修改或省略或转写的，是间接史料。……自然，直接的材料是比较最可信的，间接材料因转手的缘故容易被人更改或加减。

　　　　　　　　　　　　　——傅斯年《史学方法导论》[③]

---

① 梁启超：《中国历史研究法》，北京：中华书局，2009 年，48 页。
② 杜维运：《史学方法论》，北京：北京大学出版社，2006 年。
③ 傅斯年：《史学方法导论》，北京：中国人民大学出版社，2004 年，第 3 页。

材料二：吾二十年前所著《戊戌政变记》，后之作清史者记戊戌事，谁不认为可贵之史料？然谓所记悉为信史，吾已不敢自承。何则？感情作用所支配，不免将真迹放大也。治史者明乎此义，处处打几分折头，庶无大过矣。

　　　　　　　　　　——梁启超《中国历史研究法》①

材料三：他用假话哄走了谭嗣同。八月初五日向皇上请训，当天乘火车回天津，向荣禄告密，……当夜，荣禄赶回北京告密。八月初六日晨，慈禧临朝听政，囚禁光绪，下令捉拿维新乱党，杀六君子，百日维新遂告失败。范文澜的《中国近代史》、郭沫若主编的《中国史稿》均如是说。

　　　　　　　　　　——吴威《袁世凯告密问题综述》

材料四：初五日……退下，即赴车站，候达佑文观察同行。抵津，日已落，即诣院谒荣相（荣禄），略述内情，……语未竟，……约以明早再造详谈。次早荣相枉顾，以详细情形备述，荣相失色，……筹商久之，迄无善策，荣相回署，复约佑文熟商。是晚荣相折简来招，杨莘伯（杨崇伊）在坐，出示训政之电，（政变）业已自内先发矣。

　　　　　　　　　　——袁世凯《戊戌日记》②

请回答：

（1）阅读材料一、材料二，比较两者观点的异同。据此，试说明《戊戌政变记》作为研究戊戌变法运动史料的优势和缺陷。

（2）对比材料三、材料四，指出两者在记载袁世凯告密问题上的关键差异。

（3）依据材料一、材料二的观点，分析材料四的史料价值。

傅斯年和梁启超均是史学大家，材料一、材料二引用的两部著作更被学史者奉为圭臬。材料一突出了直接史料也就是第一手史料的珍贵价值。一般情况下，第一手史料在证史上的价值高于转手史料，这是历史学的基本认识之一。材料二则指出，因为作者就是当事人，文字中容

---

① 梁启超：《中国历史研究法》，北京：中华书局，2009年，第110页。
② 《戊戌变法资料丛刊》（第1册），上海：神州国光社，1953年，第553页。转引自房德邻：《戊戌变法之真相》，《清史研究》，2000年第2期。

易加进主观色彩，有时反而会影响历史真实。材料一、材料二所讨论的是史学方法，两者在内容上形成了一种认知冲突，这种冲突差异互相补充，能使学生对第一手史料的价值认识更加客观。解读这两则材料，有助于学生对一手史料的价值做出准确定位。

为深化这种认识，材料三、材料四以"袁世凯告密是否引发了戊戌政变"为主题，提供了两种不同的说法，再次形成矛盾冲突。材料三是传统的观点，说的是谭嗣同夜访袁世凯，让袁世凯利用手中兵力"杀荣禄"，袁世凯表面应承，背后却跑去向荣禄和慈禧告密，慈禧得报后大怒，发动戊戌政变，囚禁光绪皇帝，捕杀"六君子"。正如材料所说，这种观点广泛流传。但随着研究的深入，有的学者认为，戊戌政变的预谋早于袁世凯告密，也就是说袁世凯虽然向清廷告密了，但政变却不是因告密而发生[①]。学者得出此观点的一个重要依据就是袁世凯的《戊戌日记》。因为袁世凯是亲历者，材料属于第一手史料。但同样也有人认为《戊戌日记》"疑点重重""《戊戌日记》为袁世凯后来补记，当有所讳饰"[②]。学生借助材料一、材料二的观点能够很容易分析出材料四的价值，也就是说《戊戌日记》作为第一手史料，史料价值较高，但由于袁世凯扮演的是一个要被后世唾骂的告密者，也不排除袁世凯有为自己开脱，洗刷自己的嫌疑。此处的教学并不是要让学生破解这一至今仍无定论的历史难题，而是要让学生像历史学家那样思考，认识当事者记载的主观性，在运用史料时要进行必要的鉴别。

二、变法的成与败，后人的臧与否：层层递进看历史评价的时代性

历史评价通常是指人们对历史事物在历史发展进程中的作用作出的价值判断。历史评价往往会受到诸多因素的制约，其中，时代性是影

---

① 房德邻：《戊戌变法之真相》，《清史研究》，2000 年第 2 期；茅海建：《戊戌变法史事考》，北京：生活·读书·新知三联书店，2005 年，第 125 页。
② 戴逸：《戊戌变法中袁世凯告密真相》，《江淮文史》，2010 年第 6 期。

响历史评价的首要因素。人们提出历史评价标准和得出历史评价结论，都不可能从根本上超越自身所处时代物质文明和精神文明的发展水平，以及在此基础上产生的人类对历史发展总体认知水平的限度，哪怕最冷峻的历史学家也概莫能免。正如黑格尔所说："没有人能真正超出他的时代，正如没有人能够超出他的皮肤。"①

由于时代的缘故，后人往往能够在前人的基础上形成超越前人的评价标准，进而获得超越前人的历史认识。但反过来，如果不能认清历史评价的时代性，就会出现苛责古人、以今律古的现象，那样不仅不能带给我们正确的历史认识，反而会让我们背离真正的历史唯物主义。

人类致力于追求历史评价的科学理性，客观公允，但从发展的眼光看，这是相对的，而不是绝对的。1949 年以后，对戊戌变法的评价认识经历了一个渐进的过程。只有把不同时期对戊戌变法的评价结论放在一起，才能了解什么样的评价是不客观的、不科学的，它又是怎样一步步走向客观和科学的。这样，我们才能体会到对历史做出客观评价的艰难和珍贵。

材料一：戊戌变法运动的代表人物，他们本身就是剥削压迫劳动人民的统治者，他们改良主义的目的，从来不是也绝不可能是为了人民革命的利益，而是为了更好地剥削人民和巩固他们的统治。……并企图以此来阻挡人民革命运动，把革命消灭于无形之中。所以，改良主义即使在当时也绝不是中国人民的出路。

——戚本禹《爱国主义还是卖国主义？》，1967 年②

材料二：研究戊戌变法的历史，要考虑两个方面。第一，戊戌变法运动是中日甲午战争以后中国面临瓜分危机，中国民族资本主义获得初步发展的情况下发生的，它要求挽救民族危亡，发展资本主义，在当时代表着中国社会发展的趋势，所以有进步意义。第二，戊戌变法运动是资产阶级维新派发动的，是从上而下进行改革的政治运动，他们的活动仅限于少数从地主阶级分化出来的资产阶级及其知识分子，得到了

---

① ［德］黑格尔：《哲学史讲演录》（第一卷导言），贺麟、王太庆译，北京：商务印书馆，1959年，第 57 页。
② 戚本禹：《爱国主义还是卖国主义？》，《红旗》，1967 年第 5 期。

以光绪皇帝为首的帝党的支持，脱离了广大的人民群众。因此，它只能是一个软弱的改良主义运动。

——汤志钧《关于戊戌变法的评价问题》，1980 年①

材料三：总而言之，学者们已基本肯定，维新运动是进步的运动，是近代历史前进中不可缺少的一环，也是中国走向近代化乃至现代化不可缺少的一环。以康梁为代表的维新派，在运动中是领导潮流的杰出历史人物，不能因其以后的作为而否定他们在这个时期的历史贡献。

——方志钦《颇多建树，大有可为——简评建国以来对维新派与维新运动的研究》，2004 年②

材料四："百日维新"虽然失败了，但它毕竟触动了传统的中国政治体制，为现代国家的建立作出了有益的尝试。以后发生的历次革命运动，从现代化的进程看，都是以实现政治制度的现代变革为目的的，因而与戊戌变法有着历史的连续性。也正因为如此，史学界才会把戊戌变法视作近代中国现代化进程的起点。

——危兆盖等《回顾戊戌，重温历史》，2008 年③

请回答：

（1）材料一对戊戌变法作出了怎样的评价？作者立论的逻辑出发点在哪里？结合社会背景，分析这种史学观念盛行的时代因素。

（2）材料二比材料一，在评价结论和方法上有何进步？有学者认为材料二与材料一在史学观念上有一定的相似之处，试加以分析。

（3）比较材料四与材料三，两者的哪些认识是相同的之处？材料四对戊戌变法的评价又有怎样的发展？

（4）从材料一到材料四，对戊戌变法的评价结论呈现出怎样的发展趋势？这一发展趋势与社会大环境有何关联？综合上述材料并结合所学知识，谈谈你对戊戌变法历史作用的评价。

---

① 汤志钧：《关于戊戌变法的评价问题》，《人民日报》，1980 年 6 月 20 日。
② 方志钦：《颇多建树　大有可为——简评建国以来对维新派与维新运动的研究》，《学术研究》，1998 年第 9 期。
③ 危兆盖等：《回顾戊戌，重温历史》，《光明日报》，2008 年 12 月 7 日。

　　对戊戌变法的评价一直是一个学术上的热点问题,争议颇多。赞扬者认为变法"使戊戌政变不致推翻,行二十年之新政,或已致中国于富强"(胡适《留学日记》),否定者甚至说变法是"崇洋卖国""引狼入室"。为使这一"史料链条"更加聚焦,笔者在筛选材料时进行了范围界定——用 1949 年后的若干材料来展现对戊戌变法评价的不断发展变化,引导学生体会历史评价的时代性。四则材料,四组问题,构成了一个评价结论渐次发展的动态链条,在思维逻辑上环环相扣,层层推进。一方面,反映了历史评价从过分强调阶级分析和主观臆测,到逐渐走向尊重史实、一分为二、客观公允的过程;另一方面,也反映了我国历史哲学乃至意识形态由过度的"左"回归理性公允的过程。

　　为使学生在阅读时能够快速准确地结合时代,四则材料的出处均附加了发表时间。材料一产生于"文革"发生后不久,这种以阶级分析代替一切的"文革"思维严重扭曲了学术的发展。材料二发表于改革开放初,在方法上体现了一分为二,在结论上也给予了戊戌变法充分的肯定。这时尽管已经进行了拨乱反正,但依然主要采用阶级分析的办法。材料三、材料四对对戊戌变法的评价渐次走向客观、公正。尤其是材料四从政治体制革新的角度进行评价,认为它是中国政治现代化进程的起点,迈出了民主化的第一步。

　　单看一则材料,我们固然能够了解某一时期某一人物对戊戌变法的评价情况,而综合四则材料,我们不仅能了解历史评价在点上的表现,更能认识历史评价的线性发展脉络,帮助学生形成"通古今而观之"的历史感。

三、思想的破与立,维新的术与道:纵深挖掘看思想嬗递的艰难性

　　"山雨欲来风满楼",政治变革前的动员和鼓动是历史发展中的必然步骤。西方在由传统社会转向现代文明之前,曾用了数百年的时间进行思想启蒙,最终将自由、民主、平等、法治等现代政治诉求传递给社会成员,使资产阶级革命具有了深厚的社会基础。在近代中国的社会转型

中，由于传统观念的力量更为强大，每一次思想递嬗都伴随着质疑、争论、批评，甚至血腥的镇压，因而更加艰难和曲折。戊戌变法作为近代中国的第一次大规模思想解放运动，深入探究康有为"两考"问世后所产生的强烈反响，进而认识观念传播的艰难性，有助于学生深化对历史的理解。

材料一：有为最初所著书曰：《新学伪经考》。……新学者，谓新莽之学也。……刘歆所以作伪经之故，因欲佐莽篡汉，先谋淆乱孔子之微言大义。……清学正统派之立脚点，根本动摇。……有为第二部著述，曰《孔子改制考》。……凡六经皆孔子所作，昔人言孔子删述者误也。孔子盖立一宗旨而凭之进退古人，去取古籍。孔子改制，恒托于古。尧舜者，孔子所托也，其人有无不可知……有为所谓改制者，则一种政治革命，社会改造的意味也。

——梁启超《清代学术概论》①

材料二：中国重君权，尊国制。猝言变革，人必骇怪，故必先言孔子改制，以为大圣人由此微言大义，然后能持此说。

——皮锡瑞《师伏堂日记》②

材料三：康有为今文经说的考证疏漏、结论武断是人所共知的，即使康门弟子也不讳言。重要的是，当康有为的今文经说与现实的政治变革纠结在一起、要为现实的变法服务时，学术本身的疏漏与严谨已经无关紧要，不再是大家批评的重心。

——贾小叶《戊戌时期的学术与政治》③

材料四：康有为隐以改复原教之路德自命，欲删订六经，而先作《伪经考》，欲搅乱朝政，而又作《改制考》，其貌则孔也，其心则夷也。

——叶德辉《叶吏部与刘先瑞、黄郁文两生书》④

材料五：康有为的"两考"在当时虽如梁启超所说的在学术思想界引起震动，但除康门弟子和少数人外，几乎受到新旧人物的一致反对。

① 梁启超：《清代学术概论》，上海：上海古籍出版社，1998年，第77—79页。
② 皮锡瑞：《师伏堂日记》，上海图书馆藏手抄本，第73页。转引自唐旭麓：《近代中国社会的新陈代谢》，北京：中国人民大学出版社，2012年，第177页。
③ 贾小叶：《戊戌时期的学术与政治》，《近代史研究》，2010年第6期。
④ 转引自贾小叶：《戊戌时期的学术与政治》，《近代史研究》，2010年第6期。

朱一新、洪良品、翁同龢、孙家鼐、张之洞、陈宝箴、王先谦、叶德辉，甚至张荫桓、郑孝胥、陈庆年、章太炎都对康有为的学说不以为然，"两考"也先后被朝廷以上谕的形式诏令毁版。

——江中孝《关于康有为和戊戌维新的指导思想问题》[①]

请回答：

（1）据材料一，归纳康有为两部代表作的主旨。

（2）据材料一、材料二，指出康有为撰写"两考"的政治目的是什么？这反映出当时的文化环境如何？

（3）据材料三，指出康有为的著作在学术上有何明显缺陷？我们该如何认识这种缺陷？

（4）叶德辉是著名的今文经学学者，从材料四中可以看出他对康有为持怎样的态度？如何理解"其貌则孔也，其心则夷也"？

（5）据材料五，指出康有为的思想产生了怎样的社会影响？结合其思想内容和社会背景，试分析这一思想为什么会"受到新旧人物的一致反对"？

《新学伪经考》和《孔子改制考》是康有为的两部学术著作，更是维新派宣传变法思想的政治理论作品。五则材料分别从作品主旨、写作目的、存在问题以及社会影响诸方面展开，较全面地展现了这次思想启蒙的面貌。康有为在起始时期就预见到了困难，故而"托古"，后来各方的反应则进一步说明了这种艰难。世界上最难改变的是人的头脑，透过维新思想之传播，我们可以体味思想解放的重大价值和艰难进程。

材料一给出的是康有为"两考"的内容主旨。为了宣传维新思想，倡导变法，康有为立足打破因循守旧的儒家传统。在《新学伪经考》中，康有为将当时士大夫奉为"圣经"的古文经书斥为伪书，从而否定了反对变法者的立论基础。思想递嬗中必然有破有立，如果说《新学伪经考》意在破的话，《孔子改制考》则重在立，为了能够让更多的人接受变

---

① 江中孝：《关于康有为和戊戌维新的指导思想问题》，《社会科学战线》，2009 年第 6 期。

法观念，康有为在《孔子改制考》中将孔子说成是一个托古改制的改革家，而自己所宣传的主张正吻合于至圣先师的思想。

"布衣改制，事大骇人"，为能够易于被世人接受，康有为在宣传时运用了托古之"术"来承载自己的变法之"道"。在因循守旧为主流的环境下，这既是出于实现目的的考虑，也是基于避免招致灾祸的考虑。但是这种附会的做法大大降低了自己著作的学术价值，正如材料三所说，疏漏之处"人所共知"。虽然大家知道他是借学术研究之名，行变法维新之实，但这种对"圣人"和儒家经典的随意描画，大大冲击了社会上层人士尤其是清流的底线，一时间骂詈丛生，批评如潮。百余年之后，我们再次审视康有为的这些主张时，应该说虽然维新思想的传播步履艰难，但在自我封闭的近代中国，这种看似过当、离经叛道的言论恰恰引发了更多人的思考，收到当头棒喝之效。加之后来梁启超等人的鼓与呼，近代中国第一次思想解放潮流就此出现。这组史料和问题，把康有为其人、其文、其世三者融合，探讨了维新思想的影响，而将三者关联，运用的正是史事演进的内在逻辑。

四、时局的穷与通，潮流的顺与逆：时空延展看历史发展的不可逆性

时代潮流是指某一时段内宏观历史的发展主题和趋向。认识时代潮流需要或纵向或横向地联系其他历史事件，在比较中发现趋向。一个单一的、孤立的历史事件是无所谓潮流的。因此，教学中的有效方法就是进行必要的时空延展，在前后事件或者东西方历史的关联中进行深化。现代化是近代以来的一股强劲的时代发展潮流，浩浩荡荡，不可逆转。戊戌变法就是这股潮流中重要一环。但从戊戌变法反推到现代化历史潮流上去，则需要教师的教学设计视野更加广阔，通过时空延展，链接到其他关联的历史事件，通过联系对比，展现一种较为清晰的历史发展趋向，从而让学生感受到历史潮流的不可逆转性。

材料一：近数十年积习相仍，因循粉饰，以致成此大衅（八国联军

侵华）。……懿训以为取外国之长，乃可补中国之短；思前事之失，乃可作后事之师。……康逆之谈新法，乃乱法也，非变法也。该逆等乘朕躬不豫，潜谋不轨。……皇太后何尝不许更新；损益科条，朕何尝概行除旧。……法令不更，痼习不破；欲求振作，当议更张。

　　——《变法上谕》光绪二十七年十二月初十（1901 年 1 月 29 日）[①]

　　材料二：清代从 1901 年到 1911 年的最后十年与其说是处于崩溃时期，倒不如说是处于新的开创时期。……直到 1911 年为止，中国政府一直按 19 世纪 90 年代所宣扬的，但未见成效的那些方式逐步进行重建。皇太后和她的顽固派支持者们在 1898 年解除了光绪帝和康有为的权力，但在 1901 年之后却采取行动实施他们的大部分激进的改革计划。

　　——费正清、赖肖尔《中国：传统与变革》[②]

　　材料三：1848 年革命的掘墓人，竟成了它的遗嘱执行者。

　　——马克思《1848 年至 1850 年的法兰西阶级斗争》

　　（1）结合所学知识，指出材料一所引上谕是在怎样的背景下颁布的？从中可以看出，清朝统治者此时对康有为持何态度？对变法改革又持何态度？

　　（2）材料二中的"19 世纪 90 年代所宣扬的，但未见成效的那些方式"是指什么？清末新政是 1901 年起清政府发起的改革运动，其内容包括改革官制、倡办商业、编练新军、废除科举等多方面，从材料二可以看出新政与戊戌变法在内容上是一种怎样的关系？对此你是如何认识的？

　　（3）欧洲的贵族阶级残酷地镇压了 1848 年资产阶级革命，但随后，以俾斯麦等为代表的转型贵族势力又采用改革和王朝战争等方式实现了向资本主义制度的过渡。结合戊戌变法和清末新政的关系，谈谈你对材料三的理解，据此，我们应该如何认识"历史潮流"这一概念？

　　现行高中必选修教材并没有对清末新政作充分介绍，但在此处，为使学生能够认识戊戌变法的后续影响和现代化潮流的强劲势头，可以

---

① 《义和团档案史料》，北京：中华书局，1959 年，第 915 页。

② 费正清、赖肖尔：《中国：传统与变革》，南京：江苏人民出版社，1995 年，第 403 页。

补充进行适当讲述。所呈现的三则材料中，材料一取自八国联军侵华战争爆发后，慈禧太后在逃往西安途中，以光绪皇帝的名义所颁布的上谕。这时的清廷迫于内外压力，虽然没有给维新派"平反"，但明确表示要进行改革，以"渐图富强"。郭廷以先生说，"戊戌变法是康有为与光绪的合作""这次（新政）是张之洞与慈禧的合作"①，但材料二明确告诉我们，两次改革涉及的内容和事项大致相同。长期以来，我们往往从王朝自救的主观目的去评价新政，忽视了新政"有统治者变法自强的一面""更有符合历史发展逻辑的具体内容"②。从内容上看，新政可谓是戊戌变法的翻版，慈禧太后是把被自己推翻了的改革又拿来重演，继续完成她的"敌人们"所没有完成的变法维新事业。材料三意思是说，1848 年的当政者镇压了革命，但不久后却完成了革命的未竟事业。从这一意义上，我们也可以说，慈禧为代表的清王朝既是戊戌变法的"掘墓人"，也是它的"遗嘱执行者"。而这正体现了历史的前进潮流是不可逆转的。

　　华中师范大学郭元祥教授曾提出"深度教学"的理念，认为知识具有三个不可分割的组成部分，即符号表征、逻辑形式和内在意义③。历史教学只有跳出符号知识本位，深入探究史料中所隐含的思维方式、价值观念和逻辑方法，才能真正让学生受用终生。

---

① 郭廷以：《近代中国史纲》，上海：格致出版社，2009 年，第 246 页。
② 陈旭麓：《近代中国社会的新陈代谢》，第 252 页。
③ 郭元祥：《知识的性质、结构与深度教学》，《课程·教材·教法》，2009 年第 11 期。

第四章

多彩细节：灵动课堂之『生动』

第一节　叙史见人：人物活动的
教学运用

一、创史者、叙史者、阅史者：历史学习中的三种人

"历史这样东西，是人类生活的行程，是人类生活的连续，是人类生活的变迁，是人类生活的传演，是有生命的东西，是活的东西，是进步的东西，是发展的东西，是周流变动的东西。"而"活的历史，只能在人的生活里去得"①。这是近 100 年前，李大钊先生振聋发聩的话语，今天看来，依然有着鲜活的意义——不仅对于历史研究有意义，而且对中学历史教学也有着重要而积极的价值。历史是人创造的，无论是东方还是西方，史学家记录历史都离不开对人的活动的描述。历史学一旦淡化了人的活动，就会失去生机，失去灵性。同样，历史是人记录的，不知记录者的时代、立场、格局、精神，就不能洞见叙写者所要传递的观念、思想和价值诉求；历史又是写给人看的，不顾阅读者的心理特征、接受能力、已有经验，历史学的价值和历史教育的价值都将无从谈起。

当下的高中历史教材，不管是原有的人民版、人教版、岳麓版、北师大版，还是上海使用的华东师大版，乃至于 2019 年秋季在六个省市开始使用的统编《中外历史纲要》，都无一例外侧重勾勒历史发展的大框架、大脉络、大趋势，而对故事、细节则极为简略。可谓内容很"丰满"（面广量大），表述很"骨感"（一带而过）。以统编高中历史教材《中外历

① 李大钊：《史学要论》，上海：上海古籍出版社，2013 年，第 1 页。

史纲要》为例，教材以高度概括的语言对历史史实做了极为简略的叙述，用一位老师的话说，其惜墨如金几乎到了令执教者"不知所措"的地步。第四课"西汉与东汉：统一多民族封建国家的巩固"在"西汉的强盛"一目中提到汉武帝时期政治、经济、文化措施有 10 项之多："颁布推恩令，成功削弱了诸侯王的势力""改革币制，将铸币权收归中央""接受董仲舒建议，尊崇儒术"等，教师如果不对教材进行二次处理，增加生动的故事情节和人物，最终教学就会沦为照本宣科式的概念灌输，失去历史学的味道。

陈伟国老师说："一本好的历史教科书，应该充满学生感兴趣的历史故事，一位优秀的历史教师，应该善于向学生讲故事。"①虽然高中阶段，学生有了一定的抽象思维能力，但人物和故事依然是历史教学中不可或缺的。当今历史教材的编写，对于重要的历史人物（如《中外历史纲要》（上）第四课中的董仲舒，第 20 课中的蔡锷、胡适等），只是提及而没有展开讲述，一般性历史人物更是不见了踪影。这种只见"森林"，不见"树木"的行文特色大大弱化了历史教学的故事性和趣味性，让历史课堂味同嚼蜡。历史灵动课堂的愿景之一就是，让"隐退"的历史人物"重出江湖"，用多样化的历史叙事和历史解释让历史课堂焕发活力，让阅史者和创史者、叙史者进行多维度的对话，让故事细节和思维活动一起灵动飞扬。

（一）创史者

创史者是指创造历史的人，也就是历史典籍中有"故事"流传下来的人。"人事有代谢，往来成古今"，历史是对人类活动的记录，是发生在"昨天"的故事，没有人就没有历史。那些创造历史的人留下了让后人景仰的业绩，留下了滋润后人的精神和品格，还留下了值得深思的镜鉴，但所有这些，都是通过那些让人心潮澎湃、激昂慷慨、扼腕叹息、悲痛欲绝的故事细节来展现的。在其中，人的思想和实践活动，亦即人的

---

① 陈伟国：《历史课的精彩在于讲故事》，《中学历史教学》，2013 年第 1 期。

精神存在与物质存在,是一切史实中的最基础的事实。可以说,历史的张力、魅力与生命力,无一不与人物紧密联结着。这些是历史学科所特有的教学资源,开发并利用好这些资源,以故事、细节的形式展现历史人物的形象,让历史中的人物说话,让学生在聆听历史故事的感动中理解历史,是改变"学生喜欢历史,不喜欢历史课"现状的有效手段。

　　历史课上讲述历史人物和故事要力求还原真实的,有性情、耐寻味的人,更要把历史人物及其所处的时代相结合,从历史人物的所思、所想、所言、所行去认识这个时代。在中国古代历史典籍中,纪传体这种以人物传记为叙史方式的史书一直是"正史"中的主流,就算是编年体、纪事本末体,也离不开人物活动,"即便是讲制度的制定过程及其实行结果,也不脱离人物故事和人群故事"①。钱穆先生说:"思想要有事实表现,事背后要有人,如果没有了人,制度思想理论都是空的。""因此我来讲历史人物,特地希望我们要看重人,拿人来做榜样,做我们一个新的刺激。"②以《中外历史纲要》(上)第四课中汉武帝加强中央集权的 10 项措施来说,对于"颁行推恩令,成功削弱了诸侯王的势力",就可以选择讲述汉武帝和主父偃"相见恨晚"的故事,"改革币制,将铸币权收归中央"可以选择讲述"邓通钱"的故事,"接受董仲舒建议,尊崇儒术"部分就可以介绍董仲舒"目不窥园""贤良对策"等故事。其他如"盐铁官营"可以讲讲桑弘羊,"抑制工商业者,征收财产税"则可以介绍"杨可告缗遍天下"的故事。这些历史故事蕴含着丰富的历史信息,这些历史人物有着鲜明的个性,从中我们能够体会历史的温度,汲取历史的智慧。

(二) 叙史者

　　叙史者是指记录和书写历史的人。客观发生过的历史具有不可复现性,本身并不会说话,是叙史者以各种形式将它记录下来,并传之后世,后人正是借助这些记录探寻客观发生过的历史。尽管我们强调历史学家要秉笔直书,但记录历史时是无法做到绝对中立和客观的。同

---

① 　冯尔康:《"说故事"的历史学和历史知识大众文化化》,《河北学刊》,2004 年第 1 期。
② 　韩复智:《钱穆先生学术年谱》,北京:中央编译出版社,2012 年,第 1118 页。

一段历史，历史记载会因为记录者的主观动机、立场视角、学识水平、资料多寡、时代局限等因素影响而不同。阅读历史必须要对叙史者进行体察，注意研索其作史的心迹，探其隐衷，察其原委。对此，清初著名文学家金圣叹有十分剀切而深刻的体会。他说："人凡读书，先要晓得作书之人是何心胸。如《史记》，须是太史公一肚皮宿怨发挥出来。所以，他于游侠、货殖传特地着精神，乃至其余诸记传中，凡遇挥金、杀人之事，他便啧啧赏叹不止。一部《史记》只是'缓急人所时有'六个字，是他一生著书旨意。"阅读历史时中，必须能读出隐蔽在书页后面的潜台词、画外音，才能进入心领神会的境界。

仍以汉武帝时期的历史为例，《史记》《汉书》《资治通鉴》三部史学巨著的记录和评价就有较大的差异，复旦大学的姜鹏老师还就此在中央电视台"百家讲坛"栏目开设了"汉武帝的三张面孔"的系列专题讲座。三位具有崇高地位的历史学家对同一个历史问题的记录和态度都会有较大分歧，那些有文字流传至今的普通人自身的主观性、存在的讹误偏颇就可想而知了。陈寅恪先生曾经深刻地指出："盖古人著书立说，皆有所为而发；故其所处之环境，所受之背景，非完全明了则其学说不易评论。"[①]从后人阅读和学习历史的角度说，如果不知道叙史者的立场背景，就无法清晰地认识到其人为何如此书写历史，当然也就无法准确理解历史进程本身。

在教师带领学生学习"西汉的强盛"部分时，适当添加一些《史记》《汉书》《资治通鉴》的不同记载，以及司马迁、班固、司马光等历史学家对汉武帝所作所为的不同评价，并带领学生探究其背后的历史价值取向，就可以大大加深学生对汉武帝时期历史的认识，涵养多元的历史解释素养，形成批判辩证的历史意识。

（三）阅史者

阅史者是指阅读和学习历史的人。不同的人阅读相同的一段历

---

① 陈寅恪：《金明馆丛稿二编》，上海：上海古籍出版社，1983年，第247页。

史，可能会得出迥异的认识。鲁迅先生在《中国小说史略》中说，一部《红楼梦》"单是命意，就因读者的眼光而有种种：经学家看见《易》，道学家看见淫，才子看见缠绵，革命家看见排满，流言家看见宫闱秘事"。这正是所谓仁者见仁，智者见智是也。在历史教学中，阅史者指的是历史教师和学生，尤其是学生。学生阅读和学习历史并不是被动地接受，而是有一个历史知识建构和内化的过程，由于个体之间的差异，也会形成多样化的历史感悟。通过历史课程的学习，可以让学生对多样化的历史认识有正确的价值判断，而不是任由学生自我生成的历史认识"信马由缰"。学生在教师的引导下，通过阅读、听讲、问题探究、对话交流等学习活动，了解历史发展的基本史实和基本结论，认识历史发展的基本规律，表达对历史的不同见解，最终理解历史与现实社会之间的联系，形成对历史事物和社会现实实事求是的、全面正确的认识。

历史教育是立德树人的重要组成部分，终极指向是引导学生认识社会，体悟人性，思考人生，拥抱未来。正如朱孝远先生所说："每个人，只要一旦与史学相交，就会感到太阳在动，生命在动，意念在动。"[1]历史是人类的指路明灯，关注的是过去，指向的却是未来。2017年版的《普通高中历史课程标准》就在"课程的基本理念"部分明确指出："在课程实施上，进一步改进教学方式、学习方式和评价机制，将教、学、评有机结合，促进学生的自主学习、合作学习和探究学习，提高实践能力，培养创新精神。"[2]这除了要求教师在教学过程中与学生进行深度的多样化的交流之外，更主要的是呼唤"以学定教"。

在学生阅读历史的过程中，教师所起的作用是提供更有利于学生素养发展的内容，引导学生深入思考各种历史问题，感悟历史学科的魅力。这就需要教师精准地把握学生的认知特点和学情。针对学生的"前在状态(指学生学习新知识前所拥有的认知基础、技能基础以及学

---

① 朱孝远：《史学的意蕴》，北京：中国人民大学出版社，2002年，第122页。

② 中华人民共和国教育部：《普通高中历史课程标准》(2017年版)，北京：人民教育出版社，2017年，第2—3页。

习水平）、潜在状态和发展可能"①进行全面分析，并据此设计教学的方案和流程，落实以学定教的新课程理念。

二、时代与人性：故事细节运用的两个着力点

北宋张载有著名的"横渠四句"："为天地立心，为生民立命，为往圣继绝学，为万世太平。"历史教学虽没有这种雄浑开阔的至高境界，却也担负着引领学生"探寻历史真相，总结历史经验，认识历史规律，顺应历史发展趋势"②的重要社会功能。在实现历史教育功能的时候，历史人物作为媒介，有着重要的作用。透过这些历史人物，我们可以观察其背后广阔的时代背景，从而更加清晰地认识历史的阶段特征，理清并理解历史的发展演变；借助这些历史人物，我们可以发现人性的美与丑、善与恶，借以形成正确的价值观念和人生态度；分析这些历史人物，我们可以更加深刻地认识历史和社会的复杂多样，并在此基础上辩证地思考人生、人世的各种重要问题，发展逻辑思维和批判思维的能力。

（一）透过人物洞察时代

人物和他所处的时代是不可分离的，任何人的言行都会打上深刻的时代烙印。后人阅读历史，自然也不能将人物与时代剥离。王国维说："欲知古人，必先论其世；欲知后代，必先求诸古；欲知一国之文学，非知其国古今之情状，学术不可也。"③和这种认识相似，史学巨擘钱穆提出的"温情与敬意"和陈寅恪提出的"了解之同情"，都是基于历史人物所处的背景理解其行为，即"共情"。

在历史学习中，知人论世是相统一的，有时候，为了促进学生理解

---

① 陈志刚、张春桐：《历史备课学情分析的内容与操作》，《历史教学》（中学版），2019 年第 11 期。
② 中华人民共和国教育部：《普通高中历史课程标准》（2017 年版），北京：人民教育出版社，2018 年，第 1 页。
③ 王国维：《古史新证——王国维最后的讲义》，北京：清华大学出版社，1994 年，第 2—3 页。

历史的特定时代性，教师会尽量寻找一些打上鲜明时代烙印的人物形象，以人物的活动连缀起课堂教学，（这和中国古代"以人系事"的著史手法非常相似）通过历史人物的种种活动，学生可以窥见一个时代的特征。

在选择要介绍的历史人物时，一般有两个角度。一是选择历史发展中的风云人物、大人物。这些人往往是历史进程中重大问题的决策者、重要文件的制定者、重要事件的亲历者。利用这些人物活动展开教学，可以让学生更加深刻地理解历史何以如此，更加准确地把握历史的关键问题。比如，有的教师在教学"德意志的统一"时，以俾斯麦的人生经历串联起整个教学过程；教学"近代民族资本主义的发展"时，以著名实业家张謇的创业之路作为铺陈课堂的线索。笔者在教学"明朝的政治"时，引入了皇帝朱元璋、内阁首辅张居正等人的政治生活（教学设计见后文），也是意在通过大人物的言行丰富历史课堂，让教材中只有名字没有故事的历史名人变得鲜活。

二是选择历史典籍中没有记载的小人物。一般而言，教材更多地呈现历史的大背景、大事件、大人物、大趋势，但在宏观历史的浪潮之下，是千千万万个小人物无声推动或被时代裹挟，这些人的人生经历正是时代变迁的一个实证。"小人物很容易被忽视，却更能展示历史的本质。关注小人物的人生体验和历史作用，这种人文关怀最令人动容。"[1]以"小人物"映射"大历史"是值得提倡的一种教学策略。几年前，笔者在带领学生复习"近现代历史变迁"时，曾经以所任教学校首任校长李昭轩的一生主要经历作为教学载体，从一个县域中的史事管窥中国从传统走向现代的曲折历程。李昭轩仅是一位中学校长，属于"小人物"，但他的一生却与时代同行，是宏观历史的一个缩影（教学设计见后文）。

学习现代海峡两岸关系的时候，有很多教师引入了"感动中国2012 年度人物"高秉涵的人生经历。高秉涵是一名台湾老兵，祖籍山

---

① 　鲍传文：《读懂小人物，还原历史浪花》，《中国文化报》，2007 年 7 月 3 日第 3 版。

东菏泽。1949 年,他 14 岁时跟随败退的国民党军队离开大陆去了台湾,和他一样到达台湾的国民党官兵有 100 多万人。当高秉涵再次踏上故乡的土地时已经是 42 年后的 1991 年了。"近乡情更怯",返回老家的那天,他在村口踟蹰、徘徊了半个多小时。家中早已物是人非,老母亲已经过世。站在母亲坟前痛哭的他,分明就是余光中那首《乡愁》的注脚:"乡愁是一方矮矮的坟墓,我在外头,母亲在里头",让人断肠。从 1992 年起,高秉涵先后把上百位台湾老兵的骨灰送回了大陆,让他们的"亡灵"叶落归根。"感动中国"推选委员闫肃说:"这海峡好浅好浅,深不过我的遗憾,抱回的岂止是百十个骨灰罐,抱回来的是人心啊!"推选委员张会军说:"75 岁的老兵,用微薄的力量牵动所有游子的梦回家乡的愿望。"高秉涵用自己的微薄之力,展现了海峡两岸割不断的骨肉亲情。颁奖词这样写道:"海峡浅浅,明月弯弯。一封家书,一张船票,一生的想念。相隔倍觉离乱苦,近乡更知故土甜。少小离家,如今你回来了,双手颤抖,你捧着的不是老兵的遗骨,一坛又一坛,都是满满的乡愁。"

　　高秉涵的故事让人感动唏嘘,虽然他不是两岸关系中的关键人物,却可以从他身上看到在台湾的大陆游子对故土、对家国的深切眷恋,更可以看到半个世纪的历史演进,折射出宏大的历史背景。广东的张敏老师运用高秉涵的真实经历设计了三个教学情境:"少小离家""特殊审判""重返故土"①。这种设计显然并不是要学习高秉涵的人物传记,而是要通过这个"小人物"的个人命运折射历史发展的大势,微观细节是为认识宏观历史服务的。1949 年,国民党败逃台湾,两岸互相对立而隔绝,政府和民间几十年几乎不相往来。改革开放后,两岸关系缓和,民间交往才逐渐多了起来。这节课中,高秉涵只是大历史这"满目秋色"中的一枚"落叶",但"一叶落而知天下秋",这个"小人物"的人生经历和大历史的轨迹是一致的,从他的经历中我们读出的正是那个让人唏嘘的时代。

――――――――――

① 张敏:《"小人物"视角下的〈海峡两岸的交往〉教学设计与实施》,《中学历史教学》,2016 年第 9 期。

在选择小人物作为教学依托时，需要注意两个问题：一是选择的小人物要具有典型性、代表性，选用的每一个细节都应该和宏观历史背景相统一，而不是特殊的。二是教学中教师要在分析"个案"的基础上及时提升到宏观的层面，引导学生思考历史演进的大问题。教师要认识到，"小人物"是为"大历史"服务的，万不能因"小"失"大"。

（二）借助人物故事发现人性

历史是人类的历史，人和其他动物有着根本不同，有着自己独特的性质，这种独特的性质便是人性。"人性"在《现代汉语词典》中有两个解释："在一定的社会制度和历史条件下形成的人的品性。""人所具有的正常的感情和理智"。① 在阶级斗争思维下，前一个解释曾长期深刻影响着我们的思想认识，更加强调"历史的""具体的""阶级的"人性，改革开放后，后一种解释才为我们关注，并逐渐成为大多数人的共识。笔者的探讨主要基于后一种解释，它"包括生理的和心理的，如欲望、感情、理性、非理性，等等"②。人性是人的思想、行为的底色，在很大程度上决定着人的行为方式，深刻影响着人类历史的基本过程，正如英国历史学家汤因比说："人类文明的历史归根到底是人性的历史。人性是构成文明的基础，这既表现在人所创造的物质文明进步，也表现在由人性所决定的精神文明进步。"③

时下，中学历史整体性、宏观性的课程设计和大容量、高概括的课时内容，让"宏大叙事"，纲要呈现成为教学的常态，但这种教学"常态"却存在一个根本缺陷，那就是掩盖了对人性的思考和对人心的叩问，忽视了对"人性"的具体化的展现。"高中历史课堂仍存在'人性'缺乏的问题，严重制约了历史课程的育人价值"④。笔者以为，历史教育，人是出发点，也是落脚点；受教育的人既是目的，也是核心。人性和人生是

---

① 中国社会科学院语言研究所词典编辑室：《现代汉语词典》，北京：商务印书馆，2014年，第1093页。
② 王和：《人类历史是人性展现的历史》，《清华大学学报（哲社版）》，2014年第1期。
③ ［英］汤因比：《文明经受着考验》，沈辉等译，杭州：浙江人民出版社，1988年，第216页。
④ 刘兴法、张永谦：《让高中历史课堂充满"人性"》，《中国教育学刊》，2016年第1期。

历史学也是各种社会科学关注的核心问题之一。灵动课堂引入人物故事的一个重要诉求就是要通过具体的人和事，指向人心，指向人性，彰善伐恶，激浊扬清，真正发挥历史学的育"人"功能。柯林伍德说，"历史学是为了人类的自我认识"，"认识自己……不仅仅是认识个人的特点，他与其他人的区别所在，而且要认识他之作为人的本性"，"历史的价值就在于，它告诉我们人已经做过什么，因此就告诉我们人是什么"。①

　　阅读和学习历史，只有关注人心和人性，以一种同情心、同理心思考问题，才能够消除精神障蔽与时空界隔，进入历史深处，直抵古人心源，进行生命与生命的对话。钱穆先生说："未通古人之心，焉知古代之史？"俗话说，"看三国掉眼泪——替古人担忧"。这种"替古人担忧"，其实正是后世读者的一种心灵参与和介入。它既是今人对于古人的叩访、审视、勘核，反过来也是逝者对于现今还活着的人的拷问。关注历史中的人心和人性，从历史教学的操作层面是多维度的，包含观念、情感、品格等。在此，笔者想重点突出以下四个方面。

　　感受深挚情感，关爱亲友他人。人都有七情六欲，历史中充满着爱恨情仇。从历史的阅读和学习中感受历史人物的深挚情感，进而形成对亲人、友人、他人的关爱之情，是落实情感教育目标，对学生进行生命教育的重要契机。黄花岗烈士林觉民在参加起义之前，写下了两封著名的家书——《禀父书》《与妻书》，其间，虽然充满了直冲云霄的爱国豪气，却也难掩他对家人的无限眷恋，正可谓"英雄必具深情"。教学中引入这样的人物细节，可以让学生感受到历史人物炽烈的爱国豪情和爱家深情，"人非草木，孰能无情？"有这样的烈士感召，对于唤起学生爱家人，进而爱他人的情感，将有巨大的帮助。

　　品味卓立人格，提高自我修养。根据教学需求，选择那些卓然出众，绝世独立的先贤哲人事迹，介绍给学生，对于提升学生的自我修养意义巨大。新文化运动发起之后的十多年里，北京大学、清华大学聚集着一大批文化精英。他们用自己的思想、行动引领着那个时代，在学习

---

① ［英］柯林伍德：《历史的观念》，何兆武等译，北京：商务印书馆，2003年，第38页。

新文化运动时，适当介绍这些精英人物的事迹，可以给学生以人格上的示范。比如蔡元培先生，这位被列入"民国四皓"的辛亥元老原为前清翰林，创立光复会，又是同盟会的"大佬"之一，一生不愿做官，而愿投身教育。1916 年他从欧洲回国，拒绝了浙江省省长的职务，却接受了北京大学校长一职。他主张兼容并包，吸纳进步、守旧各派知识精英到北大任教，并在五四运动之后力抗北洋政府，保护学生，从而开创了一个彪炳后世的"新文化"时代。这种不为权、不畏权的独立人格，正是涵养学生精神气质的良好素材。

弘扬家国大义，担当历史使命。家国大义、爱国精神是历史教育的重要价值观念，历来为我们所重视。齐健教授说："读史读到古人当危急存亡之秋，能够激昂慷慨，不论他自己是文人武人，慨然出来，拯民救国，我们的感情，都被他激发激动了，不由得兴奋起来，把这种扶持国家危亡的大任放在自己肩头。"①怀有家国大义的历史人物很多，如古代史上不辱使命的苏武、牢记责任的张骞、尽忠报国的岳飞，以及鸦片战争以来为了救亡图存而前仆后继的众多志士仁人，像"苟利国家生死以，岂以祸福避趋之"的林则徐、"有心杀贼，无力回天，死得其所，快哉快哉"的谭嗣同等。教学中，带领学生品味发生在这些人物身上的荡气回肠的故事，对激发学生的爱国情感，唤起学生的责任担当意识有着重要作用。

体察人间善举，陶冶道德情操。扬善抑恶，激浊扬清是史学的重要功能。唐代刘知几说："盖史之为用也，纪功思过，彰善瘅恶。"②司马光在编纂《资治通鉴》时也提出把"善可为法，恶可为戒"作为史学的目的之一。历史人物的善言善行让历史充满了温度，让我们由衷地生出追慕先贤的愿望。漂母的一饭之恩养活了一位建功立业的将军，更滋养了我们对善良人性的追求；南京大屠杀发生时，一批在南京的西方人士保护了大批手无寸铁的平民，和残暴的日本侵略者形成了鲜明对比。这些在教科书中未能展现，却可以打动我们心灵的人间善举，可以深度

---

① 齐健：《初中历史新课程教学法》，北京：开明出版社，2004 年，第 56 页。
② 刘知几：《史通全译》，姚松、朱恒夫译注，贵阳：贵州人民出版社，1997 年，第 394 页。

陶冶学生向善的道德情操。

当然，这是积极人性从正面对学生的引领，历史上还有很多消极人性是我们的反面教材，从另一个角度引发着我们的反思。历史上，殖民者的掠夺、侵略者的杀戮、统治者的残暴、无义者的背叛、逐利者的失信、卑贱者的苟且，等等，每一个让人唏嘘的故事，都隐含有一个等待历史拷问的人性。在撕开这些人性的阴暗面时，我们获得的是对历史的反省和对未来的镜鉴。

在火遍网络的系列视频《观复嘟嘟》中，著名收藏家马未都先生反复表达一个观点："历史没有真相，只残存一个道理。"历史有没有真相，我们有没有可能获得真相，笔者持保留意见，此处不作探讨，但笔者认同马先生的后半句——历史中留下了值得我们深思的道理，而且不是一个。历史中的道理有两种，一种是"究天人之际，通古今之变"的大道理，另一种则是从人性中折射出的人生哲理。在教学中运用人物故事类细节，走入故事的背后，领略人生的道理，对学生是一种重要的教育滋养。

总而言之，历史教育运用故事细节，在关注人性的时候，正在从人性走向人生，体悟人生，正在带领学生追寻生命的意义。"历史既是我们的故园，也是有待进一步开发的希望之乡。在那儿，我们不仅可以找到慰藉，同时也可以描绘自己的未来。"[①]

三、教学设计：观人物活动，探政治生态——明朝的政治

（一）教学思路

长期以来，在政治制度史的教学中，我们关注最多的是制度沿革，教学设计也多是沿着制度变迁展开，希冀带领学生从制度演进中把握历史脉络，进而明晰历史的走向，甚至发现或总结出历史"发展规律"。在这样的教学架构里，教师立足宏观，娓娓道来，颇有几分纵论古今的

---

① 韩震、孟鸣岐：《历史·理解·意义：历史诠释学》，上海：上海译文出版社，2002年，第153—154页。

味道，但从实际效果看，学生对这种"高端大气"的教学思路却反应平平，甚至很多人一脸茫然。为什么教师的努力和学生的感觉反差如此之大呢？怎样处理才能让学生"买账"呢？

一般而言，观察研究政治制度史有两个视角，一是"制"，二是"人"。从"制"的层面分析历史可以删繁就简，线条清晰，易于宏观把握，课堂教学"筋骨"鲜明但却没有"血肉"，容易导致历史认识的单线条化、片面化。这样的课堂往往让人感到冷冰冰的，缺乏史学韵味和历史温情。学生对那些"空中楼阁"式的结论只能是强制记忆，以后再慢慢消化，最后"消化不良"也是无可奈何。

从"人"的角度观察政治同样重要，但往往被喜欢宏大叙事的我们所忽视。从某种意义上说，缺少对人物和事件的了解，我们就无法知悉制度何以出台，更无法知道制度的执行情况；缺少人物和事件，历史便不成其为历史；缺少人物和事件，中学历史课堂便只会剩下空洞的教条和不知所云的"感悟"。正如钱穆先生所说："一种制度之推行，其最要前提，还在与当时实际人事相和洽。并不能抹杀人事，空立制度。"①

笔者以为，两者结合，以"制"的沿革为主线，以"人"为观察历史的角度，借助人物及其活动展开教学，可以在确保教学线索清晰的基础上，让历史课更加具有历史的场景感和生动感。在"明朝的政治"一课中，笔者援引了大量史学新材料，进行了"观人物活动，探政治生态"的教学尝试，教学围绕人物及其活动展开，从这些活动中看制度变化，看社会面貌，看政治生态。

本课观察的主要内容是明朝三类人的政治生活：皇帝、官员和平民，官员又包括宰相、内阁阁臣、宦官和一般官员四种。选择每种人政治生活中具有典型色彩的细节片段，从中思考明朝政治生活的发展变化。

（二）教学立意

政治是各阶层和个人出于利益冲突和权利让渡而结成的特定社会

---

① 钱穆：《文化与教育》，桂林：广西师范大学出版社，2004年，第113页。

关系。观察政治的运作，既需要关注制度，也离不开对人和事的探究。立足人物活动和世事变迁的视角，诠释皇帝、官员、百姓三个阶层的典型人物和事件，可以透过纵横曲折的历史现象，窥见大明王朝的政治生态——一个皇权空前加强的朝代。

（三）教学过程

【新课导入】

马克思曾经说过："政府当局的存在正是通过它的官员、军队、行政机关、法官表现出来的。如果撇开政府当局这个肉体，它就只不过是一个影子，一个想象，一个虚名。"

——《马克思恩格斯全集》（第六卷）

（**设计意图**：用马克思的话为引子，通过解释政治与人的关系，让学生认识到，政治要由人来运作，观察人物和团体的行为，是解读、考量政治史的重要视角。由此引出本课的探讨任务——通过观察三类人的活动，探究明朝的政治生态，导入新课。）

一、皇帝的政治生活

材料一：洪武十七年（1384年），自九月十四日到二十一日的八天内，内外诸司送到皇宫的奏章共1 160件。这些奏章有讲一件事的，也有讲两三件事的，共计有3 291件事，皇帝平均一天要处理411件事。

——摘编自钱穆《中国历代政治得失》

问题设计：据材料，概括朱元璋的工作特点，为什么会出现这种状况呢？

（**设计意图**：这是一段常见的历史材料，但这一组数字却可以鲜明地反映朱元璋做皇帝时辛苦的工作状况。皇帝尊贵的地位与繁重的工作之间形成了认知的反差，可以激发学生探究原因的兴趣。）

过渡语：面对如此繁重的工作，朱元璋曾作诗自嘲："百僚未起朕先起，百僚已睡朕未睡。不如江南富足翁，日高丈五犹拥被。"为什么九五之尊的皇帝会沦为一种体力活呢？难道没有人帮他吗？他的大臣去哪儿了？下面我们就分几个层次看看明代大臣的政治生活。

二、官员的政治生活之一——宰相

材料二：（胡惟庸）独相数岁，生杀黜陟，或不奏径行，内外诸司上封事必先取阅，害己者，辄匿不以闻。四方躁进之徒及功臣武夫失职者，争走其门，馈遗金帛、名马、玩好不可胜数。

——《明史·胡惟庸传》

材料三："以后子孙做皇帝时，并不许立丞相，臣下敢有奏请设立者，文武群臣即时劾奏，将犯人凌迟，全家处死。"——《皇明祖训》

问题设计： 据材料，分析胡惟庸在朝廷中的地位如何？试猜想此人的结局并给出理由。《皇明祖训》的文字说明明朝中央官制发生了怎样的改变？丞相制度的立与废实质一样吗？归纳中国古代丞相制度的演变及实质？

（**设计意图：** 胡惟庸的故事有助于学生理解朱元璋废丞相的原因，同时呼应前文，废丞相正是导致朱元璋工作繁忙的原因之一，继而引出皇帝需要新助手的历史必然。从文字材料让学生猜想胡惟庸的结局，属于合理推论的范畴。通过回顾旧知，让学生理解丞相制度的废与立，都是为了加强皇权。）

三、官员的政治生活之二——内阁阁臣

材料四：明太祖置殿阁（华盖殿、英华殿、文渊阁、东阁等）大学士，特侍左右，备顾问而已。

明成祖即位，特简解缙、黄淮、杨荣、杨士奇等入阁参预机务，阁臣之预机务自此始。　　　　　——《明史·职官志》

问题设计： 据材料，指出明太祖和明成祖分别设置了哪些官职或机构辅助自己？

（**设计意图：** 明太祖设殿阁大学士、明成祖设内阁是明代政治制度演进中的重要环节，借助材料让学生明了两个官职或机构的设立时间和彼此的关联。）

材料五：解缙，明代著名才子，18岁中解元，19岁中进士。永乐元年明成祖设立内阁，解缙为从五品的翰林院侍读，是内阁七人中官品最高者。解缙等人随侍成祖，"从容献纳"，"朝夕左右"，"勤慎"有加。内

阁并没有固定官署，没有属员。

——据《明史·解缙传》

问题设计：成祖曾对大臣说："天下不可一日无我，我则不可一日少解缙"，很是信任解缙，请据材料指出解缙的职权有哪些？权力很大吗？内阁的地位如何？

［**设计意图**：解缙是明朝历史上的"三大才子"之一，富有传奇色彩，学生对他的机敏多才有所了解，但并不清楚他是明朝的第一位内阁首辅。以他作为内阁成员的第一个典型，能较好地利用学生原有的阅读经验。通过分析解缙的品级（从五品，在内阁中官品最高，说明阁员地位普遍不高），机构设置情况（没有固定官署，没有属员，说明内阁不是国家正规职能部门），工作状况（随侍、献纳、朝夕左右等说明其职责是通过提建议或者商讨的方式协助皇帝，自己没有决策权，但内阁阁员是天子近臣，一定程度上也能够影响皇帝的决策）。这段材料说明的是内阁初设时的情形，材料虽以解缙为主人公，阐释的却是内阁的工作状况。］

材料六：宣宗即位后，内阁只有"三杨"：杨士奇、杨荣、杨溥，宣宗"内柄无大小，悉下大学士杨士奇等参可否"，由杨士奇等"用小票墨书，贴各疏面以进"，这就是票拟批答。

——据韦庆远、柏桦《中国官制史》

问题设计：据材料，指出杨士奇等阁臣在国家政治生活中具有怎样的地位？这时内阁又新增了哪一职权，这是否意味着内阁具有了国家政治的主要决策权？

（**设计意图**：明宣宗朱瞻基时期，内阁获得了一项重要权力——票拟，史家也多以此作为内阁制度完善的标志。材料选用部分原文，降低了阅读难度，又把票拟这一关键问题作了较简要的解释。"内阁三杨"在明代官场鼎鼎有名，尤其是杨士奇，是建文、永乐、洪熙、宣德、正统五朝元老，任内阁阁臣四十余年，首辅二十一年，不仅是明朝政治的肱股，也是内阁制度演变中绕不过去的人物。教师借助材料和问题设计，意在让学生理解，杨士奇等阁臣权力日重，但内阁依然是皇权的附庸，是协助皇帝处理政务的秘书机构，自身并不具有国家政治的主要决策权。）

　　材料七：万历初，张居正为首辅，人称"张相公"，他认为自己"所理者，皇上之事也，所代者，皇上之言也"，"居正请广内阁员，诏即令居正推。居正因推礼部尚书马自强、吏部右侍郎申时行入阁"。

　　　　　　　　　　　　　　　　　　　　——据《明史·顾秉谦传》等

　　问题设计：材料反映了作为内阁首辅的张居正具有怎样的权力？有人说内阁没有实质的权力，是皇帝的秘书机构；有人则认为内阁的权力很大，是宰相制度的复活。综合材料4－7，谈谈你的认识。

　　［**设计意图**：张居正任内阁首辅时，"居正为政……虽万里外，朝下而夕奉行"。（《明史·张居正传》）国家一切大政方针皆出自张居正，其权力之大，远远超过前朝一般的宰相，有人甚至称之为"摄政"。但从制度演变的层面看，张居正权力之大并不是内阁获得了超越前朝宰相的权力，而是由当时的特殊形势、他和万历皇帝的特殊关系以及个人的才智魅力等促成的。这组问题意在让学生意识到，张居正大权独揽是一种特例，而不是常态。但从制度上说，内阁不能统领六部百司，职权范围不明朗，始终不是法定中央一级的行政机构。只能完全遵照皇帝的旨意行事，其实质仍是皇权的附庸。正如明代大学士叶向高所说："我朝阁臣，只备论思顾问之职，原非宰相。中有一二权势稍重者，皆上窃君上之威灵，下侵六曹之职掌。"（《明神宗实录》）

　　内阁制度是本节课的重点知识，本部分提供了四则文字材料，呈现了内阁制度的发展历程，借助解缙（内阁初建时）、杨士奇（内阁定型时）、张居正（内阁权力膨胀时）三位极有代表性的内阁首辅的活动，展现内阁地位和职权演变的简要过程。同时也可以让学生认识到，制度并非固定不变的。最后一个问题的设计有助于深化对内阁的认识——内阁的建立是皇权加强的表现。］

　　过渡语：明朝中枢的政治运作中，除了内阁和六部等机构外，还有没有其他政治势力参与其中呢？有的，明朝还有一个特殊的政治群体——宦官。

四、官员的政治生活之三——宦官

材料八：内阁越来越受制于司礼……由于朝廷有命令下达或内阁奏疏上陈，均得经由宦官，太监是皇帝的喉舌，又最先看到奏章，对各种问题之处理，在皇帝阅览本章时给予影响，甚至根本不经过内阁即下达。而阁臣之近侍君王，则远远不如太监。

——杜婉言《论明代内阁制度的特点》

材料九：居正固有才，其所以得委任，专国柄者，由（司礼监太监冯）保为之左右也。

——《明史·冯保传》

材料十：阉宦之祸，历汉、唐、宋而相寻无已，然未若有明之为烈也。汉、唐、宋有干与朝政之阉宦，无奉行阉宦之朝政。

——黄宗羲《明夷待访录》

问题设计：据材料八、材料九，分析在明朝中后期的政治运作中，太监是怎样影响内阁辅政的？具有怎样的地位？他们获取政治地位依靠的有利条件是什么？这说明的实质问题是什么？如何理解黄宗羲的评价？

（**设计意图**：宦官专权是明朝中后期政治的突出特点，和全国课标版教材不同，上海使用的华东师大版专列一目进行阐释，让学生对明朝政治的认识更加完整。此处提供的三则材料言简意赅，既有史实叙述，又有宏观的诠释和评价，意在让学生在较短的时间内对这一特点有较深入的认识。太监作为皇帝近侍，接触国家机要，在程序上参与政治运作，逐渐攫取权力，不仅制约着内阁，甚至还代皇帝"批红"，专擅国柄。教学中，也要让学生认识到，宦官专权是寄生于皇权之上的，其实质是皇权的体现。）

过渡语：明朝初年，朱元璋处心积虑加强皇权，为防止官员专权，废除了丞相，为防止宦官作乱，还曾经下达过"内官不许干政"的禁令，但历史的发展往往出乎制度设计者的预料，到明朝中后期甚至出现了皇帝几十年不问政事和长期宦官专权的局面，可谓"种瓜得豆"。历史的复杂性真是一言难尽。前面我们了解了宰相、内阁成员和宦官的情况,其他官员的政治状况是怎样的呢?

五、官员的政治生活之四——一般官员

材料十一:(宋)濂性诚谨,官内庭久,未尝许人过。……尝与客饮,帝密使人侦视。翼日,问濂昨饮酒否,坐客为谁,馔何物。濂具以实对。笑曰:"诚然,卿不朕欺。"

——《明史·宋濂传》

材料十二:临安钱宰,会选《孟子节文》,暇日微吟曰:"四鼓冬冬起着衣,午门朝见尚嫌迟,何时得遂田园乐,睡到人间饭熟时。"察者以闻。明日,文华燕毕,进诸儒而谕之曰:"昨日好诗,然曷尝嫌汝?何不用'忧'字?"宰等悚愧谢罪,未几皆遣还。

——叶盛《水东日记》

问题设计:两则小故事反映明朝官员的日常生活具有怎样的特点? 阅读教材相关内容并结合 PPT 上的电影电视海报(《龙门飞甲》《锦衣卫》等),列举明朝为加强统治设置了哪些厂卫机构? 有何影响?

(设计意图:故事是历史学科唤起学生兴趣的重要法宝,讲述两则小故事,可以让有些疲惫的学生精神为之一振。"特务统治"内容不多,结合教材理清基础知识即可。)

六、百姓的政治生活

材料十三:常熟县县吏顾英曾多次迫害百姓。乡民陈寿六和弟弟、外甥三人抓住了顾英,带了一本朱元璋颁布的《大诰》进京告御状。朱元璋嘉奖三人银二十两,衣服各二件,免去三年的各种差役。又让都察院将陈寿六的行为告示天下,并警告官吏再有滋事害民的,灭族。

——据《大诰续编》

问题设计:据材料,指出明初百姓具有怎样的权利? 朱元璋给予百姓这种权利的目的是什么?

(设计意图:皇帝鼓励民告官的事件,在中国古代是一种极为少见的行为,也主要出现在朱元璋统治时期。采用本段材料主要想让学生形成一种认知:朱元璋发动百姓监督官员,还是为了巩固统治和加强皇权。)

【课堂小结】

（PPT 动画显示）

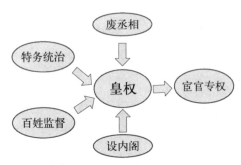

图 4-1　PPT 动画显示

教师总结："人事有代谢，往来成古今。"人物和事件是历史的基本元素，也是后人认识历史、诠释历史的重要依托，更是观察了解一个时代政治面貌的有效手段，因为政治总是由人来运作的。从本课的人物活动分析中，我们能够看出，大明王朝整个国家权力结构的本源出自皇权，司礼监、内阁、厂卫等都是皇权不同形式的延伸和扩张，可以说，明朝是一个皇权空前强化的朝代。

第二节　读数求通：数据史料的教学运用

一、数据史料的正误鉴别

史料教学是当前历史课堂的常态。中外史料多彩多姿，给我们提供了极其丰富的教学资源，但正如何炳松先生所说"史料之中，所在多伪""当今可信史料，寥若晨星"①，运用史料之前，对史料的真伪正误进行必要的鉴别，既是历史教师求真求实精神的体现，更是历史教学科学性的前提，是教学工作中不可或缺的一环。"正是对史料的整理和辨析工作，

---

① 何炳松：《通史新义·历史研究法》，长春：时代文艺出版社，2009 年，第 181—182 页。

或者说史料考证工作，才形成了历史学不同于其他学科的一种专门技艺。"①修订版课标将史料实证作为学科核心素养之一，更是大大增强了中学历史课程的学术色彩，也对史料鉴别提出了更高的要求。那么，如何开展教学运用前的鉴别工作呢？本文试以数据史料为例略作说明。

　　数据史料在历史学中有着广泛的"分布"，也一直是教学和命题的常用素材。自 2013 年陈志武等人在清华大学举办每年一届的量化历史讲习班以来，借助数据史料研究历史成为历史学界的热门话题，也给中学历史教学的数据史料运用提供了更丰富的资源和更加广阔的前景。数据史料能够将历史事物量化，让历史的呈现更加精准精确，更显严谨，也更具说服力。但一利亦有一弊，由于资源有限和中学教师普遍缺少深入的历史研究，加之数据史料披有"精确性外衣"，各种讹误较为隐蔽，史料的鉴别工作极容易被忽略。

（一）考史源：谨防史料来源"先天不足"

　　大部分的数据是时人或者后人出于某种需要而进行的整理或统计，由于时代局限、技术落后、资料散佚乃至于主观故意，许多数据史料并不能反映历史的全貌，有些甚至严重偏离历史真实，若要在教学中加以运用，更需要我们审慎地从史料形成的源头上考证其科学性，谨防史料来源"先天不足"的情况。

　　中国古代虽有浩繁的典籍，但其中的许多数据可信度不高。四川师范大学的张邦炜先生曾就北宋的耕地面积、亩产量等做过详细的计算，成果发表后被许多知名学者广泛转载使用，影响颇大。但后来张邦炜发现，自己所依据的《宋史·食货志》等原始数据并不可信，在其基础上得出的计算结果并不能成立，于是在 2008 年出版专著《两宋史散论》时，就干脆把所有自己据此研究得出的数据统统删掉②。对于中国古代史

---

① 徐蓝、朱汉国主编：《普通高中历史课程标准（2017 年版）解读》，北京：高等教育出版社，2018 年，第 58 页。

② 张邦炜：《历史学如何算起来？——从北宋耕地面积、粮食亩产量等数字说起》，《唐宋历史评论》，北京：社会科学文献出版社，2017 年。

上的数据混乱和不全的情况，王家范先生曾说过这样的话："非常遗憾的是，历史文献并没有给史家提供这种数量统计最起码的条件——例如虽有偏差极大的全国垦田数，却没有全国农业总产量的数据；有严重隐漏的全国人口数，却没有全国农业人口的统计数据。"中国古代计量史学"几乎不可能"，勉为其难，也只有"各种象征性的或示意性的统计"①。

除各种客观原因造成的数据史料失真以外，主观原因造成的数据错误也是比比皆是。比如"大跃进"等特殊时期经济数据的离谱，则是尽人皆知。由于中学生没有足够的鉴别能力，教学中一旦运用这类史料，危害远大于历史研究。因此，中学历史教学和命题必须谨慎选用数据史料。

2005年上海卷第23题就是一个数据来源"先天不足"的典型。试题用图表的形式给出了清代丁税征收的变化，让学生选出四个选项中表述正确的一个。（如图4-2所示，题干和选项略）

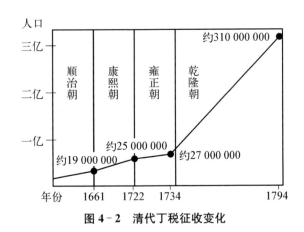

图 4-2　清代丁税征收变化

本题的数据史料运用至少有两处错误，一是丁口混淆。竖轴标出的是人口，但实际上所给的数据则是人丁数。这在当年已有教师撰文指出②。二是图示人丁数及与之关联的人口数是学术界早已提出质疑并基本否定的说法。古代的人丁和人口数，由于统计手段的落后，赋税

———————

① 王家范：《中国历史通论》，上海：华东师范大学出版社，2000年，第158—159页。
② 陶圣建：《我国古代的人口和人丁问题》，《中学历史教学》，2005年第12期。

制度的影响,各种瞒报漏报等,存在很大的统计偏差。比如,据明朝官方的统计数字,人口长期徘徊在 6 000 万左右,而今天史学界普遍认为,明朝人口超过 1 亿,有专家甚至估计超过 2 亿[①]。清朝初年的人口也至少有 1 亿,康熙三十九年(1700 年)约有 1.5 亿,乾隆末年则达到 3 亿多[②]。图 4 - 2 中所给出的清初人口数仅 2 000 万左右,显然与事实相去甚远。试想,从 1734 年的 2 000 多万增长到 1794 年的 3 亿多,增长率岂不高得离谱?

(二) 明史变: 谨防单位换算"以今律古"

时代在演进,度量衡制度也会发生变化,后人认识历史上的数量时必须充分考虑古今度量衡的不同。忽视度量衡差异而造成的结论严重错误在历史研究中所在多有,王家范先生在《中国历史通论》的"农业产出、亩产量及其他"部分就专门分析了因忽视度量衡制度的历代不同而造成研究结论严重偏差的情况[③]。因此,严谨的历史学家总是很重视度量衡的换算,黄仁宇在著《十六世纪明代中国之财政与税收》时,专门把度量衡的界定列在开篇[④],中国农史研究丛书的《中国历代粮食亩产研究》首章就是"先从度量衡亩的有关问题谈起"[⑤]。在中学历史教学中,由于一些教师忽视了度量衡单位的古今差别,"以今律古",造成了明显错误,试举一例。

一位教师在讲解"1866 年,方举赞投资 200 元,在上海虹口创办了发昌机器厂"时,为使学生直观认识这 200 元的价值,对币值进行了古今换算:"鸦片战争后清朝的银圆 1 元为 0.72 两白银,同时古制一斤等于 16 两,一两就是 31.25 克,按照今天的一克白银 5 元计算可得: 1866 年的 200 元就是现在的 22 500 元人民币。"

① 葛剑雄、曹树基:《对明代人口总数的新估计》,《中国史研究》,1995 年第 1 期。
② 赵文林、谢淑君:《中国人口史》,北京: 人民出版社,1988 年。
③ 王家范:《中国历史通论》,上海: 华东师范大学出版社,2000 年,第 159 页。
④ 黄仁宇:《十六世纪明代中国之财政与税收》,阿风等译,北京: 生活·读书·新知三联书店,2001 年,第 2 页。
⑤ 吴慧:《中国历代粮食亩产研究》,北京: 农业出版社,1985 年,第 1 页。

　　将历史上的数量换算成今天通用的计量单位，链接学生的生活实际，直观性、现实感都很强，对学生理解历史大有裨益，是一种很好的教学创意。但此处的换算有着简单化的倾向，且不说 100 多年来的物价上涨因素必然会影响货币价值的变化，仅是计量单位的换算就存在明显的问题。清代的一块银圆重 0.72 两，即七钱二分银子是不错的，一斤等于 16 两也是对的，但清代的一斤是今天的 500 克吗？一两等于 31.25 克吗？

　　从先秦时期，我国就有了斤、两等重量单位，历代均使用，但换算成今天的"克"，则不同时代之间差距悬殊，最多时约合 670 克左右（唐朝），最少时约合 220 克左右（魏晋）[1]，无法一概而论。清代的度量衡制度称之为营造库平制。以纵黍百粒之长为长度的基准，称营造尺，以一立方寸金属（黄铜）作为重量的基准，叫库平。对于清代一库平两折合今天的多少克的问题，学术界已有共识。据度量衡史研究专家对清代多件权衡器的测量折算，测得清代的一库平斤在 594.4—596.8 克之间。到清光绪二十九年（1903 年）划一度量衡时，改从西方各国之制，以营造尺一立方寸纯水在摄氏 4 度时的重量定为库平两的基准，后来还请巴黎万国权度公局代为制造铂铱合金"两"原器和镍钢合金"两"副原器各一个，今藏中国计量科学研究院，这就为我们实测清代一库平两的实际克数提供了第一手资料。经实地测量，清代"两"原器重 37.3 克，折合一斤等于 596.8 克[2]，上例中的 31.25 克显然是错误的。

　　除"斤""两"等重量单位之外，"尺""寸""里"等长度单位、"升""斗"等容量单位和"亩"等面积单位的古今差异也是非常大的，教学中使用时一定要弄清古今的换算关系，以免出现不必要的错误。

（三）慎史述：谨防数据转引"鲁鱼亥豕"

　　和一般史料不同，数据史料在转引时极易出错，且错误不易被发现。而数据上的细微错误（如小数点的位置）都足以谬之千里。这就要

---

[1]　丘光明、邱隆、杨平：《中国科学技术史（度量衡卷）》，北京：科学出版社，2001 年，第 447 页。

[2]　丘光明、邱隆、杨平：《中国科学技术史（度量衡卷）》，第 447 页。

求我们在转引数据时要仔细再仔细,尽量避免"鲁鱼亥豕"之误。笔者去年曾开设了一节公开课"明朝的政治",教学中引用了大家耳熟能详的一段史料:"洪武十七年九月十四日到二十日,送到皇宫的奏章共1 160件,涉及3 291件事情。"这一材料最早进入中学教学领域应该是2005年高考上海卷第29题,当时试卷并没有给出出处,笔者备这节课时,在钱穆的《中国历代政治得失》一书中找到了相同的表述①,当时还有些小得意,以为找到了试题材料的出处。但在该教学设计发表后,笔者发现,自己竟然是在以讹传讹,原始材料根本就不是如此。该记载最早出自《明太祖实录》:"己未,给事中张文辅言:'自九月十四日至二十一日八日之间,内外诸司奏劄凡一千六百六十计三千三百九十一事。'"②其后在多次转引中,这两个数字逐渐出现了新的"版本"。为便于说明,笔者结合自己的阅读及推测,列出了一个从《明太祖实录》,到《春明梦余录》③《天府广记》④,再到《中国历代政治得失》等文献文章中这两个数字的变化,以展示其中的讹误现象(如表4-1所示)。

表 4-1

《明太祖实录》(成书于永乐十六年,即1418年)	1 660件文书,涉及3 391件事
孙承泽《春明梦余录》《天府广记》(明末清初)	1 660件文书,涉及3 291件事
钱穆《中国历代政治得失》(20世纪)	1 160件文书,涉及3 291件事
上海高考试题材料(2005年) 笔者的《观人物活动,探政治生态》(2017年)	1 160件文书,涉及3 291件事 (平均每天处理411件事)

《明太祖实录》中的两个数字是1 660和3 391,到了孙承泽那里抄误了一个,变成了1 660和3 291,到钱穆先生那则两个都错了,变成了1 160和3 291,上海卷命题人想必是和笔者一样转引自钱穆著作,结果这组数字就持续错了下去。实际转引过程未必如笔者所述的如此简单

---

① 钱穆:《中国历代政治得失》,北京:生活·读书·新知三联书店,2001年,第96页。
② 董伦等:《明太祖实录(卷一百六十五)》,北京:中华书局,1985年。
③ 孙承泽:《春明梦余录》,北京:北京古籍出版社,1992年,第389页。
④ 孙承泽:《天府广记》,北京:北京古籍出版社,1982年,第119页。

直接,可能还有其他中间人手,但数据经过转引后变得面目全非。数据转引错误有着易发性、隐蔽性特点,引用数据史料务必慎重。

从上文论及的三个方面出发,推而广之,笔者认为,数据史料的甄别辨析有三种基本的方法：本辨法、他辨法、理辨法。本辨法是对相同来源(如同一著作)、相同内涵(如同一时期的同一事物)的相异数据进行甄别辨析,借助更加原始的记载还原真实；他辨法是借助不同来源(如不同著作对相同事物的记述)、不同内涵但有关联的记载(如借助相接近年份的数据)史料进行比对,辨正；理辨法是指借助常情常理和逻辑推理进行甄别辨析。

二、数据运用的教学路径

数据类史料和计量史学方法"能从统计意义上进行严谨逻辑推论",能够带领学者走出"过于定性,停留在史料整理和描述性层面"[①]的状况,让历史研究更加开阔。在历史叙述中,数据史料则因精确、具体而具有更强的说服力。而在历史教学中,运用数据史料不仅能在一定程度上综合这两方面的优势,还可以引导学生由表及里地剖析历史发展脉络,从更深的层次理解历史的关联和演变。

作为一类史料、一种资源,数据史料的教学运用可以归纳出这样一条较为清晰的路径：搜集—甄辨—提炼—造境—实施。搜集是数据史料运用的基础性步骤,也就是根据要探讨的主题,通过阅读、统计、转换、整理等资源开发方式获取相关的数据史料；甄辨是指对所获取的数据史料进行科学性分析,正误辨伪,探寻数据史料从哪里来——是当时留下来的档案,还是后来人的整理统计等,以求去伪存真；提炼是指准确解读数据史料的蕴含信息,尤其是其中的关键信息、史学思想和价值取向；造境是指以培育学科核心素养作为教学目标,通过多元呈现和问题设计等手段创设教学情境；实施是指运用数据史料创设的教学情境

[①]　陈志武、龙登高、马德斌主编：《量化历史研究》,杭州：浙江大学出版社,2014年,序言。

开展课堂教学。为便于说明，试举一例。

2018 年 11 月 29 日，在上海市教研室举办的"分享·共进"教研活动中，刘晓兵老师执教了《新式教育的发端》一课①。为了说明京师同文馆的规模大小，教师课前搜集到了三则关于"同文馆在读学生数量"的材料，原文如下：

材料一：同文馆的学生并不多，1862 年入学的仅 10 人，后增至 30 人；1867 年扩大为 57 人；1879 年发展到 100 人；1888 年增加到 125 人；直到 1901 年并入京师大学堂，同文馆学生一直维持这个数目。

——李喜所《中国最早的外国语学校——同文馆》②

材料二：1879 年该馆（同文馆）注册的在读学生计 163 人，其中 38 人专攻英语，25 人专攻法语……

——徐中约《中国近代史：1600—2000 中国的奋斗》③

材料三：1869 年（同文馆）学生四十余名，仍以旗人为多；1871 年，学生增至五百余，不限旗籍。

——郭廷以《近代中国史纲》④

不难看出，三者材料说的都是同时期京师同文馆的在校学生数，但彼此差异很大，用不用？ 如何用？ 为了保证数据史料的科学性，使用的前提是甄辨这些数据的真伪正误。甄辨的主要途径则是查阅更多的书籍资料。经过阅读齐如山、张德彝等同文馆学生的回忆文字，教师基本认定李喜所的叙述更接近历史真实。于是，教学中，教师对李喜所的文字进行了图表化处理（如图 4 - 3 所示），并据此指导学生解读本图，认识同文馆的规模和发展状况，并思考同文馆学生数量少、发展缓慢的社会原因。

---

① 刘晓兵、苗颖：《数据的表与里，教育的旧与新——〈新式教育的发端〉教学设计》，《历史教学》（中学版），2019 年第 4 期。
② 李喜所：《中国最早的外国语学校——同文馆》，《档案与社会》，2002 年第 2 期。
③ 徐中约：《中国近代史：1600—2000 中国的奋斗》，北京：世纪图书出版公司，2008 年，第 214 页。
④ 郭廷以：《近代中国史纲》，上海：格致出版社，2009 年，第 142 页。

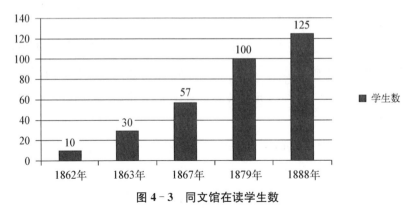

图 4-3　同文馆在读学生数

——据李喜所《中国最早的外国语学校——同文馆》整理

　　到此，以数据史料说明同文馆规模的运用过程似乎已经完成，但总有些意犹未尽。于是，在这部分教学内容基本完成后，教师又围绕着"同文馆到底有多少学生？"，设计了四个层层递进的问题，建构了一个指向史料实证素养的探究活动：

　　(1) 三位史学家关于同文馆在读学生数量的记述有何不同？

　　(2) 你判断这可能是由哪些原因造成的？

　　(3) 要想获取更加可靠的学生数量，你有什么办法？

　　(4) 这种现象对你有何启示？

　　这里，教师利用三则数据材料的分歧，创设了一个真实的学术问题情境。徐中约、郭廷以、李喜所都是历史学界的"大咖"，三组数字却差异明显——1870 年代同文馆的在读学生数，李喜所说是最多 100 人（有前后各年份系列数字辅证），徐中约说有 163 人（有详细的分科数目），郭廷以则说达到 500 余人。这样的情形显然让高中生大感诧异：历史学家的观点不同倒还罢了，怎么在史实的记述上竟然有这么大的分歧？这种冲突性的教学情境让学生的好奇心被充分激发，探究的欲望也就变得强烈了。此处的四个问题分别指向表象、原因、方法和启示，有着不同的思维方式和思维深度，作答要求多样化且层次鲜明，目的是引导学生注重多种材料的比勘，尽可能地到源头上去寻找更加可靠的原始证据材料，比如档案、实物等。此处同文馆的学生数，就可以去查找《同文馆题名录》的记载。这一环节设计的基本立场是，在多种材料互相矛盾的时候,教师的教学并不是要学生判断哪一历史学家的数据或者观点正确,而是要以实证意识和科学精神为价值诉求,以历史研究的基本方法和思想为内容展开教学。"尽信书不如无书",和获取明确结论相比,独立思考才更加重要。

在引导学生解读数据史料,探索历史问题的时候,有三个问题值得关注:

一是解读史料重点在于关注"五点一趋势"。所谓"五点",即数据图表中的起点、终点、最高点、最低点和转折点;"一趋势"是指数据演变的总体变化趋势。其中,转折点和总体趋势中往往隐藏有重要的历史变化信息,最值得深入探究。

二是要从发展中看数据。首先,单个数据是没有意义的,只有从关联的数据比较中我们才能够看出历史事物的发展变化,才能够由表及里地探究数据背后的因果逻辑和时代变迁。其次,为了展现数据之间的比较,最好使用数据串的方式,教师对数据史料的呈现方式可以多样化,比如表格、柱状、饼状、折线,甚至复杂点的雷达图、散点图等,其选择呈现方式的出发点就是要更好地实现数据比较。数据比较主要是两个维度,横向看差异,纵向看发展变化。横向是指不同主体的相同指标的比较,如同一时期不同国家的工业生产指标对比;纵向是相同主体相同指标在不同时间点上的对比,如中国人口的增长等。再次,数据解读必须结合时代,数据的变化是外显的,但造成其变化的原因却是内隐的,数据解读既要知其然(数据是如何变的),又要知其所以然(数据为什么会变)。

三是要从数据解读走向背后的历史变迁。"任何历史事物都是在特定的、具体的时间和空间条件下发生的,只有在特定的时空框架中,才可能对史事有准确的理解"[①],运用数据史料时必须引导学生关联时间、空间等特定因素,以实现由表及里、由现象到本质的阐释和评判。

---

① 中华人民共和国教育部:《普通高中历史课程标准》(2017年版),第5页。

三、数据推论的逻辑纠谬

　　合理的材料解读是培育学生史学素养，形成思维逻辑性的重要环节。当前历史教学和命题中对数据史料的解读主要存在两个问题，一是因套用结论而出现的张冠李戴。2013年高考江苏卷第8题就是此类典型。

　　表4-2从一个方面反映了中国民族工业的发展状况。造成这种状况的主要原因是（　　）。

表4-2　中国轮船统计

年份	船只	吨位	其中千吨以上轮船	
			船只	吨位
1928	1 352	290 791	117	213 482
1930	2 792	415 447	138	247 969
1932	3 456	577 257	178	342 211
1935	3 895	675 173	208	461 812

　　A. 全面抗战运输物资的需要

　　B. 帝国主义放松对华经济侵略

　　C. "国民经济建设运动"的促进

　　D.《中美友好通商航海条约》的签订

　　该题给出了1928—1935年间中国民族工业发展的数据，让学生结合所学知识分析其原因，并从四个选项中找出正确的。试题给出的正答项是C项"国民经济建设运动的促进"。而事实上，国民经济建设运动开始于1935年，1928—1935年间的民族工业发展情况自然与这一运动无关。

　　另一个也可以说是更普遍的问题是对数据史料的过度解读。如前所述，数据史料是对历史事物的精确描述，但多数情况下精确是有条件的，数据大多反映一个地区、一个时段的历史存在。对其解读时可以以小见大，但却不能以偏概全。而如果推而广之到更为广阔的时空中，或者在此基础上推演出一个普遍的结论，就极容易犯有"七分证据偏说八分话"的错误。试举一例。

　　在《中外历史纲要》（上）第15课的教学中，授课教师设计了一个深度探究："康乾盛世真的存在吗？"教学逻辑是这样的：利用表格展示了当时松江农民的生产生活数据(如表4-3所示)，通过师生的共同计算可以得出，康乾时期经济最好的松江地区农民生活仅能自给，基本没有结余，可知全国大部分地区的农民应该是入不敷出的。说明康乾时期并非美好的盛世，而是充满凄凉的"衰世"。这一设计很有创意，但在数据解读上却存在违背逻辑的硬伤。

表4-3 乾隆十三年松江府普通农户1年的经济收入与支出

(5亩粮田+5亩棉田，时年米价约为875文/石，布270文/匹，银钱比例为1∶700)

类　别	项　　目	一　年	折银(两)
收入	粮食	15石	19
	棉纺织	80匹	31
支出	农业成本与赋税	10石	12.5
	口粮	18石	22.5
	副食		7
	用衣		3
	住房		1.6
	燃料		3

——整理自方行《清代江南农民的消费》《清代农民经济扩大再生产的形式》

这里，首先是出现了前文所述数据史料的"先天不足"问题。阅读方行先生的原文，我们不难发现，方行统计出这些数据并不是为了比较农民的收入和支出，而是为了说明各种消费的占比和扩大再生产的经济投入情况。为了方便计算，他把所有的日常用度都折算成了银钱，但这恰恰忽略了中国古代农民的基本生活特征——自给自足。正如他原文中所说："我们前面所作的农民生活消费计算，是为了农民结构价值表现的需要。实际上农民的许多消费是可以自给，甚至部分生产资料也可以自给，是不必有这样多货币支出的""多数农民，其口粮是全部自给的""农民的菜蔬自给率都是很高的""苏松地区的棉纺织户，衣被应全部自给"①。由此可见，表中各项开支均估计过高，连作者自己也觉得很难成立。

　　更为重要的是，假设所引数据可靠，师生在课堂上的计算也能够成立，是否足以否定康乾盛世呢？按照三段论，这需要一个前提条件——盛世里的农民（普通百姓）每年的收入要大于支出，有一定的盈余。在这一前提下，通过师生的计算，发现康乾时期的农民没有达到这一盈余标准，从而得出不是盛世的结论。遗憾的是，学术界并没有这样的清晰标准可以参照。"盛世"是中国传统史学话语体系中的特有词汇，史家将一个时代称之为盛世，主要是通过对比前后的历史时期而得出的结论。虽然从横向来看，康乾时期中国的政治制度、经济（当时的经济生产总量仍高于西方，但是生产技术却相对落后了）、文化科技已经落后于西方，是一种传统社会晚期的"落日的辉煌"②。但从纵向看，康乾时期（起于康熙二十年，1681 年平"三藩之乱"，止于嘉庆元年，1796 年川陕楚白莲教起义爆发，持续时间约 115 年）是清朝统治的最高峰，"中华民族经过秦汉以来两千多年的发展，至康乾盛世，其经济取得了有史以来的最高水平"③，这是中西方史学界都认可的观点。但需要厘清的是，盛世下的普通农民并非我们想象的那般富裕，能够达到温饱，不受冻饿就已是数千年农业社会中的"美好时代"了，要知道，"身处传统经济结构中的农民，祖祖辈辈、年年月月在贫困中挣扎"④，吃饱穿暖是一生的最大追求。我们津津乐道的贞观之治、开元盛世，农民的收入也仅仅能够维持生活。韩国磐先生曾给天宝年间的农民算了一笔账。有一个主要劳动力的五口之家农户，有田约 35 亩，按当时通常产量，每亩年收 1 石，则 35 石粮食将是一个普通农民全家一年的收入，这其中包括全家人一年的最低口粮为 27 石，5 石用于交租佣调，约 1 石 4 斗交纳户税、地税，所剩 1 石 6 斗则是全家一年的衣物用度和生产开支，即使

① 方行：《清代江南农民的消费》，《中国经济史研究》，1996 年第 3 期。
② 徐伟新、刘德福：《落日的辉煌——17、18 世纪全球变局中的康乾盛世》，北京：人民出版社，2016 年，第 4 页。
③ 徐伟新、刘德福：《落日的辉煌——17、18 世纪全球变局中的康乾盛世》，第 4 页。
④ 蒋海升：《资政通鉴：中国历代农民问题》，济南：泰山出版社，2009 年，第 120 页。

按最低要求,单衣每人年需一套,冬衣三年一套,不戴头巾,不穿鞋子,还入不敷出 238 文,这还没算上炊具、具等必需的费用①。这样看来,康乾时期松江农户的生活水平应该远高于天宝时期的农户。对于这一认识,方行先生也承认:"清代,江南地区的农业生产和商品经济均有较大发展。粮食平均亩产量提高,多熟复种制度进一步普及,种棉织布、养蚕更得到推广。经济繁荣,市场活跃,农民的生活水平也有提高。"②由此,我们可以说,教师带领学生解读数据史料可以得出"康乾时期农民生活水平较低或者远低于今天"的结论,但由于没有和其他时期比较,是无法否定康乾盛世的,更不能得出所谓的"衰世凄凉"的结论。

近些年,有"统计学世界第一畅销书"之誉的《统计数字会撒谎》③一书在全球产生了广泛的影响。它告诉我们,科学的统计分析让一切假象原形毕露,但有缺陷的统计数据和未遵循逻辑的解读不仅不能揭示真实,还可能成为假象的帮凶。在数据史料运用中,以追求真实开始,却以背离实证结束的现象并不少见。使用数据史料时,只有做到科学遴选,谨慎转述,正确换算,合理推论,才能进一步彰显史料实证素养的学理意义。

四、教学设计：民以食为天——从粮食产量看新中国农业变迁

根据 2017 年版课程标准的理念,高中教学要以学科核心素养作为教学目标,以真实的问题情境作为教学的载体,以深度学习为教学方式,以问题解决作为检验教学成效的切入点。新中国农业发展史是一个基本的学习专题,七十多年的农业变迁内容细碎,很难串联在一起。如何选择新的教学视角,运用新的教学资源,搭建适恰的教学"脚手

---

① 韩国磐:《唐天宝时农民生活之一瞥》,《厦门大学学报(哲学社会科学版)》,1963 年第 4 期。
② 方行:《清代江南农民的消费》,《中国经济史研究》,1996 年第 3 期。
③ [美]达莱尔·哈夫:《统计数字会撒谎》,廖颖林译,北京:中国城市出版社,2009 年。

架"，避免对基本知识"烫剩饭"，是这一专题教学的基本着眼点。笔者以布朗难题为基本话题，以粮食产量的增长变化为线索，设计了一堂课的教学。

（一）教学立意

以布朗难题为线索，探讨农业发展史。七十多年的共和国历史，农业和粮食生产经历了沧桑巨变。其间有着让人心酸的曲折和磨难，更有着催人奋进的辉煌和惊喜。梳理历史经验，直面现实问题，在保障粮食安全的道路上，我们任务艰巨而又满怀信心。

（二）教学目标

温习土地改革、大跃进、家庭联产承包责任制等基本史实和基本结论。

明晰新中国历史分期及粮食生产的起伏变化，能够结合相应的时代背景，理解重大的历史变迁并对变迁做出合理的解释与客观的评判。

辨析媒体报道、统计数据、当事者记述、照片等史料类型的可信度和作者意图，增强实证意识。

借助历史经验教训思考布朗难题，树立道路自信、制度自信，体悟历史学鉴往知来的学科价值。

（三）重点难点

重点：以粮食生产为线索的农业变迁历程

难点：史料的可信度与作者意图辨析

（四）教学过程

【导入新课】

同学们，你认识这个外国人吗？他就是美国世界观察研究所所长布朗。1994 年，布朗发表了震惊世界的《谁来养活中国?》一文。他认为，伴随中国经济的高速增长，粮食需求增加与供给恶化的矛盾将日益尖锐,21世纪中国必将出现巨额粮食短缺。25年过去了,中国的粮食供给是否出现了危机呢?新中国成立的七十多年里,中国在粮食生产这一国计民生的头等大事上呈现出怎样的状况呢?在粮食生产的背后,中国的农业发展走过了一条怎样的道路呢?今天,就让我们从粮食生产与供给的视角,透视新中国的农业变迁史。

(**设计意图**:现实是历史的延续。从现实问题回溯历史,从历史变迁中汲取解决现实问题的智慧,用过去照亮未来,是历史学的核心价值。布朗的《谁来养活中国?》曾引起了中国政府和经济学界的强烈反响和高度重视。以布朗和"布朗难题"这一曾有较大争议的话题导入,唤起学生的求知和探究意愿,立起一个连接过去和现在的支点。)

介绍2017年粮食产量和进出口情况,呈现新中国成立以来粮食产量的增长示意图(如图4-4所示)。

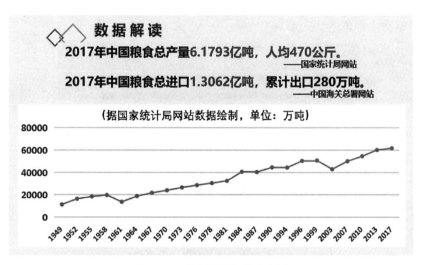

图4-4　新中国历年粮食产量

(**设计意图**:以当下的粮食生产与进出口情况回溯历史;以折线图呈现我国粮食产量变化,初步感知共和国农业变迁。)

教师带领学生简要回顾共和国史的分期。阅读比较有关1952年粮食产量的两张简表(如表4-4、表4-5所示)。分析新中国初期粮食增产表,联系所学知识,分析原因。

材料一：

表4-4　新中国初期粮食增产表

1949年产量	1952年产量	比1949年增加
1.1亿吨	1.639亿吨	49%

问题：表格要说明的核心问题是什么？能否说明1952年"粮食生产创造历史新高"？

材料二：

表4-5　粮食产量比较表

1949年产量	1936年产量（1949年前最高）	1952年产量	比1949年增加	比历史最高增加
1.1亿吨	1.50亿吨	1.639亿吨	49%	9.3%

问题：材料二比起材料一增加了什么信息，此表能否说明1952年"粮食生产创造历史新高"？

材料三：

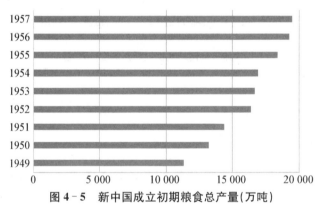

图4-5　新中国成立初期粮食总产量(万吨)

问题：哪些历史变革或重大事件助推了新中国成立初期粮食产量的持续增长？

（**设计意图：**借助分期宏观把握共和国历史。通过对比，引导学生恰当合理地提取图表信息；两则数据图表的对比，训练学生论从史出，一分证据说一分话的意识和严谨的史论推演能力。在培养学生阅读数据图表能力的同时，温习所学知识。）

材料四：

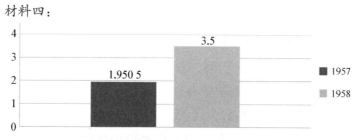

图 4-6　1958 年国家宣布的粮食产量与 1957 年比较表　（单位：亿吨）

教师讲述：1958 年年底，国家发布全年粮食的生产情况，总产量比上一年有了大幅增加。根据所学知识，请你判断这一数据是否符合当时的实际生产情况？说说你的依据。

（**设计意图**：1958 年当年统计的粮食产量是在大跃进形势下统计的，严重失真。利用这一数据带领学生回忆所学知识，并利用相关知识和情理做出判断分析，意在提升学生去伪存真的史料实证素养。）

展示报纸报道、当事者言论、现场照片、数据图表等多种材料，开展史料辨析。通过师生对话，让学生认识到，社会环境、作者意图对史料的真实性造成影响。

材料五：1979 年 11 月，小岗村当年粮食总产量 6.6 万多公斤，相当于 1966—1970 年五年的产量总和。

——郑有贵《中华人民共和国经济史》

（**设计意图**：小岗村是改革开放的第一村，其土地承包前后的巨大变化展现了家庭联产承包责任制的巨大作用。以此为抓手，有助于学生深入理解制度变革的意义，并能有效呼应新授课所学。另外，点出小岗村，师生共同回忆家庭联产承包责任制的起点、内容、所有制的变化和意义。）

材料六：

表 4-6　1978 年、1984 年农村部分统计数据

	粮食总产	增　幅	农民收入	增　幅
1978 年	3.05 亿吨		133.6 元	
1984 年	4.07 亿吨	33.4％	355.3 元	166％

——据国家统计局网站

材料七：据估计，1978—1984 年农业总要素生产率提高的 3/4 要归因于家庭联产承包责任制。

——程保平《论中国农户行为的演化及校正思路》

材料八：它与 1949 年以后农业生产中的多次制度变迁不同的是：没有采取群众运动的形式，没有思想批判和政治压力，没有规定进度和指标，而是中央顺从民意……是中国现代经济史中最成功的制度变迁之一。

——萧国亮等《中华人民共和国经济史》

问题：根据材料归纳家庭联产承包责任制的重大意义，并分析这次农村经济体制改革的特点。结合所学知识，梳理新中国成立后农村生产关系的四次调整，重点指出这些调整中的生产资料所有制变化。借助时间轴回顾农业变迁的重要事件，梳理新中国农业发展脉络（PPT 动态呈现）。

（**设计意图：**以农村家庭联产承包责任制为代表的经济体制改革，是新中国历史上重大的变革之一，对国家经济、政治乃至整个社会的走向都产生了重大影响。借助材料可以帮助学生认识这次变革的历史影响。进而归纳生产关系的历次调整情况。

基本史实和基本结论依然是复习课要关注的重点之一，更是提升学生学科能力与素养的基础，及时归纳总结，有助于学生形成较为清晰的历史发展脉络，深化对知识的理解，增强历史意识。）

材料九：

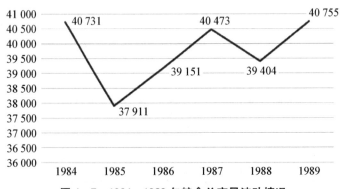

图 4 - 7　1984—1989 年粮食总产量波动情况

材料十：1985—1988 年农民因农产品价格上升，人均多收入 116.6 元，由于农用生产资料和生活消费品涨价，多支出 120.9 元，农民不但没有从价格改革中获得利益，反而人均还净损失 4.3 元。

——王国敏《中国农村经济制度的变迁与创新》

材料十一：1988 年价格闯关受挫后，中央提出了治理整顿的方针，但事实证明，运用计划经济体制下的行政手段，只能在短期解决经济生活浅层次的矛盾，而深层次矛盾的解决有待于经济结构的进一步调整和体制改革的深化。

——萧国亮等《中华人民共和国经济史》

问题：根据材料，指出 20 世纪 80 年代粮食产量出现了什么问题？造成这一问题的原因是什么？怎样才能有效解决这一问题呢？

（设计意图：1985—1989 年粮食生产的徘徊，是这一时期价格闯关、重工业轻农业、重城镇轻农村等诸多因素作用的结果。一叶落而知天下秋，这种徘徊状况也正呼唤着改革的深入推进。从教学的角度讲，除了让学生了解历史的进程外，这里主要训练学生阅读材料，提取有效信息，合理分析问题并有效表达的能力。）

教师讲述：布朗认为，在 1990 年至 2030 年之间，中国谷物总需求量将达到最高 6.41 亿吨，但中国的谷物总产量却将因耕地减少、环境恶化等原因减少，从而中国将出现多至 3.69 亿吨的谷物缺口，而世界其他国家的粮食总出口量才不过 2 亿吨。这里，他有两个判断，你能看出来吗？是的，一是中国谷物需求量，二是中国粮食减产。一增一减，就带来了"布朗难题"。

材料十二：20 世纪末，国际公认的粮食标准为人均 500 公斤，发达国家人均 650 公斤，美国 800 公斤左右；中国人均生产粮食约 400 公斤。……到 2031 年，中国的人均粮食消费将增加到 935 公斤，全国的粮食消耗量超过 13 亿吨，相当于 2004 年全世界粮食产量 20 亿吨的三分之二。

——布朗 2005 年推测，《瞭望东方周刊》

教师讲述：布朗的这种推断是杞人忧天、危言耸听呢，还是切合实际，敲响警钟呢？请结合下面的两则材料做出判断，并说明理由。

材料十三：

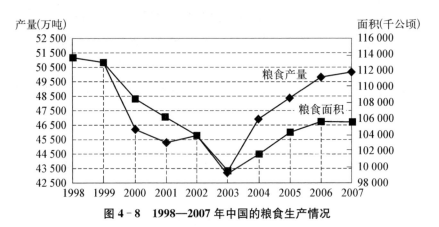

图 4 - 8   1998—2007 年中国的粮食生产情况

——选自杨万江《中国农业转型中的粮食安全问题》

材料十四：1998 年到 2003 年，我国粮食播种面积由 17 亿多亩下降到不足 15 亿亩，是建国以来最低；粮食总产量从 5 123 亿千克下降到 4 307 亿千克；人均粮食占有量从 412 千克下降到 334.3 千克。

——张懿璇等《布朗及其主要学术思想评介》

（**设计意图：**布朗难题是课初抛出的一个话题，是引子，更是问题。这里的设计一方面呼应开头，另一方面是对中国农业的深度探究。材料数据清晰地显示，粮食问题是中国面临的重大问题，布朗难题真的出现了。）

教师讲述：布朗难题提出仅仅几年之后，中国的粮食状况就验证了布朗的先见之明。对此，中国政府并没有回避，更没有痛呼"美帝亡我之心未死"的论调，而是冷静、客观地承认了这一现实。2003 年，上海大学聘请布朗为名誉教授；2005 年，中国科学院聘请布朗为名誉教授。国务院参事、农业部农村经济研究中心刘志仁还说了这样一段话："布朗虽然不太了解中国的具体情况，预测有缺陷，但他提出的问题足以给我们敲响警钟。特别是布朗（20 世纪）90 年代末对中国面临的环境问题的预测，如人口增长、耕地减少、土壤恶化、水资源短缺，以及粮食增长率的递减等，这些预测现在看来，全部验证了。"

材料十五：2004 年到 2018 年连续十五年发布以"三农"（农业、农村、农民）为主题的中央一号文件。2006 年全国人大提出"十八亿亩红线"，全面取消农业税，2008 年推行了农民种粮补贴。2003—2016 年，中央财政"三农"支出从 1 754.5 亿元增加到 17 539 亿元。

——摘编自陈锡文《读懂中国农业农村农民》

问题：据材料指出，为解决布朗难题，保障粮食安全，我国政府做出了哪些努力？

材料十六：中国农业陷入"小农低水平发展困境"，劳动力高龄化，土地经营高分散，农业生产高成本，粮食安全高压力，农产品高进口，农业高消耗和高污染。水稻、小麦和玉米平均单产分别约为世界单产前 10 位国家平均水平的 71%、60% 和 67%。中国户均不到 10 亩的小农农业，不仅形成大量剩余劳动力，而且造成农业生产低效。美国、加拿大、日本、欧洲等发达国家则以农场为主，美国有 220 万个农场，每个农场约 2 500 亩。

——摘编自张云华《读懂中国农业》等

问题：据材料，指出我国"小农低水平发展困境"表现在哪些方面？鉴往知来是历史学的重要价值，请阅读材料并结合所学，谈谈 1949 年以来我国在农业上的经验和教训，并尝试为解决布朗难题献策。

（设计意图：布朗难题是中国的现实问题，也是这节课的线索。通过这个线索，师生要分析的是中国农业的历史和现状，把历史学习与现实问题结合起来。对粮食安全问题也即布朗难题的尝试解答，内含的是通古达今、鉴往知来的史学意蕴，是培育学生综合分析历史问题能力的一次尝试，更是引导学生关注社会现实，正视社会问题，积极探求问题对策的教育实践。"天下兴亡，匹夫有责"，对布朗难题的思考解答更可以培养学生的责任意识和家国担当精神。）

（五）教学策略

1. 教学中较多地运用数据史料来展现历史的变迁和现实的状况，其价值在于"用"，也就是指导学生学会根据要求解读数据史料的方法，探究数据背后的历史。因此，绝对数值并不重要，对比变化才更加值得关注。

2. 史料辨析的教学关键是引领学生辩证分析各种史料，不要简单化、标签化判定史料价值。

3. 最后的解答布朗难题是学习拓展，意在连接历史和现实。囿于生活经验和综合能力，学生可能无法做出系统而有深度的回答，本环节的设计并不是要学生给出有质量的答案，而是要引发学生的思考和对现实问题的关注，涵养家国情怀。

第三节　入乡怡情：乡土资源的教学运用

美国教育家杜威认为，传统课程最明显的弊病就是与学习者的个人生活与经验相分离，若要建立学习者在学习知识上的兴趣，必须消除课程与学习者生活实际之间的脱节。新课程实施以后，中学历史教学比以前生动了很多，但从内容的选择上，依然过多地关注宏观历史，过多地探讨特征、规律等，课程建设与学生的现实生活太远，缺失细节，缺失趣味，缺失"共情"，学生无法形成对历史课程的亲切感，因而感到枯燥无味，兴趣不足。

构建鲜活生动的历史课堂，让学生乐学，是一线历史教师的追求。笔者一直以为，在教学中一味"死揪"教材的做法是苍白的，不是历史教育的正途，更谈不上精神育化和人文关怀。2017 年版课程标准指出："历史课程资源种类是多样化的，既包括物质的，也包括人力的；既包括校内的，也包括校外的；既包括传统的纸质资料，也包括现代的网络信息。"[①]开发利用历史乡土资源，将久远的历史和今天学生身边的生活建立联系，用乡土化、生活化提升教学的生动性和思想性，优化课堂教

①　中华人民共和国教育部：《普通高中历史课程标准》(2017 年版)，第 68 页。

学,构建密切与现实生活和社会发展联系,关注学生生活的历史课堂,让学生在历史学习中感悟到历史学科是一个流动的鲜活的生命,充满趣味和现实感,才能够有效培养学生理性认识历史与现实的能力,才能够"进一步拓宽历史视野,发展历史思维,提高历史学科核心素养",才能够形成"家—国—天下"的历史思维逻辑,"增强学生对伟大祖国的认同,对中华民族的认同。"[①]

乡土资源是一地区内具有地域特色的课程资源,对学生而言具有"天然"的亲切感、生动性。在高中历史教学中开发利用乡土资源,从教学的角度来说,由于这些资源都是学生平时能够感知到的,虽有所闻但又不甚了解,学生的兴趣普遍较高。从课程的角度来说,引入乡土资源能够融国家课程与地方特色于一体,可以深化学生对家国关系的认识。但如何才能充分发掘并利用乡土资源,全面提升学生历史学科素养,涵育学生的家国情怀,却是一个值得深入探讨的问题。云南楚雄市教科所的刘建伦老师曾说,"乡土历史教学资源的发掘与运用是一个尚待开发与完善的历史教学领域。科学地运用好这一方式,我们可以领略到一道独特别致的风景线,师生漫游其间,都将得到难忘的快乐和有效的提升"[②],在乡土资源的教学运用中,一般有三种形式,一是课堂教学中穿插讲述,二是专题教学,三是现场教学。穿插教学是指在常规的历史课堂教学中,适当运用、有机穿插乡土资源来达成教学目标,这里历史教育和教学是主体,乡土历史是辅助。穿插教学是历史教学中最主要的,也是最易操作的一种乡土资源利用方法。历史课堂上把乡土资源穿插运用在教学各环节中,可以有效拉近历史和现实、文本和学生之间的距离,从而有助于学生获取知识、培养能力和陶冶情操。

笔者在江苏工作时,对乡土资源的教学利用问题用力颇多,曾出版《家国同构——乡土资源在中学历史教学中的有效利用研究》一书[③],获

① 中华人民共和国教育部:《普通高中历史课程标准》(2017年版),第1—2页。
② 刘建伦:《例说乡土历史教学资源在历史教学中的运用》,《中学历史教学》,2012年第4—5合刊。
③ 苗颖、刘晓兵:《家国同构:乡土资源在中学历史教学中的有效利用研究》,南京:江苏凤凰美术出版社,2015年。

得了江苏省教育科研成果二等奖。该书对于国家课程中的穿插使用，乡土教材，探究活动，乡土历史课程开发和课程基地建设等进行了探讨。此处仍以沛县为例，对乡土资源在历史课堂教学中的利用策略略作阐述。

一、穿插乡土资源的时机选择

历史教学中使用乡土资源，应根据教学的需要适时、适量、适宜使用，而不能把乡土资源一股脑地塞进历史课堂教学，这就有个运用的时机选择问题。只有选择整体历史与地方史的有机结合点，才能让乡土资源充分发挥深化教学内容的作用。从教材内容来看，最好选择在教材讲述过于简略而恰恰有本地素材可以补充的地方。也就是教材需要深化之处，而乡土历史恰恰有可深化之点。如果教材对该部分的论述已经比较详尽，素材已经很丰富，一般不再选用乡土资源。如果选用，则尽量从简。具体说来，以下三种情况补充乡土资源效果较好。

教材讲述的重大历史事件发生在本地或者重要人物和本地有着密切的联系，这时可以对该事件和人物的情况作相应的乡土史补充，使教材的讲述更加丰满。任何一件重大历史事件都有其发生地，每一个重要历史人物都有其家乡或重要的活动区域，这一地区的历史教师就可以将本地对这一事件或人物的记载和教材的讲述整合起来进行教学。比如武汉、南京教学辛亥革命，徐州地区教学淮海战役等。

教材讲述的重大历史事件虽不直接发生在本地，但其影响波及本地或者历史事件的次要人物和本地相关，可以适当补充乡土历史，以便学生深入理解该历史事件的影响。辛亥革命、五四运动等重大历史事件的影响广泛而深刻，全国各地多有记载，教学中呈现相关记载，能让学生感受到本地历史和国家历史息息相关，密不可分。

教材讲述的是历史发展的整体状况，而这种状况在本地有着明显的表现，或者本地曾发生的事件与教材讲述的重大历史有一定联系，可以适当补充乡土历史资料，作为教材的佐证。抗日战争、解放战争、新中国成立后"三大改造"的进行、一五计划的实施、改革开放、物质生活和社会习俗的变迁等内容,在各地的乡土历史中都有较详尽的记载,教学中可以尽量选用本地素材,既能丰富教材,又让学生感到亲切。

　　总之,穿插运用乡土资源,要以达成教学目标为着眼点,遵循以乡土资源为辅助的原则,从乡土历史与整体历史的结合处来寻找运用的恰当时机,采取灵活多样的教学方法和运用方式实施教学,而不能完全脱离教材。

二、疑似之迹,不可不察：乡土资源的甄别

　　用于历史教学的乡土资源除少量地理、民俗、文化类素材外,大部分为本地区的历史资料。地方志的编撰者由于学养所限,无法和历史学家相比肩,在史学观念、材料选择、信息解读、逻辑推演等方面不可避免地存在一些缺陷甚至错误。编写者在乡土情怀驱使下的虚美、隐恶行为,也必然会对本地历史加以夸大。有些地方在经济利益的驱使下,甚至牵强附会、无中生有,肆意改造历史(各地争抢名人之风愈演愈烈,已经到了走火入魔的地步,文化部被迫明令提出五项要求予以禁止,已经充分说明了这个问题)①。此外,地方史志多出自"民间",校对审核工作不到位,严谨程度不够,转述引用时以讹传讹,都会给乡土资源的运用带来困难。为使学生客观认识家乡历史,形成科学的历史认识,甄别、辨析所用素材就成为乡土资源运用的保障和必不可少的环节。

　　沛县历史悠久,且与中国历史进程中的重大事件和重要人物联系较多,"散见于经史子集中的沛县资料在全国范围而言,从数量上可算前茅之列"②。这些资料和县志以及本县的大多资料是可以采信的,在历史教学中可以直接应用。但乡土史志中也有些问题模糊不清,众说纷纭,使用时需要我们认真推敲。在讲"百家争鸣"时,使用沛县汉城公园"老子隐居处"景观就需谨慎。《庄子》中数次提到老子隐居于沛,如

---

① 参见《各地争抢名人故里、盲目祭拜,文化部提出五要求》,人民网,2010 年 7 月 13 日,http://culture.people.com.cn/GB/22226/65560/65563/12130163.html。
② 赵明奇:《徐州地方志通考》,北京:中国文史出版社,1991 年,第 88 页。

"孔子年五十有一而不闻道，乃南之沛见老聃"（《庄子·天运》）等。沛县人据此修建了老子隐居处，有的学者认为老子隐居的"沛"就是今天的沛县[①]，但也有不少学者认为庄子所说的"沛"在今河南南阳附近（如马叙伦等），争议颇大，教师在课堂上为避免史实错误，应指出"老子隐居于沛县"是说法之一。

此外，还有一些乡土史料存在明显错误，需要纠正，而不能以讹传讹。在沛县的革命史上，沛县中学具有特殊的地位。1929 年，共产党沛县委员会就成立于沛县中学，沛县中学教师朱菊池任第一届县委书记。此后，以教务主任郭影秋（1949 年后曾任云南省省长兼省委书记、南京大学校长兼党委书记等职）、学生葛步海（1949 年后曾任驻乌干达、赞比亚全权大使）为代表的沛中师生在中国革命的征程中谱写了壮丽的篇章。在"新民主主义革命"部分的教学中，笔者总是会不失时机地插入这些让我们引以为豪的先辈事迹。但后来，我们放弃了一则很值得"自豪"的材料——开国上将韦国清在沛中教书并秘密参加革命活动。不知从什么时候起，韦国清曾在沛中任教的说法出现在了一些媒体报道中并被广泛传播，冯兴振主编的《泗上名人》是"沛县历史文化丛书"中的一种，其中专辟"一代名将韦国清"一章，《天下汉风》一书也说："1930 年前后，韦国清曾在沛县中学教书。他以教学为掩护，与孟昭佩一起开展党的地下工作。"[②]沛县中学校内立有一块"党旗石"，以纪念中国共产党沛县第一届县委在沛中成立，石下曾刻有第一届县委成立时的负责人名单，韦国清也赫然列名其间。但查阅韦国清传记和 1993 年之前的《沛县中学志》，都没有相关记载，考察韦国清的生平事迹，1930 年左右他参加了百色起义，随军北上中央革命根据地，一直在华南活动，根本不可能来苏北，这一说法显然系子虚乌有。

求真是史学的第一要义。从以上分析可以看出，在使用乡土素材时，不能仅仅立足于简单的"拿来主义"，需要教师认真甄别，以保证历史教学的真实性。

---

①　郭庆藩辑：《庄子集释》，北京：中华书局，1961 年，第 962 页。

②　冯兴振主编：《天下汉风》，南京：凤凰出版传媒集团，2010 年，第 200 页。

三、多向比较乡土资源的价值

在历史教学中运用乡土资源是为了更好地达成教学目标，只有准确把握各种素材的教学价值，才能在此基础上有效运用。

不少乡土资源材料典型、生动，有助于深化学生对历史核心概念的理解，可以在教学中作为辅助材料使用。但并不是乡土资源一定优于其他素材，如果乡土资源存在某些缺陷，如过于简略和零碎，出处不明需待进一步探讨，或与主干知识联系不紧密等，我们就要选择其他更能够说明问题的材料。

在讲授郡县制时，为了让学生弄清郡县制下的地方组织结构，笔者借助"刘邦的归属之争"来说明。沛县与丰县相邻，密不可分，可不知什么时候起，两县民间就刘邦的归属问题起了争执，都说刘邦是自己县的，为此有人为平息争端给出了一个"和稀泥"式的"丰生沛养"的说法。其实，这桩公案并不难断。《史记·高祖本纪》记载，刘邦是"沛丰邑中阳里人"。也就是说，秦朝时，丰地还没有设县，只相当于沛县的一个镇（邑），如果按照今天的方式登记身份的话，刘邦的住址就是"泗水市（郡）沛县（县）丰镇（邑）中阳村（里）"。引入这个材料，不仅让学生弄清了这一民间争论的来龙去脉（学生多数听说过这一争论，但不知其详），而且轻松掌握了郡、县、乡、里等教材上给出但没有说清的划分原则。

在讲述中国现代史的相关问题时，由于教材的内容选择具有宏观性，多是对全国范围内的重大举措和整体发展状况进行介绍，而新中国又是"万里山河一片红""全国一盘棋"，各地均是在党中央的统一领导下展开各项工作，可以说，各地的历史发展就是全国历史的缩影，没有什么大的差异，这时我们就可以大量运用本地的历史素材。这样既能无偏差地展现全国历史的发展脉络，也能让学生感到更加亲近。在讲述近代"中国民族资本主义的曲折发展"部分时，笔者最初拟采用民国时期沛县的一家纺纱厂的兴衰来说明民族工业的艰难发展历程，但终因其规模过小，历史记载不详而作罢，改用了张謇的大生纱厂为例。

四、优化乡土资源的开发方式

选择了好的史料，还要有好的运用方式，就像做菜一样，有了好的食材还要有好的烹饪方法，否则就是暴殄天物。不同的材料在学生知识的获取、能力的提高、素养的培育等方面的作用千差万别，为使乡土资源更好地提升历史教学的品质，根据不同的需要，采用恰当的运用方式至关重要。

(一) 教师直接开发并讲述

教师在讲述中运用典型的乡土材料，能够充实教材主体知识，论证教材主要观点，激发起学生学习和探究的热情。如抗日战争部分可以讲述日军在沛县的暴行和沛县人民的抗日活动，解放战争部分可以讲述沛县人民对淮海战役的支持等。有时如果本地相关记载较完整，还可以以本地历史发展为线索设计教学。如"社会主义建设在探索中曲折发展"一课，考虑到中华书局出版的《沛县志》[1]、中央文献出版社出版的《沛县沧桑五十年》[2]等书籍对这段历史记载较翔实，加上沛县县委宣传部举办的"建国60周年图片展"中有大量反映沛县这60年发展的图片图表，笔者将本课的设计思路确定为"立足沛县看全国，讲述全国带沛县"，用沛县这一"斑"而窥中国的"全豹"。借助本地区在"三大改造"、经济调整等时期的史实来展开教学，并让学生在课前访问亲历者形成文字或图片课堂展示。这种设计方法既丰富和诠释了教材，弥补了教材纲目化、粗线条的编排缺陷，又让学生了解了家乡经济的发展历史，涵育了爱家乡的情怀。

(二) 教师引导学生自主开发

在丰富的乡土资源中，有些是需要教师去搜集、整理的，也有一些

---

① 江苏省沛县地方志编纂委员会编：《沛县志》，北京：中华书局，1995年。
② 中共沛县县委党史工作委员会：《沛县沧桑五十年》，北京：中央文献出版社，2002年。

是学生耳濡目染却又熟视无睹的，比如乡风民俗、民谣传说、遗址遗迹、地理环境以及亲历者口述等。这些并不需要教师和盘托出，只需在课堂上略作提示，学生就会恍然大悟，然后娓娓道来。讲授"宗法制"时，笔者解释了宗法制的基本内涵后说："同学们，宗法观念早已渗入了我们日常生活的每一个角落，请你谈谈发生在身边的这类现象。"学生从本地区各姓氏纷纷修家谱的事件说起，到以姓氏命名的村庄，再到殡葬时的"长子摔牢盆""打幡"的习俗，最后到"小儿不及长子孙"的俗语等，讲得热情高涨，争先恐后，有些连笔者都没有关注过。而经过课前走访了解，学生的开发会更加到位，学习"物质生活和社会习俗的变迁"，结合自己家中的老照片、老家具、老房子的历史信息，"伟大的历史性转折"一课，结合这些年来自己家庭的生活变化，结合爷爷奶奶的回忆等，都取得了不错的学习效果。

这种启发学生自主开发乡土资源的办法可以让学生对历史的体验和感悟更加深刻，"人事有代谢，往来成古今"，过去的人和事总是会给今天留下或深或浅的印记，引导学生发现的过程就是培养历史意识，增强历史感的过程。

（三）课后作业与命题中的开发

在课后作业和命题中使用乡土资源是一种简洁高效开发方式。分省命题时期，试题内容日趋多样化和地域化，各省区纷纷结合本地区特有的课程资源进行命题，"乡土地域色彩鲜明"成为一大亮点和特色[①]。代表性的有北京文综卷的"北京广安门桥北蓟城纪念柱"题、江苏历史卷的"江苏常熟白茆乡山歌"题、安徽文综卷的"安徽省不同历史时期所属行政区划"题等。这类试题的设计，究其实质，并不是对地方历史知识的考查，而是以地方历史为史料或切入点，用以反映全国历史的发展面貌，进而体现高考的基本要求和价值取向，在考查学生知识储备、学科素养的基础上，增加了强烈的"家""国"情感体认和情景的可信度，从而更好地落实试题考查的三维目标立意。

---

① 　孙双武：《2009 年高考历史试题特色述评》，《中学政史地》，2009 年第 11 期。

借助乡土资源设计的试题并不是要考查学生的乡土史知识，而是创造一个生活情境，实现素养考查。这类试题能够启发学生深入思考，培养学生的探究意识、证据意识，促进知识迁移，促进历史与现实相结合。它们既可以用在课堂上，也可以作为阶段检测的试题，使用较为灵活，容易操作，因其新颖、亲切，可以让历史不再遥远。

五、乡土资源运用的多元策略

笔者在《家国同构：乡土资源在中学历史教学中的有效利用研究》中曾梳理了10种课堂教学中运用乡土资源的策略：① 课堂导入，唤起学习兴趣；② 丰富教材，加深文本理解；③ 提供例证，解读教材观点；④ 延伸补充，拓展学科视野；⑤ 史料研习，训练历史思维；⑥ 制造"冲突"，点拨学研方法；⑦ 渲染衬托，激发乡土情感；⑧ 课堂对话，增强历史意识；⑨ 理性升华，汲取历史智慧；⑩ 感悟作结，提升教学立意[①]。此处选择"课堂对话，增强历史意识"策略，略作阐释。

历史课上利用乡土资源作为对话的"话题"，引导学生发现"身边的历史"，会使学生更感兴趣，有话可说，更容易激发表达的欲望，提高表达的能力，增进学生对历史的理解和感悟。"西周宗法制"是教学的重点内容之一，仅仅用那些艰深的古文来让学生感知，显然会比较抽象、深奥，如果能够唤起学生对身边的习俗的关注，并通过讲述、对话进行探讨，将历史知识和现存的社会习俗进行有机联系，能够使教学过程更加生动，学生的理解也会更加深入。

师：宗法制是西周政治制度的重要内容，对我国的历史发展和社会关系产生了极其深远的影响，可以说，宗法观念已经相伴我们存在了2000多年。今天，我们的日常生活中，依然有着明显的宗法制痕迹。请你开拓思维，看看身边有哪些事物与宗法制有关。

生1：修家谱，我二爷爷是我们村（家族）的族长，他带人到好多村

---

① 苗颖、刘晓兵：《家国同构：乡土资源在中学历史教学中的有效利用研究》，第82—100页。

去联络修家谱,还跑到了砀山县去联系呢!

生2:我们孔家的辈分很统一,听我爸爸说,全世界的孔家都采用相同的辈分序列。"昭宪庆繁祥",我爸是"庆"字辈,我是"繁"字辈,我儿子将来是"祥"字辈。(学生笑)

生3:我们沛县是汉高祖刘邦的故乡,在世界刘氏宗亲总会会馆,每两年举行一次刘姓子弟祭祀祖先的活动。会馆内还详细介绍了刘姓的发展繁衍历史,陈列了近百部刘姓家谱呢。

师:是的,刘氏会馆于2009年5月18日建成开馆,近年来吸引了大批海内外刘姓子弟来沛县寻根问祖,联谊交流。老师还跟着参加过祭祖活动呢。(学生笑)这种建立家族会馆,大搞祭祖活动,是不是一种封建糟粕呢?

(学生讨论很热烈)

师:如果单从家族联系的角度来说,的确没有必要把家族的联络搞得那么复杂,但沛县刘氏宗亲会馆的建设对沛县来说,政府并没有只界定为刘姓一家之事、一族之荣,而是将之作为广泛联络各地社会精英,共同促进沛县经济文化发展的一个重要平台,这一活动能够带来这么大的社会影响,也正说明了封建宗法观念对中国人思想观念的影响之深。

生4:村上的老人去世,老人的"大儿子要摔牢盆",下葬时要"埋第一锹土",孙子要"打幡",这是不是和宗法制有关呢?

生5:当然是了,去年我大爷爷去世时,还让我大爷爷的大儿子在门口负责给来的客人磕头,叫什么外谢,我爸爸说他是长门长孙,这事就该他做。出殡的那天早上,他还带着我们姓孙的那些叔叔伯伯给我爷爷行"二十四拜"呢!

师:说得很好,这就是通常所说的"五服制",今天本地农村的丧葬礼俗依然按照传统礼法。老人去世,其子要着白色孝袍,戴孝帽,手持哭丧棒,在灵堂(堂屋正间)守丧,其侄、孙则在丧棚(灵堂外临时搭建)跪丧,家族长孙在院门口外谢(给来吊丧的宾朋叩头)。长子负责在送丧时摔牢盆,捧骨灰盒,在下葬时埋第一锹土;长子长孙负责打幡,家族要行二十四拜大礼(磕头二十四个,历时较长),一般姻亲则行三揖九叩礼(磕头九个,历时较短)等。这些都有相对固定的程序。

生6：怪不得我爷爷向别人说我是他的"幡杆"呢,原来是这么回事。

生7：我想起来了,我还听说过两句话,一句是"长兄如父",一句是"小儿不及长子孙",这也应该和宗法制有关。

师：对,看来你知道的还挺多。这的确和宗法制有关,你能不能解释一下这两句话。

生7：前一句是说如果父亲去世了,大哥就像父亲一样,在家庭中有着绝对的权威。后一句话,我举一个例子。本地老人去世,长子要摔牢盆、主祭,如果这时长子已经先于老人去世了,但有子嗣,那么摔牢盆、主祭的权利就应由老人长子的长子(哪怕幼小到需要别人帮助)继承,而老人的其他儿子则没有资格承担这些事。

师：好。大家讨论得很深入。两千年来,宗法观念早已深深融入了中国人的血液,对中国人的伦理道德和社会习俗产生了巨大的影响,以至于有些历史学家干脆把中国称之为"宗法社会"。通过刚才的探讨,我们不难发现,许多看似遥远的历史,却在生活中为我们打下了深深的烙印,我们探讨的宗法制是这样,分封制何尝不是这样,你看有些省份的简称,不还有着该地受封的痕迹吗? 只要留心,历史并不遥远,她就在我们身边。

六、乡土资源运用偏差及校正

笔者曾研读过对近百篇乡土资源运用的论文,发现当前乡土资源的开发利用尚存在着较为普遍的偏差,影响了历史教学的科学和有效,校正这些偏差,有助于充分发挥乡土资源的价值,提升历史教学的品质。下面就以我们的教学实践为例谈谈这些偏差和校正策略。

（一）拿来主义，疏于考证

一些教师在乡土资源的利用上采取简单的"拿来主义"，疏于考证，出现了低级的史实错误和史观偏差；有的教师甚至引用一些文学作品的材料作为史实。浙江杭州市余杭区教研员陈杰老师在《〈松窗梦语〉中一段史料的教学——兼谈张翰的籍贯问题》[①]一文中就介绍了一个乡土资源史实错误的案例。即便是熟悉的材料，使用前也要有追本溯源的意识，以确保历史教学真实可靠。有些乡土史料因作者的主观倾向和学养限制，本身就有待商榷，更需要使用者甄别处理。清代张岱在《石匮书序》中说："国史失诬，家史失谀，野史失臆。"在修家谱时，后人会在"为尊者讳，为亲者讳"的观念下隐匿先人的丑恶，而旌表其德行功绩，同样，乡土史志也会因作者的乡土情怀而对本地先贤虚美隐恶。在今天的经济社会中，更会因为利益而将一些史学界争议的问题当作历史定论，前几年各地出现的争抢名人的现象，暴露出乡土史料的不严谨，不加甄别而直接使用这类素材，错讹之处在所难免。

笔者认为，运用乡土资源要遵循"科学性"原则。求真、求实是历史教学首要原则，地方史志的疏漏和错误，会给乡土资源的鉴别和运用带来难度，这要求我们避免采取简单的"拿来主义"，以防止出现低级的史实错误。为向学生传递真实的历史知识和严谨的治学态度，在使用乡土资源时必须进行辨析考证、反复推敲，或者引导学生去伪存真，还原历史的真实面貌。辨析考证应从史料、史论、史观三个层次展开。从史料角度，做足考证功夫，确保引入课堂的史料真实可信；从史论角度，反复推敲衡量，确保论断客观公允；从史观角度，剔除特殊时期的消极影响，运用唯物史观，与时俱进，吐故纳新。正如陈杰老师所说："当今历史教学界，越来越注重史料的来源和价值，史料的真实性考证和史料的本义阐述，从来没有引起过学者和历史教师们如此的关注，这是历史教

---

① 陈杰：《〈松窗梦语〉中一段史料的教学——兼谈张翰的籍贯问题》，《历史教学》（中学版），2012年第12期。

学中的一个非常好的现象。"①

（二）迂回曲折，为用而用

一些教师在使用时对局部和整体的关系处理失衡。在案例中引入乡土史的人物和事件，与教材知识相关度不高，在讲课中本无须提及，授课者却会想方设法从教学内容中引申出去，拐弯抹角引到自己想用的材料上来，看似新开发了课程资源，但这种资源开发不仅没有辅助基本内容的学习，反而造成内容的发散，让学生思维无法聚焦。有的课例在引入乡土资源时拓展过多，走得过远，几乎成了乡土史的专题讲座，偏离了教学主题，妨碍了课堂教学基本任务的完成。

笔者认为，运用乡土资源要遵循"关联性"原则。课堂上运用乡土资源要确保和教材内容之间具有必然的逻辑联系，服务于教学任务，不应把联系不紧密的素材强行纳入课堂，冲淡课堂教学的整体感。那些重要的但和教材没有直接联系的乡土历史，可以通过校本课程来完成，而不应牵强纳入课堂教学之中。此外，引入乡土资源时要选择与教材的恰当结合点，将乡土资源和教材内容水乳交融地结合在一起，要有效利用，而不能为用而用。

（三）堆砌材料，同义反复

笔者认为，运用乡土资源要遵循"典型性"原则。课堂教学中引用乡土资源要遵循以课堂教学为主体的原则，处理好材料应用和整体教学的关系，以完成课标规定的基本任务为前提。适时、适量、适度地运用乡土资源可以让抽象的历史具体化，拉近历史和学生生活的距离。但不能拓展过多，更不能变成乡土史的专题讲座。这就需要教师对素材进行"优选"。选择素材要紧紧围绕教学的重点和难点，选择典型的、符合学生认知发展水平的材料，让这些材料在揭示教学主题，帮助学生

---

① 陈杰：《〈松窗梦语〉中一段史料的教学——兼谈张瀚的籍贯问题》，《历史教学》（中学版），2012年第12期。

理解历史核心概念,培养学科素养上发挥积极作用。

(四) 泛化学科,迷失方向

历史学科具有较强的综合性,经常会涉及哲学、经济学、文学、艺术等方面的内容,但作为一门独立学科,要求我们在教学中突出历史学科特点,充分发挥历史学科的育人功能。在乡土资源的运用中,如果材料的选择远离了历史学科,素材基本没有历史信息含量,让课堂更像政治课或者德育课,就是有失偏颇了。

笔者认为,运用乡土资源要遵循"学科性"原则。历史学科教学中运用乡土资源的目的不在于传递乡土知识,更不同于乡土课程或者讲座,而是利用乡土资源达成历史教学的目标。因此在选择素材时一定要有一个学科的概念,要围绕历史学科的范畴或者需要来进行,尽量选择典型性的、富有历史学科思维含量的,承载历史学科价值判断的素材,让乡土资源更好地为历史教学服务。

乡土资源作为历史史料的一种,运用时应该遵循史料教学的原则,反之,对乡土资源运用策略的研究,也有助于对史料教学的深入探讨。在教学中,我们应该以一种更加严谨、科学的态度,对每一则可资利用的素材进行剖析、解读和使用,以期实现历史教学的合理和高效。当下,笔者还在着手开发松江区乡土历史资源,寻找统编教材实施的新"支撑环境",深化乡土资源运用问题的研究。

七、教学设计:从首任校长李昭轩先生的一生看中国现代化的历程

本课是笔者在沛县中学任教时开设的一节高三展示课。本课所选择的史料主角是江苏省沛县中学首任校长李昭轩。

(一) 设计思路
每一所学校都有一段或长或短的历史,它既是本校的前进轨迹,也

镂刻着社会发展的时代印记。对学校发展史进行开发并用于教学，不仅可以使学生更多地了解学校，增强对学校的认同感和亲切感，还可以借助这些身边的史料进行研习探究，培养历史学科素养。本课以"史料研习"为主要方法，从一个微观视角即李昭轩先生的一生来展现中国现代化的历程，带领学生在对相关史料的解读中建构历史知识。这一视角尽管细微，李昭轩也不是现代化历程的核心人物，但他的生平经历是中国近现代史"全豹"之一"斑"，可以映照出大历史的发展脉络。

本课把李昭轩先生的一生与时代潮流、中国近现代的巨大变迁、中国先进人士的历史使命结合起来，对现代化这一重点进行专题复习。这种开发乡土历史资源展开教学的方式，既可以使情境更加生动，还可以让学生感受到历史的真实感、亲切感。

课堂教学中使用乡土类资源，不同于乡土史的专题讲座或校本课程，而是要遵循课堂教学为主体的原则，所引用的乡土资源要能够找到与课标、教材的合理结合点。本课根据素材的不同采取了不同的运用方式，有史料解读，有调动和运用知识，有文史常识，有批判性思维训练，有合作探究等。资源运用的多样和灵活会使学生的参与更加充分，复习更加高效。

（二）过程设计
【导入新课】

图 4-9　沛中今貌

图 4-10　沛中首任校长
李昭轩

师：（PPT 展示如图 4-9 所示）今天的沛中，高楼林立，风景如画，充满了现代化气息。同学们,你们知道我们沛中的创始人是谁吗?(展示如图 4 - 10 所示)对了,他就是沛中首任校长——李昭轩先生。李昭轩生于 1871 年,卒于 1955 年,他的一生经历了晚清、民国、新中国 3 个时期,可以说是近现代中国历史的见证。今天就让我们走近李先生,通过他那激昂而又坎坷的人生来审视中国现代化的历程。(展示课题)

(**设计意图:**在沛中读书两年多,学生却未必知道沛中的创始人是谁,纵然有人知其名,也难知其事。导入部分直接点出本课主线,意在实现"身边的历史"和"教材中的历史"相结合,开门见山,直指主题。)

【讲授新课】

探究环节一:晚清时期——寻道现代化

材料一:李昭轩(1871—1955 年)原名李士郎,字镜甫,胡寨乡大李庄人。沛县名士。清光绪二十二年(1896 年)中秀才,二十五年补优廪生。光绪末,官费留学日本,卒业于日本实业学校。

——《沛县志》831 页,中华书局 1995 年版

材料二:越光绪之季,时事措手,难于古人者相百也。秉国之钧,欲令天下士习知中外事,储异日宏济之才,立国家富强之基,意非不善也。以为变法之速者,莫近于东瀛一水,将使往学焉。令下郡县,而李子昭轩往应命。……游学日本,入法政大学自治科兼实业学校。

图 4 - 11　李昭轩先生教泽碑

——《三等金色奖章沛县视学李镜甫先生教泽碑》(如图 4 - 11 所示)

问题:

(1) 材料一中"光绪二十二年"是什么纪年方式?

(2) 材料一显示当时通过哪一制度选拔人才?后来的人才培养又有何发展变化?

（3）依据材料二并结合所学知识，简要分析为何日本此时成为李昭轩等大量中国人留学的目的地？请大家课后查阅资料并思考，这一留学风潮给中国的现代化带来了怎样的影响？

[**设计意图**：通过简短的材料了解李昭轩先生的生平，然后从人物解读历史。第(1)问是年号纪年，第(2)问从"秀才""优廪生"可知选拔人才的制度是科举制，"官费留学"可知后来的教育变化是留学。第(3)问可以从两方面来考虑。日本方面：明治维新，日本富强（"变法之速者"）；甲午战争日胜中败。中国方面：甲午战败，民族危机（"时事掣手"）；需要更新人才培养机制，追求国家富强（"欲令天下士"句）；清政府的推动；留学日本较便利。19世纪末20世纪初是中国历史的重要节点，从甲午到辛亥，中国历史风云激荡。为御侮图强，大批有志之士掀起了赴日留学的浪潮。2010年广东文综第38题就考查了这一时期留日浪潮出现的主要原因。材料二蕴含了问题的答案，借助材料可以较好地培养学生的获取和解读信息的能力。素材来自李昭轩先生教泽碑文，是文言旧体，解读较为困难，需要教师适当点拨。]

师：（过渡）民国初期，李昭轩学成回国，并没有走实业救国的道路，而是立志兴学救国，以满腔救国之情投入沛县教育改革之中，开沛县现代教育之先河。

探究环节二：民国初年——践行现代化

图4-12　沛中创办地歌风书院

材料三：（李昭轩）民国初年回国，着手教育改革，重视师资培训，开办沛县师范讲习所，任教习。民国二至七年（1913—1918年），任沛县县视学。废私塾，兴学堂，力排守旧势力的反对与责难，革新教法，坚持以新思想教育人，在县内先后创办小学五十余所。……民国十二年创办沛县中学（如图4-12所示）。

——《沛县志》831页，中华书局1995年版

材料四：最可恨，李昭轩，进门来，带民团。他言讲俺是私塾，俺答曰"改良"二字在后边。一句话儿没说完，他的秃头摇成蛋。就把私塾馆门封，逼俺硬把洋学办。他说俺不识字，误人子弟是非颠。俺答曰："不识字俺怎晋得一等生员。"他硬说："八股文害人真不浅。"有朝一日，真龙出，圣主现，毁学堂再把私塾办。再不叫你"刀刀咪咪"把风琴按，再不叫你"立正、稍息、向后转"。

——孙厚岭《李昭轩先生和他的诗文》转引一位私塾先生编的顺口溜

问题：

（4）材料三又采用了哪一种纪年方式？它与公历纪年怎样换算？据此请计算沛中创建于公元哪一年？除以上两种外，你还知道哪些纪年方式？

（5）据材料三概括李昭轩在教育改革方面的具体措施及成就？由此判断他选择了哪一救国之路？这一时期还有哪些救国思想？坚持以"新思想教育人"的"新思想"应包括哪些？

（6）据材料四指出李昭轩先生的改革态度，顺口溜表达了私塾先生怎样的思想观念？显示了中国现代化的一项重要任务是什么？

（7）辛亥革命是中国历史上的一次巨大变革，据材料四并结合所学知识，说明辛亥革命的社会影响如何，我们应如何评价辛亥革命？有人说，辛亥革命为我国现代化进程创造了一次难得的机遇，请运用史实说明。

[设计意图：（4）民国纪年法，1911＋民国纪年＝公元纪年。沛中创办于民国十二年，也即公元 1923 年。还有干支纪年法、帝王纪年法等。近年来，文史常识在高考中频频出现，干支纪年法、庙号谥号年号、历史地理、避讳、五行等让人目不暇接。为让学生适应这一命题趋势，教学中应适当补充相关知识。

（5）李昭轩的教育成就主要有创办师范学校、创办新式学校、创建沛县中学等教育救国之路。这一时期思想异彩纷呈，主要有民主共和、实业救国、民主科学、马克思主义等。"新思想"指民权、平等、自由、科学等西方传入的新观念。

（6）态度：坚决、强硬。观念：抵制改革，怀念封建专制统治。任务：扫除封建主义的阻碍。

（7）影响：辛亥革命传播民主思想的范围十分有限，没有改变当时中国，尤其是农村的现状。评价：全面公正客观，一分为二，论从史出。史实：推翻两千多年君主专制统治，建立资产阶级共和国，颁《中华民国临时约法》，民主共和观念深入人心。

开发运用新的课程资源应充分发挥素材的教学价值，设置有思维含量的问题是有效运用素材的关键。本处的问题设计包括史料解读和知识调动，其目的是实现对主干知识的深度复习。]

师：（过渡）面对守旧势力的种种阻挠，李昭轩硬是开辟了一条革新教育之路，为沛县现代化教育奠定了基础，被誉为"江北之冠"，为感念李先生在教育上的贡献，沛县人为其修立了教泽碑（如图 4 - 11 所示）。

正在中国的现代化渐进发展之时，一场大规模的外来侵略给中国人带来了更大的民族危机。1937 年 7 月 7 日，日本全面侵华；1938 年 5 月沛县沦陷。

探究环节三：抗战时期——现代化受阻

材料五：抗日战争期间，（李昭轩）设馆教书多年。此间，日本警备队诱逼兼施，迫其出任日伪沛县县长，昭轩严词拒绝，被羁留沛城多年，始终不屈。

——《沛县志》831 页，中华书局 1995 年版

材料六：1938 年，沛中师生组织战地服务团，开赴台儿庄前线，慰问伤员，鼓励士气。

沛中学生踊跃参加抗日青年训练班，学生葛步海、张舍广等受（党）组织派遣，帮助国民党沛县当局组织抗日游击队。

五月十八日，日本侵略军陷沛。沛中停办。

——《沛县中学志》（卷一）第 6 页，吴运昌主编，1986 年

问题：

（8）日本诱逼李昭轩出任伪县长的做法,体现了哪一侵华特点?李昭轩严词拒绝,始终不屈,是中华民族哪一精神的表现?这种精神的孕育主要受哪一思想影响?结合史实说明这一思想在中国现代化历程中的双重影响。

（9）国共合作是抗日战争的典型特点,请在材料六中找出体现这一特点的史实。

（10）依据材料六和图4－13、图4－14,指出沛中在日军侵华中受到了怎样的破坏?沛中师生采取了哪些斗争措施?

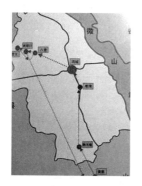　

图4－13　沛县中学校址迁移图　　图4－14　毛芋头张庄校址

[设计意图:(8)特点:以华治华,扶植统治傀儡。精神:威武不屈,不畏强暴,重义守节。思想:儒学(理学)。影响:对中华民族性格塑造起积极作用,如社会责任感、历史使命感、民族向心力等;消极,有维护封建专制统治的一面,阻碍了中国现代化历程。(9)(略)。(10)破坏:被迫停办。措施:迁校办学;积极支持并参加抗战。本环节的几段文字材料阅读难度不大,学生可以较顺利地解答问题。此处可以较好地实施情感价值观教育,让学生在学习沛中先贤不屈精神中塑造优良品质和积极人格。]

【拓展练习】

1.《沛县中学志》载:"1938年,台儿庄会战开始,沛中以葛步海、张世珠、张含广等学生为骨干,组织战地服务团,横渡微山湖,到前线抬伤员、救伤员、慰问演出,鼓舞士气。是年五月,徐州沦陷,沛县处于敌后,沛中大部分学生如张世海、王光中、张世珠……在抗日战争中作出了可歌可泣的业绩。不少人(张含广、杨震等)为国捐躯。"这段材料可以作为下列哪一论断的辅助证明史料?(   )

    A. 中共领导的武装力量是抗日中坚

    B. 正面战场与敌后战场协同作战

    C. 抗日战争是中华民族举国御侮的抗战

    D. 人民的支持是台儿庄战役胜利的关键

    2.《沛县文史资料选辑》中有这样三条记录:① 1940 年 12 月 16 日,国民党自卫队特务团渡湖返沛,与日伪军在小屯发生激战,历一昼夜,斩获甚众,毙日大佐一名,我胡团长壮烈牺牲。② 1941 年,国民党沛县游击队拔除二郎庙、封新庄、栖山等日伪据点。③ 1943 年,国民党游击队夜袭沛城,击毙伪军大队长宋好禄。从历史研究的角度看,这些史料可以纠正下列哪一认识?(   )

    A. 共产党主要在敌后抗战

    B. 国民党抗战主要采取阵地战

    C. 国民党执行片面抗战路线

    D. 国民党只在正面战场抗战

    (**设计意图:**应对高考是高三教学的重要取向之一,近年高考有不少试题对传统观念包括教材进行了有效补充甚至批判,2009 全国文综Ⅰ"《新华日报》刊载台儿庄战役的战法"题就是其中的典型,曾引起了一线历史老师的充分关注,类似的试题还有很多。第 2 题的乡土史料清楚地说明了国民党不仅在正面战场,而且在敌占区也进行了游击抗战。这种"敌后斗争"是教材未曾涉及的,虽然它不如中共的敌后抗战战果明显,但其存在过的史实和做出的贡献却不应被忘记。从命题也是资源开发的角度说,本试题拓展了国民党抗战的学习内容。参考答案:1. C.   2. D.)

【合作探究】

    从上面所述,我们可以看到:中国现代化进程主要受到两个方面的阻碍：一是封建主义，另一个是帝国主义。这使近代史承担了两大主题：救亡图存和现代化。从 19 世纪后期起，先进的中国人就一直在思考这两大主题，现代化建设和救亡图存孰先孰后呢？请同学们思考并发表自己的观点，请注意史论结合。

（**设计意图**：现代化过程中的两大主题孰先孰后是教学中的一个重要话题，作为高三教学，此处设计的讨论并不是让学生记住一个空洞的结论，而是怎样用近代历史的相关史实来说明两大主题之间的关系，史论结合是高考能力要求中重要的一条。）

教师总结：（过渡）很显然，要想实现现代化，民族独立是前提。经过近代 110 年的抗争与探索，中国人终于迎来了真正的民族独立。1949 年 10 月 1 日，新中国成立了！中国现代化建设也掀开了新的一页！

探究环节四：新中国成立—现代化新起点

问题：

（11）展示开国大典照片（图略）1949 年新中国成立，诗人胡风以一句"时间开始了"表达了自己的心声，从现代化的角度我们应如何理解这一历史巨变的意义？

（**设计意图**：新中国成立标志着新民主主义革命的胜利，推翻了帝国主义和封建主义，为中国走向现代化扫除了主要障碍。需要强调的是，近代以来，以辛亥革命为代表的探索基本上走资本主义现代化道路。新中国成立后，中国开始走上了社会主义现代化的道路。）

师：（过渡）建国后，沛县人民政府收回了法国传教士在西关建筑的天主教堂，将之确定为沛县中学新的校址，晓明楼就是当年教堂神职人员的住所（如图 4 - 15 所示），现为省级文保单位，（位于沛县初级中学校内。1989 年沛县中学初高中分设，高中迁出至正阳路）。迁回城区后，沛县中学的历史也掀开了新的一页。

这时，李老先生已年近八旬，他满怀建设新中国的激情，但心有余而力不足，1955 年病逝于家中。李昭轩的一生为沛县教育的现代化奠

图4-15　省级文保单位——沛中晓明楼

定了基础,是当之无愧的"沛县现代教育之父""沛中之父"。

师:(过渡)"文革"十年,民主与法制遭到摧残,中国社会主义现代化出现了倒退。经历"文革"后,我们明白了民主与法制建设的重要性,1978年十一届三中全会的召开,中国现代化建设进入了新时期,沛中的发展也迎来了新的春天。

【延伸与展望】

新时期——现代化新华章

材料七:1999年,教泽碑迁立于沛初中晓明楼前(如图4-11所示)。

2001年,《李昭轩诗文集》出版。

　　　　　　　　　　　　　　　——整理自《李昭轩诗文集》

材料八:1980年,省指定本校为江苏省首批办好的重点中学之一。

　　　　　　　　　　　　　　　——《沛县中学志·大事记》

材料九:2009年,沛县中学被评定为江苏省四星级高中。

2013年,沛县中学将迎来建校九十周年华诞。

(**设计意图**:新时期我国现代化建设取得了突出成就,沛县中学也有了长足发展,历史的厚重和前景的光明激发了学生的爱校热情,也激励着学生努力学习,去延续光荣历史。)

【课堂小结】

(展示沛中各时期的学校照片)这节课我们以沛县中学首任校长李昭轩先生的一生为主线,借助李先生和沛县中学的历史观察了中国现代化的简要过程。李先生是一个名不见经传的小人物,但恰恰是这些如浪花般的千千万万的小人物汇成了滚滚向前的历史长河。我们都生活在历史中,我们与时代、与历史休戚相关。同学们,回首过去,沛县中学的先辈曾谱写了值得我们缅怀的历史,展望未来,我们有理由相信,沛县中学学子还将创造新的辉煌历史!

第四节　因疑生趣：教材疑点的　　深度探究

一、何谓"教材疑点"

教材疑点,是指教材中引发人质疑或者产生争议的表述。自 21 世纪初新课程实施以来,教材的使用经历了一个由统到分再到统的过程。过去的近 20 年里,教材的编写和使用出现了一个"一标多本"的时代。不同的教材在栏目设置、内容选择、行文风格等许多方面存在差异,可谓各具特色,由于所采用的叙史方法、史学结论不尽相同,在一些具体史实和史论问题上存在明显的甚至"刚性"的分歧,有时,同一本(版)教材在同一问题上的表述也会前后矛盾,让使用者产生了一定的疑惑。笔者把这类引发质疑的教材表述称为教材疑点。据笔者的阅读所见,这类疑点并不鲜见,有的是教材表述混乱,自相矛盾;有的是教材观点滞后,亟须改进;有的是不同版本之间各执一词,互相冲突;等等。为便于说明,略举一例。

1861 年农奴制改革是俄国弃旧图新,打破封建制度坚冰的标志,具有划时代的意义。但 2003 年课程标准配套的四种教材在行文中都没有仔细区分俄国农村改革前的不同阶层，表述时均把"农民"和"农奴"两个词语混为一谈。不少教师在备课和上课时将两者等同，也有不少教师认为俄国的农业劳动者都是"农奴"，从而引起了理解上的偏差，使学生不能正确认识这次改革的历史价值和作用。

人教版第一课时"19世纪中叶的俄国"正文部分（不含历史纵横、学思之窗等辅助栏目）共出现"农民"11次，"农奴"10次[1]（不含专有名词"农奴制"，下同）。后两节也与此大体相似。在同一句话中，两个词语也会交错出现。例如：

"残酷的剥削和压迫激起了**农奴**的反抗，19世纪上半期，**农民**骚动越来越多。"[2]

"他首先让报纸公开讨论**农民**问题，借助舆论力量化解来自封建地主的阻力，同时下令成立一个秘密委员会讨论解放**农奴**问题……一些封建地主看到农奴制的废除已经是大势所趋，表示愿意有条件的解放**农民**。"[3]

"在主要农业地区，地主不愿意解放**农奴**，更愿意把土地分给**农奴**，还希望增加土地和加强对**农奴**的控制……在草原地区，地广人稀，劳动力缺乏，地主们同意逐步分给**农民**土地，但需要**农民**服劳役。"[4]

"法令在法律上废除了封建地主对**农民**的控制，**农民**不再是地主的私有财产，两千多万**农奴**获得了人身自由。"[5]

人民版第一课时"危机笼罩下的俄国"正文部分共出现"农民"23次、"农奴"16次[6]。这两个词语使用的混乱情况与人教版类似，例如：

"**农奴**阶级内部出现分化，少数富裕的**农民**通过扩大粮食生产和经营发财致富，赎买了自己的人身自由………**农民**阶级内部出现富农和

---

[1] 朱汉国主编：《历史选修·历史上重大改革回眸》，北京：人民出版社，2008年，第91—94页。

[2] 朱汉国主编：《历史选修·历史上重大改革回眸》，第91页。

[3] 朱汉国主编：《历史选修·历史上重大改革回眸》，第95页。

[4] 朱汉国主编：《历史选修·历史上重大改革回眸》，第95页。

[5] 朱汉国主编：《历史选修·历史上重大改革回眸》，第97页。

[6] 人民教育出版社编著：《历史选修·历史上重大改革回眸》，北京：人民教育出版社，2007年，第88—94页。

贫农的分化。"①

"车尼雪夫斯基……认为只有革命才是**农奴**获得解放的唯一途径。在抨击农奴制的同时,他积极宣传**农民**革命的思想……被**农奴**战争困扰的沙皇和贵族坐卧不宁……"②

岳麓版第 12 课的前三目"克里木战争""变革的呼声""解放法令"共出现"农民"9 次,"农奴"8 次③,也存在上述问题。例如:

"**农奴**在获得'解放'的同时也付出了沉重的代价,**农民**为了赎买土地而背负了沉重的债务。"④

上海使用的华东师大版则说:

"但在农奴制度下,工厂主雇用的工人实际上大多是**农奴**,可以随时被地主召回。""**农奴**状态是国家脚下的火药桶。"

"沙皇亚历山大二世颁布废除农奴制的法令,宣布**农民**获得自由民的权利和地位。"

"地主不得任意买卖、处罚**农民**。**农民**缴交纳赎金后,可得到一块份地。"⑤

从引文不难看出,四种版本教材都没有对"农民""农奴"两个词语加以区分,而是交叉使用,相互替换。事实上,"农奴"与"农民"并不等同,在 1861 年改革前,俄国农业劳动者中有一半农奴,但也有半数左右向国家直接纳税的独立农民,两者尽管同受封建压迫,但却有着明显的差异,把农奴和农民混为一谈是不恰当的⑥。

初高中统编历史教材使用后,教材的权威性和科学性大大加强,但史学研究的新进展和各种观点的争鸣是学界的常态,对教材的解读也难免见仁见智,甚至教材中的疏漏或者表述不严谨也在所难免,这些,

---

① 人民教育出版社编著:《历史选修·历史上重大改革回眸》,第 89 页。
② 人民教育出版社编著:《历史选修·历史上重大改革回眸》,第 91 页。
③ 曹大为、赵世瑜主编:《历史选修·历史上重大改革回眸》,长沙:岳麓书社,2007 年版,第 77—80 页。
④ 曹大为、赵世瑜主编:《历史选修·历史上重大改革回眸》,第 80 页。
⑤ 余伟民主编:《高级中学课本·高中历史》第四分册(实验本),上海:华东师范大学出版社,2008 年,第 71—72 页。
⑥ 苗颖:《"农奴"与"农民"辨析》,《历史教学》(中学版),2012 年第 9 期。

都可以让教师带领学生开展对教材疑点问题的教学探究。

二、教材疑点的价值挖掘

（一）引导学生运用新型历史学习方法，深化历史学习的课题资源

　　教材语焉不详，如何理解？前后表述相互矛盾了，哪个才是对的？用什么方法来证明？这时，平常的记忆、理解、归纳、概括等学习方法是无法解决的，需要探求新的学习路径。《普通高中历史课程标准》（实验）倡导的新学习方法——"注重探究学习，善于从不同的角度发现问题，积极探索解决问题的方法；……学会与他人，尤其是具有不同见解的人合作学习和交流"，正是解决这一问题的钥匙。教材疑点问题相当于摆在学生面前的一个新课题，是一个"多样化，开放式的学习环境"①，为完成这一课题，学生要查找资料，整合资料，分析处理，师生之间、生生之间要分工、合作、交流，最后要发言讨论，撰写报告，得出结论。在这一过程中，学生将能够有效地掌握利用学习资源（如图书馆、互联网等）的方法，获取和解读信息并进行信息处理的方法，与持不同见解的人合作学习的方法等。不管这种探究活动成功与否，所有这些，都将有利于学生增强历史意识，训练历史思维，汲取历史智慧，获得学科核心素养的提升。

（二）帮助学生形成质疑精神和开放视野的重要契机

　　通常的研究性学习虽能倡导新的学习方式，但却很难给学生以情感态度上的巨大震撼，而师生在教与学过程中发现的教材疑点问题，则为培养学生敢于质疑的精神、广阔开放的视野提供了一个重要契机。教材一直是权威的代名词，对其发起挑战，会形成一个新鲜的信息刺激，让学生精神一振，除能很好地调动学生积极性以外，还能够让学生正视权威，不盲从，不唯书，不唯上。古人云"尽信书不如无书"，对教材疑点问题进

---

① 　中华人民共和国教育部：《普通高中历史课程标准》（实验），第 4 页。

行纠谬体现的就是这一精神。这能让他们认识到，要获得真知，需要我们掌握更多的资料和信息，了解不同的观点，进行去伪存真，思考判断，这必将有助于养育"吾爱吾师，吾更爱真理"的求真精神和科学态度。

（三）带领学生深度领略历史学科特质的过程

从学科性质上看，历史学科既有求真求是的客观性，也有主观解读的人文性。教材中的疑点问题有史实性的分歧，但更多的是史论的不同。由于立场、视角、时代等因素的影响，历史学家对同一个历史事物会形成有差异的甚至截然相反的结论，这就是历史解释的多样性。认识历史解释的这种特征，领略历史学的人文性，是认识历史学特质的重要路径。如果没有多角度、辩证性，而是以"一家之言"实施教学，只会使历史教育变成教条。而通过借鉴史学研究的新成果，源于教材而又高于教材，做到"用教材"而不是"教教材"，才能使教师的教学活动更加灵动，更富有生命力。

三、教材疑点的探究实践

笔者曾经针对学生作业中的一个疑点问题组织过一次教学探究活动，效果良好。为便于说明教材疑点的利用，在此简要介绍。

由于教材和作业中对彩色电视机发明使用时间的记述有较大分歧，在请教物理教师、上网查询均没有得到可靠答案的情况下，笔者组织了一次以查阅收集资料为内容的学习探究活动，让学生自己去寻找答案。

经过两周的精心准备，探究活动成果展示课如期进行，历史课代表主动担任了课堂发言的主持人。先是各小组组长介绍各组的成果，然后针对各组发言中的不同意见，同学们进行了热烈的讨论。看得出来，经过两个星期的准备，大家对电视的发展历史都比较熟悉，纷纷上台发表自己的意见，并都拿出了自己的证据：有的是借来的书籍杂志，有的是网络电子书打印稿，有的是摘抄的文章片段，个别同学为保证真实

性,还用相机拍摄了图书页面的数码照来展示。经过近 20 分钟的讨论,师生共同合作整理形成一份简明的电视发展史:

世界上第一台(黑白)电视机诞生在 1925 年的英国,发明者是工程师贝尔德,采用的是机械式原理。1930 年开始在英国广播公司进行公共电视广播试播①。但这种机械式电视不久就被新的发明所取代。1935 年,美国利用俄国发明家兹沃尔金的光电摄像管和电子扫描方式在纽约帝国大厦上设立了一座电视台。1936 年电视台成功将电视节目送到 70 千米外的地方。

黑白电视机发明后,彩色电视机随之问世。早在 1928 年,贝尔德就做了第一次彩色电视的实验演示。他采用红蓝绿三色为基色,所有彩色都可以通过三原色调制出来。与黑白电视不同的是,原先的一种信号增加到三种信号,贝尔德采用三种信号顺序发射的方式呈现了彩色图像,而这三种信号是顺序发射还是同时发射,则决定了彩色电视机不同的发展方向。

信号顺序发射是 20 世纪 30 年代彩色电视机的主流,这种发射方式使彩色电视与黑白电视无法兼容,各自独立。20 世纪 40 年代,美国哥伦比亚广播公司最先试播了一种与黑白电视机不兼容的顺序制彩色电视节目。

1936 年,匈牙利工程师戈德马研究出了新的彩色电视机系统。他采用三色转盘的方法,实现了信号的同时发射,并于 1940 年做了首次演示,使彩色电视与黑白电视的兼容成为可能。1953 年,世界上第一个兼容彩色电视制式——NISC 制,在美国研制成功,1954 年正式播

---

① 这里曾发生争论,第二组在发言中说"黑白电视广播 1937 年在英国、美国开始播出"(依据的是《20 世纪科学技术简史》)。对此,第三组持不同意见,认为 1936 年 11 月 2 日英国 BBC 开始了全球第一个电视播送服务,第一个公众电视发射台就建于伦敦亚历山大宫(依据是邹建、洪代星、贾志珍编著的《电视节目编导》)。第四组则说,英国电视广播开始于 1931 年(依据是《科学的历程》)。还有许多同学说,1930 年就开始播出了,因为许多资料上都提到,1930 年电视机就进入市场了,如果没有电视节目,谁买电视机啊。经过讨论,结合大家手头上的资料,最后基本弄清了英国开始播出电视节目的情况:1930 年英国最先试播黑白电视广播;1936 年 11 月 2 日,英国广播公司首次开办每天两小时的固定电视广播,开始了正式的电视业务。

出。至此,黑白电视和彩色电视实现了"会师"①。

通过对简明电视史的内容整理,大家原来的疑问有了一个清晰的结论:1954 年出现的并不是世界上第一台彩色电视机(之前就已问世),而是第一台兼容式彩色电视机。40 年代的美国居民也有可能看上非兼容性的彩色电视。

这次活动的组织给学生带来很大的触动,许多学生第一次感受到了主动学习的趣味,他们从学习中发现了教材的错误,并加以纠正,也发现了一些新的问题尚待继续探索,他们从探究学习中获得了对教材、对学习、对历史学科的全新认识。

我们在阅读、备课和教学的过程中,有时会对教材的某些内容产生疑问。面对这些疑问,有的教师有意回避,有的则通过自己查阅资料等办法找出正确答案告诉学生。这样做,实际上并没有充分发挥这些疑点问题的教学价值。通过这次探究活动,笔者认识到这些疑点问题实际上是很好的教学资源。相对于我们煞费苦心制订的研究性学习题目和辛苦劳作开发的校本课程,这些疑点问题,尤其是学生对发现疑点问题有着天然的优势,很容易引起学生的兴趣。利用这些问题组织探究活动,更符合新课程的理念,能收到良好的教学效果。因此,我们应该本着一种求真的态度,真诚地面对学生的知识需求,真实地表达自己对问题的认识过程,然后带领着学生去获取真知。

总之,教材疑点问题本来是教材的瑕疵(甚至错误),可如果我们能选择出那些适合学生探究的问题(并不是所有问题都适合这样做),充分利用它的教学价值,按照新课程的理念,引领学生深入学习,就可以变"废"为"宝"。

---

① 此处主要参考吴国盛:《科学的历程》,北京:北京大学出版社,2007 年,第 533—534 页。王玉仓:《科学技术史》,北京:中国人民大学出版社,1997 年,第 399 页。王一川主编:《大突破——20 世纪主要科技发明与发现大突破》,上海:东方出版中心,2000 年,第 251—254 页。李佩珊、许良英主编:《20 世纪科学技术简史》上册,北京:科学出版社,2004 年,第 609 页。周桂友、杨先富、张锟生:《彩色电视机原理》,南京:东南大学出版社,1988 年,第 49 页。

第五节　小中见大：细节更需细推敲

　　"尊重历史，追求真实"是历史学的基本学理原则，也是历史教学的核心理念和重要价值诉求。对历史教师而言，教学中不仅需要历史学和教育学的双重理论修养，更需要树立一种勇于追求历史真相的意识。由于史学素材的浩繁和使用者的疏忽，历史教学中还存在着大量的史实细节错误，这些错误，尤其在重要问题上的错误不仅影响了历史教学的有效性，也在很大程度上降低了历史学的科学性。笔者在阅读和听课中，发现了一些出现频率较高的、应该加以纠正的细节错误，在此略作整理和分析，以待引起更多同仁对专业素养提升的关注。

一、文字剪裁中的"任意截搭"

　　有些教师，在上课、命题、撰文时，为了获取自己所需要的某种观点，会在原文中跳跃性地剪裁文字，并把它们截搭在一起，看似顺畅，其实并不是原作者的意思。前些年，有位云南的教师撰文对笔者发表在《中学历史教学》的一篇文章提出商榷，其文章当中的论据就出现了明显的"任意截搭"式文字剪裁。该教师引用了丘光明、邱隆、杨平等人合著的《中国科学技术史（度量衡卷）》，说"故此，秦权一斤的平均值253克是一个不确定值或暂定值，它会因将来发现更多的秦权而有所变动。秦代衡制仍然存在着混乱和分歧"[①]。文章作者意在告诉我们，秦代衡制的研究还没有定论，"存在混乱和分歧"，因此使用"秦代一斤约是253克"是不合适的。事实上，丘光明等人的原文恰恰认为当前最恰当的还是用"253克"的结论，这位老师的文章对文字作了剪裁调整，改变了原意。原文如下：

---

① 　税光华：《〈细节更需细推敲〉一文相关观点商榷》，《中学历史教学》，2012年第10期。

　　"我们曾在《中国历代度量衡考》中暂定秦权一斤量值为 253 克（实际数值为 252.677 克，进位为 253 克，今又多搜集到三件铜权，故得平均值为 252 克，也说明了这一数值是一个不确定值，它还会因将来发现更多的秦权而有所变动）。为了保持数据一贯性，目前仍以沿用 253 克为宜。"①

　　那么，"秦代衡制仍然存在着混乱和分歧"一句又从哪里来呢？ 在该书的前一页，作者引用巫鸿《秦权研究》的文字，说"秦代实际使用的衡制量值，很可能不是单一的标准值，也就是说秦代衡制仍然存在着混乱和分歧"②。文章作者把两部分糅合在一起，就把原意"秦朝当时实行的衡制存在混乱和分歧"改变为"今天的秦朝衡制研究存在混乱和分歧"了。笔者曾在一篇文章中指出，节录引用文字片段时，"要确保这一片段使用时既能独立地承载历史信息，又要保证这一信息不会偏离原意"③。该文作者断章取义，随意剪裁，已经使语意有了明显的改变。

二、细节转述中的"以讹传讹"

　　一位教师在讲授"八国联军侵华"部分时，穿插讲述了一个流传很广的对联传说："八国联军与清朝政府的'议和会议'上，一个号称'中国通'的洋人傲慢地出了一副上联'琵琶琴瑟八大王，王王在上'，意谓八国联军这'八大王'是'王王在上'，让中国议和代表对出下联；中国这边有一人愤怒地站了起来，对以下联'魑魅魍魉四小鬼，鬼鬼犯边'。怒斥八国联军是四对小鬼'鬼鬼犯边'……"这个故事不仅经常出现在课堂上，也被编成练习题出现在各种教辅资料中。

　　这一故事有三个问题值得商榷。首先是和中国议和的实际不是八国，而是十一国，荷兰、比利时、卢森堡三国借口使馆被毁，提出索赔，参

---

① 丘光明、邱隆、杨平：《中国科学技术史》（度量衡卷），北京：科学出版社，2001 年，第 190 页。
② 巫鸿：《秦权研究》，《故宫博物院院刊》，1979 年第 4 期。
③ 刘晓兵、苗颖：《浅谈史料引用应注意的三个问题》，《中学历史教学》，2009 年第 7 期。

与了 1901 年中外的议和会议，并和入侵的八国一起强迫中国签订了《辛丑条约》。其次是会议上的"对联应答"这一环节在史书中没有记载，缺乏史实依据，在战后争实利的会议上逞"口舌之利"的故事，颇有几分阿 Q 精神，显然是后人演义。再次是这一对联并非近代才有，明代冯梦龙《古今谭概·唐状元对》中早就有相关的记载："唐皋以翰林使朝鲜。其主出对曰：'琴瑟琵琶，八大王一般头面。'皋即应对曰：'魑魅魍魉，四小鬼各自肚肠。'主大骇服。"教学中，使用这样的素材固然有增强课堂趣味性的作用，但从严谨和科学的角度看，却是值得商榷的。

这一例子是把传说作为史实来看待，类似的还有把一些流传很广的文学作品作为史实引入教学的现象等，囿于篇幅，在此不再一一列举。

三、历史叙述中的"武断表述"

历史是纷繁复杂的，历史叙述则是追求客观严谨的。由于对历史的了解不够全面，"只知其一，不知其二"，使得一些历史教师在教学和命题中的表述过于武断，教学内容和设计的试题违背了历史真实。这是历史教学中细节错误的又一个表现。例如这样一道选择题：

《诗经》是我国的第一部诗歌总集，收集了西周至春秋中叶的诗歌三百多篇，孔子在编订《诗经》时，为何没有将韩国的诗歌收进去？
（　　　）

A. 韩国与鲁国当时是敌对的国家

B. 当时诸侯国中还没有韩国

C. 孔子曾周游至韩，没有受到礼遇

D. 韩国文化落后，无诗可选

参考答案：B。

本题涉及的史实错误比较常见，很多教师指导学生阅读先秦地图的一条重要法则就是"三家分晋之后才有韩、赵、魏三国，西周和春秋则没有"。这条法则对学生做题和认识战国地图是有用的，但却极不严谨。本题更是强化了这一错误，因为西周恰恰有个韩国，即《诗经·大雅·韩奕》中的"韩侯"之国。这个韩国是西周初年所封，姬姓，其地在今天的陕西韩城市和山西利津县一带。《左传》云："邘、晋、应、韩，武之穆"之语，也就是说，这四国的始祖都是周武王的儿子。后来这个韩国为晋所灭。晋国把韩国旧地封给晋文侯之弟桓叔的儿子韩万，从此在晋国出现了一个韩氏，为晋国六家之一。公元前403年，三家分晋，韩氏自立为诸侯，建立了战国时代七雄之一的韩国，但此韩国已非彼韩国了。该题的设计忽视了这一历史史实，认为西周没有"韩国"，显然是想当然。

　　笔者听一位青年教师的"列强入侵与民族危机"一课时，执教老师为让学生准确记忆火烧圆明园的史实，在课堂上重点强调："火烧圆明园的是英法联军，而不是八国联军，八国联军有很多罪恶，但绝没有火烧和掠夺圆明园，列强的这两次侵略相隔四十年，当八国联军入侵时，圆明园早已经被毁，成为废墟一片了。我们要准确地认识历史，千万不能混淆史实。"课后评议时，这位教师对这一环节的处理比较满意，在征求笔者意见时，笔者肯定了他追求严谨的意识，但也明确指出，这种表述恰恰又是"只知其一，不知其二"，背离了历史真实。

　　第二次鸦片战争期间英法联军残暴地火烧了有"万园之园"之称的圆明园，这是已为人所熟知的史实。（前些年，许多人将英法联军和八国联军混为一谈，1983年第8期《大众电影》对电影《火烧圆明园》的导演李翰祥进行专访时，李导演还认为火烧圆明园的是八国联军）。为让学生准确记忆，该历史老师的强调是有其价值的，但强调八国联军没有火烧和掠夺圆明园是不符合史实的。清同治十二年（1873年）冬，据内务府对圆明园的调查报告称，圆明园尚存完好建筑十三处，如，圆明园的蓬岛瑶台、藏舟坞，绮春园的大宫门、正觉寺等。1900年，八国联军侵入北京，再次掠夺并火烧了圆明园，使这十三处辉煌建筑化为灰烬[①]。正因如此，李大钊在《吊圆明园故址》诗中悲愤地写道："圆明两

---

① 何书彬：《大国面子：圆明园150年家仇与国耻》，《看历史》，2010年第10期。

度昆明劫，鹤化千年未忍归。一曲悲笳吹不尽，残灰犹共晚烟飞。"

　　类似的武断表述还有对察举制和科举制的表述，不少教师将"是否采用考试来选官"作为区分察举制和科举制的依据。但事实上，科举制固然以考试的办法选官，但察举制下并不是没有考试。北京大学历史学教授阎步克先生在《察举制度变迁史稿》中指出："汉代选官中的考试之法的运用，（在西汉和东汉初）就已经有相当的规模了。"主要有经术射策之考试、对策陈政之考试、史书之考试等。东汉顺帝阳嘉元年（公元 132 年），应尚书令左雄之奏请，下诏要求"郡国举孝廉，限年四十以上，诸生通章句，文吏能笺奏，乃得应选"。由此开始了"阳嘉新制"。"这一制度，把对某种专门知识的程式化考试，作为认定居官资格的手段""建立经术和笺奏的考试制度""考试制度的建立，则是阳嘉制的中心内容"[1]。由此可见，察举制下也有考试，并且到了后期日趋程序化，与科举制考试所不同的是，察举制的考试是在地方推荐的人员中进行，有着严格的资格限制。这些例子在不断地提醒我们，历史是丰富复杂的，全面了解历史是传授科学历史知识的前提。

四、观点论证中的"倒因为果"

　　仍以上文提及的那位云南老师的文章为例。其在文中为了说明 1 块银圆折合 0.72 两白银只是一个计算出来的约数，而不是规定的成色重量，有这样的论述："'1 银圆折合 0.72 两白银又是怎么算出来的呢？据民国货币史专家彭信威先生估算：清末的各种银币总和将近九亿五千万元，或白银六亿八千四百万两'。用数学算式可知：684 000 000÷950 000 000＝0.72。"

　　那么，清代 1 银圆折合 0.72 两白银，真的是计算出来的？事实当然不是如该老师所说的由彭信威的两个数量相除计算得出的，相反，笔者推断，彭信威原文中的"或白银六亿八千四百万两"应是根据"1 银圆折

---

[1]　阎步克：《察举制度变迁史稿》，北京：中国人民大学出版社，2009 年，第 57—61 页。

合 0.72 两白银"折算的，因为银圆本身的重量就标在银圆背面，无须用这种吃力不讨好的办法计算。清政府铸造银圆时就对银圆重量有明文规定，除上文所引光绪二十七年（公元 1901 年）的规定外，宣统二年（公元 1910 年）也作了七钱二分的规定，在彭信威的《中国货币史》中也有记载，"宣统二年的币制则例规定发行下列各种货币：银币，一元（本位币），总重库平七钱二分，成色百分之九十……"[①]"数学算式 684 000 000÷950 000 000＝0.72"用作小学数学题目练习，或许可以，但由此得出"1 银圆折合 0.72 两白银是计算出来的"，未免滑稽——两个估计的约数为百万级的数字相除得到一个精确到小数点后两位的准确数字，可信吗？该文作者倒因为果，是典型的缺乏事实依据的"想当然"。

　　以上所说的四种情况在课堂上、试题中，甚至教材里都是不鲜见的。此外，数据史料的单位换算、文字史料的剪裁摘编、图像史料的证史运用等，都容易出现不严谨不科学的现象。"差之毫厘，谬以千里"，它们的存在一再提醒我们"相对教育理论，提高专业素质更为重要""专业素养是运用新理念的基础。专业素养决定了对课程内容的理解和把握，在此基础上运用新的教育理念才能取得比较理想的教学效果，才能真正实现课程目标的要求"。[②]

---

① 彭信威：《中国货币史》，上海：上海人民出版社，1958 年，第 55 页。
② 《历史教学》编辑部：《新年寄语》，《历史教学》（中学版），2010 年第 1 期。

第五章

多维对话：灵动课堂之『互动』

雅斯贝尔斯认为,"对话是探索真理与自我认识的途径",也是"真理的敞亮和思想本身的实现""在对话中,可以发现所思之物的逻辑及存在的意义"①。今天,"对话"已经成为社会生活的关键词,无论是人际关系还是国际关系,"对话"已经成为人们追求的一种状态、一种体验方式,同时也成为人们达成目的的有效策略。

第一节　历史教学:双重对话的通透

一、史学是穿越古今的对话

历史是什么? 英国学者爱德华·卡尔的回答振聋发聩,发人深省:"历史是历史学家与历史事实之间连续不断的、互为作用的过程,就是现在与过去之间永无休止的对话。"②这一广为流传的历史学"金句"告诉我们:"历史就是对话。"

"历史是什么"的问题涉及历史学的学科性质、历史学的研究对象、历史学家与他所研究的历史之间的关系等诸多方面,可以说是历史学的"原问题",古今中外的学者对这一问题的回答见仁见智,卡尔对这一问题的回答是在批判 19 世纪以来的客观主义历史学的基础上展开的,被清华大学的彭刚教授界定为"建构论"的历史观③。

19 世纪的西方史学界,占主导地位的是兰克学派。兰克奠定了历

---

① ［德］雅斯贝尔斯:《什么是教育》,第 11 页。
② ［英］卡尔:《历史学是什么》,陈恒译,北京:商务印书馆,2007 年,第 115 页。
③ 彭刚:《什么是历史? ——彭刚教授在中国人民大学的讲演》,《文汇报》,2011 年第 4 期。

史学专业化的规范，他在史学认识论上倡导客观主义，认为历史学要以求真、重建和还原历史的本来面目、实现客观性为自己的目标。这也就是彭刚所谓的"重构论"的历史观。

客观主义历史学家认为，历史学可以像自然科学那样，尤其是在求真这一目标上，历史学与自然科学并无分别。因此，就有了伯里的名言："历史学就是科学，不多也不少。"在承认历史客观性和重建历史真实可能性的前提下，他们认为历史学家的任务就是全面而无遗漏地收集史料，并进行严格、精密、细致的考订。在此基础上，历史学家能够也必须保持一种超然物外、不偏不倚、客观公正的史学态度，在叙写历史时不将自己民族的、政治的、宗教的、个人爱好的偏向掺杂进去。这样，历史学家就给自己描绘了一幅完美图景：他像一面镜子，借助史料清晰地呈现事实，从而恢复或者说重构历史的本来面目。

兰克学派的史学思想看到了历史具有客观的一面，对历史学的长足发展，并逐步走向专业化做出了重大贡献，兰克也赢得了"科学历史学的奠基人"[①]的称号。但客观主义的上述结论的两个构成要素其实都是有问题的，很难甚至可以说根本不可能实现。首先，历史学研究的对象不同于别的学科——它要研究的是过去人类的活动，可是，过去就是过去，早已经消失殆尽，往而不返了，历史学科可以研究的其实不是那个客观的过去，而是那些过去所存留至今的痕迹。不管历史遗留下来的资料如何丰富，但和以往人类社会丰富多彩、波澜壮阔的实际历史相比，也只能是沧海一粟。我国的历史典籍可谓汗牛充栋，历史文物、古迹之多不可胜数，但它们所传递和负载的关于祖国自古以来的历史信息与实际发生过的生活历程相比，何异于九牛一毛！如若历史人物的所说、所思、所为或所经受的任何东西没有留下痕迹的话，对后人而言就等于这些事实没有发生过一样，无法成为历史研究的对象。遗憾的是，这类情况很多，留存下来的史事的记载也大多不能满足我们重构历史的需求。

---

① ［美］费利克斯·吉尔伯特：《历史学：政治还是文化——对兰克和布克哈特的反思》，刘耀春译，北京：北京大学出版社，2012年，第38页。

其次，兰克学派一再声称，研究历史不能带有任何先入之见，不能有任何立场，甚至也不能带有任何"以史为鉴""关照现实"的动机，只能让史料说话，据实直书，可是，这种绝对化的、理想化的状态恰恰是机械唯物主义的论调，是无法做到的。马克思早就指出，从前的一切唯物主义（包括费尔巴哈的唯物主义）的主要缺点是："对对象、现实、感性，只是从客体的或者直观的形式去理解，而不是把它们当作感性的人的活动，当作实践去理解，不是从主体方面去理解。"[①]马克思在这里指出了实践唯物主义的认识论同机械唯物主义的认识论的一个根本区别在于，前者认为，人类无论认识自然现象还是社会现象，都不能像机械唯物论设想的那样，犹如照相机一般机械地摄入客体的影像，而是作为能动的认识主体，总是按照自身的生活"实践活动"或"感性活动"中获得的认识框架去认识自然界或社会。也就是说，人们总是要带着某种世界观，社会历史观或价值观等构成的"有色眼镜"去认识世界。

著名的瑞士哲学家、心理学家皮亚杰也对此做过精细的论证。他在揭示认识过程的本质时，提出了"同化"概念。他说："同化概念是指把给定的东西整合到一个早先存在的结构之中，或者甚至是按照基本格局形成的一个新结构。"[②]他认为："智力在一切阶段上都是材料同化于转变的结构，从初级的行为结构升华为高级的运算结构，而这些结构的构成乃是把现实在行动中或在思维中组织起来，而不仅是对现实的描摹。"[③]"早先存在的结构"或"按照基本格局形成的一个新结构"，都是指认识主体用来"同化"成"组织"他的头脑从外部"摄入"的"材料"或"事实"的观念结构。这一认识理论特别强调事实只有在被主体同化了的时候才能为主体所掌握，而主体只有凭借自身现有的结构去同化、改造外来刺激，他才能察觉这些刺激中所包含的客观属性。因此，在认识

① 《马克思恩格斯选集》第 1 卷，北京：人民出版社，1995 年，第 54 页。
② ［瑞士］皮亚杰：《发生认识论原理》，王宪钿等译，北京：商务印书馆，1981 年，第 25 页。
③ ［瑞士］皮亚杰：《教育科学与儿童心理学》，傅统先译，北京：文化教育出版社，1981 年，第 31 页。

发展的任何水平上,事先形成的认识结构(或图式)是认识进行的必要条件。那么,"早先存在的结构"或"按照基本格局形成的一个新结构",或者"图式",究竟是什么东西呢? 在历史认识中,就是人们常说的世界观或社会历史观。

由此可知,兰克学派主张的那种"排除自我"的历史客观主义的史学认识论是根本不可能付诸实践的。

爱德华·卡尔用他的智慧破解了这个问题,并清晰讲解了"什么是历史"这个重大问题,在历史学界产生了不可磨灭的影响。客观主义历史学家认为,事实就摆在那里,等着历史学家去发现。卡尔却认为,事实本身不会说话,而是历史学家让事实说话。我们所接触到的历史事实,从来都不是纯粹的历史事实,因为历史事实不以纯粹的形式存在,而总是通过记录者的头脑折射出来。[1] 历史学家有着他的关切,有着他自身的问题意识,他的这些主观因素投射到过去的某些侧面,才让在幽暗深处的某些事实凸显出来。在这一点上,克罗齐的"一切历史都是当代史",柯林武德的"一切历史都是思想史",事实上都在强调,历史学家总是从当前生活出发、从自己的关切出发,将眼光投向过去的,并以自己的精神去"重演""重现""重新复活"历史人物的思想和精神世界。我们也"只有以当下的眼光看待过去,才能理解过去"。[2]

如果我们承认历史学家会带着由观念、立场等构成的"有色眼镜"去认识世界,认识历史,那么是不是由此就得承认人们根本不可能认识历史真相呢? 是否意味着"既然一切历史判断都涉及个人和观点,则一种判断和另一种判断同样有道理,因此没有什么'客观的'历史真理存在"[3]呢? 卡尔给出的结论是,历史事实并不是客观的,但也不是历史学家编造的,它只是不同的历史学家对历史事实的解释不同。也就是说,历史学家对过去历史事实的陈述,即使不能做到完全客观,也不是

---

[1] [英]卡尔:《历史学是什么》,第106页。
[2] [英]卡尔:《历史学是什么》,第109页。
[3] [英]G·R·伯特:《新编剑桥世界近代史》第1卷,中国社会科学院世界历史研究所组译,北京:中国社会科学出版社,1988年,第32页。

完全主观的。卡尔引用自由主义新闻记者斯科特的名言：事实是神圣的，解释是自由的。在历史学家建构历史知识的过程中，历史学家并不是消极地反映和呈现历史进程，而是历史学家和历史进程之间在发生交互作用，这个交互作用就是"现在与过去之间永无休止的对话"。

那么，历史学家和历史事实之间对话的媒介是什么呢？如前所述，历史认识者所要认识的对象是以往的客观历史，是不可复现的，能直接进入历史认识者的认识过程的，并不是客观历史的原形，只是它留下的遗迹——历史资料。历史认识者认识客观历史的活动只有通过研究这些历史资料才可能进行。这样，历史认识者的认识对象便出现了双重客体。对于历史认识者所要认识的客观历史，我们可称为原本客体，直接进入认识活动过程的历史资料，可称为中介客体①。

历史科学的这双重客体之间并不是完全一致的，史料并不等于历史，史料的真实也并不等于历史的真实，这二者之间有时甚至存在着很大的距离，这就给正确认识历史的原本客体——客观历史过程增加了困难和复杂性。这种不一致或距离，主要表现在以下两方面：一方面中介客体并不能完全覆盖原本客体，因为大量的人类活动并没有留下印记；另一方面，又可以说中介客体往往"大"于原本客体。因为不管历史资料的记载如何凿凿有据，毕竟是当事人或转述者经过主观反映的记录，加进了更多的属于非客观历史的东西。当事人或转述者由于阶级立场、观察角度、认识水平和认识条件等因素的限制，总会在所做的历史记述中不可避免地加进一些外在的成分和主观的因素，不可能完全客观地反映出历史的本来面目。

历史学家和历史事实之间对话的立足点在哪里呢？这个立足点就是现实，就是当下的社会。人们之所以要认识历史，就是为了更清楚地认识现实，因为现实是历史的延伸体。正如克罗齐所说："显而易见，只有现在生活中的兴趣才能使人去研究过去的事实。因为这种过去的事实只要和现在生活的兴趣打成一片，就不是针对一种过去的兴趣，而是

---

① 庞卓恒、李学智、吴英：《史学概论》，北京：高等教育出版社，2006年，第329页。

针对一种现在的兴趣。"①每一代人都会对历史做出新的解释,这是因为每一代人都面临着不同于前人的时代新问题,为了解答这些问题,人们需要从历史中汲取智慧。也是基于类似的认识,克罗齐提出了"一切真历史都是当代史"的重要命题。

一时代有一时代的现实状况和需求,基于这些需求,历史学的对话就会不断地演绎下去。

二、教学是课堂发生的对话

教学是什么? 教学也是对话。教育作为一种培养人的社会实践活动,其本身就是一种"关系"的存在。教育过程是教育者、受教育者、教育媒介三者之间的相遇过程。我国课程改革的指导性文本《基础教育课程改革纲要(试行)解读》中,就明确指出:"教学原本就是形形色色的对话。"②

通常情况下,教育活动由"物质层""意义层"和"活动层"3 个维度组成③。"物质层"是指物质载体,如各种教学设施、教学文本、各种教具资源等;"意义层"是指教育承载的教育价值;"活动层"则是教师以自己的教育理想、意向为基础,创设有益于儿童成长的教育情境,通过各种交往活动,引领受教育者积极参与、主动建构知识体系。由此,我们说,教育活动是一种在场的相互对话的教学过程。教学和对话是紧密相关联的。

中国春秋时期的大教育家孔子和古希腊大教育家苏格拉底的教学思想可以说几乎同时拉开了对话式教育的序幕。孔子善用情境,注重启发,《论语》中饱含了丰富的对话教学智慧。苏格拉底自称是"撮合者",把人们拉到一起,让他们论辩,在论辩的过程中诞生了真理。对于

① ［德］克罗齐:《历史学的理论和实际》,傅任敢译,北京:商务印书馆,1982 年,第 2 页。
② 钟启泉、崔允漷、张华主编:《基础教育课程改革纲要(试行)解读》,上海:华东师范大学出版社,2001 年,第 210 页。
③ 柳夕浪:《对话:一种重要的教育研究方式》,《当代教育科学》,2006 年第 12 期。

这一真理而言，他称自己为"接生婆"，帮助真理诞生，由此，他又称自己的方法为"助产术"。在"苏格拉底对话"中，真理不是产生和存在于某个人的头脑里，而存在于人们的对话过程之中。

历代教育家对对话的价值多有论述，在现今影响最大的当属巴西教育家保罗·弗莱雷。他在那本风靡世界的《被压迫者教育学》中，对对话的价值做了深入的论述。他把灌输式教育称之为"压迫者"的教育，"在灌输式教育中，知识是那些自以为知识渊博的人赐予在他们看来一无所知的人的一种恩赐。把人想象成绝对的无知者，这是压迫意识的一个特征，它否认了教育与知识是探究的过程"[①]。这样，"教育促进了学生的轻信"[②]。他精辟地指出："真正的教育不是通过'甲方'为'乙方'（'A' for 'B'），也不是通过'甲方'关于'乙方'（'A' about 'B'），而是通过'甲方'与'乙方'（'A' with 'B'），以世界作为中介而进行下去的。"[③]由此，他深情地说："没有对话，就没有交流，也就没有了真正的教育。"[④]

日本教育家佐藤学提出，所谓的学习，是同客体（教材）的相遇与对话，是同他人（教师或者伙伴）的相遇与对话，是同自己的相遇与对话[⑤]。

教学即对话的观念在当下国内教育界也有着广泛的认可度。钟启泉先生认为，教学原本就是形形色色的对话。他把教学定义为"沟通"与"合作"的活动，并指出，"所有的学科教学都是一种有组织的社会性沟通现象，都是语言教学。没有沟通与语言的学科教学是不存在的"。他还援引克林伯格的观点，指出"所有的教学之中，进行着最广义的对话。……不管哪一种教学方式占支配地位，这种相互作用的对话是优

---

① ［巴西］保罗·弗莱雷：《被压迫者教育学》，顾建新等译，上海：华东师范大学出版社，2014年，第36页。
② ［巴西］保罗·弗莱雷：《被压迫者教育学》，顾建新等译，第42页。
③ ［巴西］保罗·弗莱雷：《被压迫者教育学》，顾建新等译，第60页。
④ ［巴西］保罗·弗莱雷：《被压迫者教育学》，顾建新等译，第59页。
⑤ ［日］佐藤学：《学校的挑战：创建学习共同体》，钟启泉译，上海：华东师范大学出版社，2010年。

秀教学的一种本质性的标识"①。张华先生指出，"教育即交往""教师和学生是'交互作用的主体'"，彼此之间"并非原子化的存在，并非彼此疏离，而是持续地发生交互作用，由此形成'学习共同体'""教师与学生、学生与学生彼此之间相互尊重，展开自由交往和民主对话，由此把课堂构成一个真正的'生活世界'"②。

新课程改革背景下，教学中的对话是指师生、生生基于相互尊重、信任和平等立场，通过言谈和倾听进行的双向沟通合作的方式，也是学生在阅读文本过程中通过积极参与，使个体感受与文本意义交融的一种理解方式，还是学生对人类文明所积淀的经验、历史、思想等的反思性理解。教学中的对话状态主要有师生与文本的对话、师生对话、生生对话和自我对话等多种形式。教学中的对话倡导民主、平等、和谐的氛围，追求灵魂交融、心智启迪的日的。许多教学中的对话看似平常的言语交谈，却蕴含着诸多"教"与"学"的精神气质。

在教学中，对话既是一种手段，又是一种情境。教学情境的创设以及学习和思考都凭借语言交流，语言的传递和交流过程就是对话的过程。对话既创设了互动的氛围、交流的话题，又生成双边、多边的活动过程。对话是人与人之间的沟通理解，更是思想和灵魂的碰撞互动。

三、历史教学是在倾听历史对话基础上开展的课堂对话

历史教学是什么？笔者以为，历史教学正是以上两个对话的统一和交融，是在倾听历史对话基础上开展的课堂对话。历史教学中，依托各种文本、各种史料，历史教师带领学生进行着多维度的对话活动。和其他学科有所不同的是，这些对话活动是在倾听历史对话的基础上，围绕历史问题而展开的。历史是人的活动留下的印记，从历史人物创造

---

① 钟启泉：《对话与文本：教学规范的转型》，《教育研究》，2001 年第 3 期。
② 张华：《课程与教学论》，上海：上海教育出版社，2000 年，第 359 页。

历史,到后人叙写历史,再到今天的人阅读历史,演绎出了数不尽的现场直接对话和后人对前人的解读与隔空对话,历史教学就是要倾听这些对话的声音,并以这些对话为基础,开展课堂中的对话并从中汲取历史智慧。

(一) 倾听历史的对话

教学中要倾听的历史对话包括创史者之间的对话、叙史者和创史者之间的对话,甚至还有叙史者之间的对话。创史者是指客观历史中的人物,叙史者是指描述或者记录历史的历史学家,以及留有直接文字记录的历史人物。

创史者之间的对话既包括真实发生过的现场对话,如人物言谈、事件经过构成的历史场景;也包括后事对前事的关联与演变形成的历史过程对话,如制度因革、社会变迁;还包括历史比较,如具有相似性的历史事物之间寻找差异性或者在差异性事物之间寻找相似性。

史籍中有大量的历史人物的对话描写。课堂上再现这些对话场景,可以将学生"带回"历史现场,在领略历史发生了什么的同时,感知历史的演进与发展,形成历史感。比如,在学习春秋时期"王室衰微"部分时,再现《史记》所描写的"楚王问鼎"就是不错的选择:

(楚庄王)遂至洛,观兵于周郊。周定王使王孙满劳楚王。楚王问鼎小大轻重,对曰:"在德不在鼎。"庄王曰:"子无阻九鼎,楚国折钩之喙,足以为九鼎。"王孙满曰:"呜呼……周德虽衰,天命未改,鼎之轻重,未可问也。"

这段对答生动再现了新兴势力楚庄王的跋扈之态和觊觎周室天下之意,"折钩之喙,足以为九鼎",楚国之强,亦可见一斑,而王孙满的两句话则守正持礼,不卑不亢。一个小小的历史截面就把春秋时代周王室权威不再,地方诸侯强大,挑战礼制的时代特征勾画了出来,宣告一场群雄争霸的春秋大戏即将上演。倾听这样的对话,如闻其声、如临其境,对学生历史感的培育具有很高价值。

有些历史人物的言论看似独白，却蕴含着制度因革、社会变迁的重要历史信息。陈胜那句著名的"王侯将相宁有种乎？"是他对自己未来的期冀和激励，对暴秦的愤懑与挑战，更是对"刑不上大夫，礼不下庶人"的贵族社会秩序的破坏与颠覆。世卿世禄制下，平民百姓难有出头之日，有识有志之士湮灭无闻不知凡几，陈胜不仅有反抗强秦的"首义"之功，更有对固有阶层结构和社会制度的冲击。其后，汉初布衣将相局面的出现正是呼应了这一声呐喊。这一声呐喊也就不再是一个人的独白，而是一个勇士和一个社会的对话。倾听这样的历史对话，历史学习怎能不让人心潮澎湃，又怎能不油然而生"通古今而观之"的历史意识？

比较相关联的历史事物是另一种历史对话。这种对话并没有在历史上真实发生，却可以在课堂上"创造"出来以助于历史理解。英、法、美三国在17—18世纪都发生了早期资产阶级革命，但在宏观历史背景和斗争对象上，美国具有特殊性，反抗的是殖民统治，而英法则是反抗封建君主专制，这也决定了美国革命具有了双重性质——民族解放和资产阶级革命。把三者放在一起进行对比，是历史对话的另一种表现，对理解历史概念、社会特征等有着积极的帮助。

创造历史的人只有少部分留下了直接的历史记录。大量的历史记载是由包括历史学家在内的叙史者留下的。在记录历史时，有着高尚史学操守的叙史者会尽可能地保持中立立场，客观、真实地再现历史场景，"述而不作"。但无论怎样强调"秉笔直书"，人总是无法摆脱主观性，无法跳出所处的时代、所持的立场，这让历史记录有了极强的加工痕迹，哪怕是最简单的事实陈述（更遑论出于各种原因和目的对历史记载有意篡改了）。这种加工痕迹中正蕴藏着叙史者和创史者的对话，倾听这样的对话，对于我们理解历史学的基本观念、思想方法等，有着极为重要的价值。

上文提到的"楚王问鼎"的历史故事最早并不是见于《史记》，对这一历史场景的描绘最早出自《左传·宣公三年》，《史记》的记载与《左传》原文基本一致，只是《左传》中称楚庄王为"楚子"，而《史记》则称"楚王"。换句话说，"楚王问鼎"的故事在《左传》中本来应该称作"楚子问鼎"。"楚子"和"楚王"有差别吗？有，而且反映的叙史者态度差别很大。《礼记·王制》曰："王者制禄爵：公、侯、伯、子、男，凡五等。"①西周时期，实行公、侯、伯、子、男五等爵制，楚国在周成王时被封为子爵——"封以子男之田"。到了周夷王在位的时候，"王室衰……熊渠曰'我蛮夷也，不与中国之号谥'。乃立其长子康为句亶王，中子红为鄂王，少子执疵为越章王"②。从此，楚国国君直接称王。这种做法在崇尚礼制的周朝人看来，是一种极大的僭越。《左传》称其为"楚子"就是不承认他这个自封的王，体现的是维护周礼的立场。到司马迁生活的西汉时期，这种对周朝正统的维护自然就不存在了，行文中直接称呼他"楚王"的名号了。

　　"楚子""楚王"的称号表现了不同叙史者对同一创史者的不同态度，是叙史者与创史者的对话。而把这两个称号放在一起探讨，又可以看作叙史者之间的对话，从中能够读出历史的变迁。这类情况在历史学中并不鲜见。比如《三国志》的作者陈寿本是蜀汉官员，蜀汉被曹魏所灭后入魏，西晋代魏后又仕于晋。陈寿完成《三国志》撰述是在西晋朝。出于政治统绪上的考量，《三国志》以曹魏为正统。因为魏受汉禅，晋受魏禅，不以曹魏为正统，则不能显示西晋得国之"正"。也正是基于这一立场，陈寿还采用"春秋笔法"，讳饰曹魏当政者的一些劣行。到东晋时，史学家习凿齿所著的《汉晋春秋》则采用了不一样的立场。那时，失掉中原、偏安江南的东晋政权颇类似蜗居蜀地却宣称承继大汉统绪的蜀汉。于是，《汉晋春秋》以蜀汉为正统，而把篡汉的曹魏视为忤逆。对比阅读不同史籍，洞察不同叙史者的立场视角，体悟其行文背后的深层意蕴，将能大大深化我们对历史书写的认识。

　　费正清说："历史的撰写者并不是旁观者，他们本身就是这种活动的一部分，因此需要看看他们自己是如何活动的。"③叙史者对于历史

---

① 《礼记》，呼和浩特：远方出版社，2004 年，第 26 页。
② 司马迁：《史记》，长沙：岳麓书社，1988 年，第 326 页。
③ ［德］贡德·弗兰克：《白银资本》，刘北城译，北京：中央编译出版社，2011 年，前言。

的记述总是和自己有着某种关联，这反映在历史典籍或者史料中，就有大量的记载反映了其观念、态度和主观意图，"为尊者讳、为亲者讳、为贤者讳"是著名的"春秋笔法"；"专取关国家盛衰，系生民休戚，善可为法，恶可为戒者"①是司马光编修《资治通鉴》时的选材原则，而各种史料中的时代印记、阶级立场、观察角度等，构成了一片丰富多彩的历史学海洋，这是叙史者从自己的视角对历史的记录，更是与创史者的一种对话。倾听这类对话，不仅能够帮助我们拂去历史的烟尘，走近事实的真相，更可以引领我们从史学思想方法和学科核心素养的高度认识历史学。

（二）开展课堂的对话

历史课堂中发生的对话活动包括阅史者（学生和老师）与创史者（创造历史的人）之间的对话、阅史者与叙史者（历史学家等各种记录历史的人）之间的对话、阅史者之间的对话三种。这三种对话均以阅史者——学生为主体。对话的关键是"神人"。教师要通过各种办法引领学生把自己置身于创史者、叙史者所处的特定时空当中，以当事人的视角，结合当时的时代背景来体悟世事，思考问题，绝不能以后人的眼光苛责古人。"只有设身处地，尽可能辨识各种历史叙述与历史事实之间的差别并复原历史语境，符合历史实际地对史事加以理解，从历史发展的视野中理解历史的变化与延续、继承与发展，才能正确、客观、辩证地认识历史。"②卡尔说："历史学家在事实面前，既不是卑微的奴隶，也不是专制的暴君。历史学家和历史事实之间的关系是一种平等的，互动的关系。""历史学家所从事的工作是一个让事实适合解释，让解释适合事实的过程。"③历史教学倡导要让学生学会像历史学家那样思考，除了学会运用各种探寻历史问题的方法外，更要领略历史学家那种与历史人物平等对话的意识，体验"设身局中"，"与古人处同一境界"地理解

---

① 司马光：《进书表》，载《资治通鉴》（全十八册），沈志华、张宏儒主编，北京：中华书局，2009年，第12508页。

② 徐蓝、朱汉国主编：《普通高中历史课程标准（2017年版）解读》，北京：高等教育出版社，2018年，第60页。

③ ［英］卡尔：《历史学是什么》，第115页。

历史的路径。

　　教学实践中，阅史者为主体进行的三种对话并不是各自独立发生的。大多数情况下，三种对话是同时进行的，又是以"倾听历史的对话"为前提的。比如，当教师选择《史记·武帝本纪》中汉武帝的事迹带领学生开展课堂对话时，就已经包含了司马迁与汉武帝的对话、学生和汉武帝的对话、学生和司马迁的对话，以及师生之间、生生之间的对话等。虽然我们会根据教学需要有所侧重，但却不能忽视多维对话之间的影响。当我们评论汉武帝的雄图伟业时，司马迁观察时局的角度，臧否人事的标准，乃至"肠一日而九回"的孤愤之情，都会悄悄地对阅史者产生作用。

　　阅史者与创史者、叙史者对话的主要媒介是"情境性"文本。这种"情境性"文本是教师根据教学需要从各种史料和史学著作中选择出来，进行有目的的组合、加工而构建的，包含了各种"历史的对话"，并配以相应的问题。阅史者之间对话的前提是"阅史"，是在阅史者与创史者、叙史者对话的基础上进行的问题探讨、观点交流、思想碰撞。基于历史课堂对话的这种融合性，我们很难一个个单独拎出来进行探讨。要而总之，历史课堂中的这三种对话能够有效开展，基础是教学情境的创设，关键是学习问题的设计，达成则要靠师生之间有效的思想交流。下面的第二到四节，笔者将分别从课堂对话的情境创设、问题设计、师生交流展开论述。

第二节　情境创设：高效对话的基础

　　美国学者布朗等人提出："情境通过活动来合成知识。知识只有在具体的情境中应用才能体现其意义。知识不是孤立而来的，因此获取知识的最好办法就是通过具体情境，在情境中感受和把握知识。"[①]历

---

① ［美］布朗等：《情境认知与学习文化》，《教育研究者》，1989 年第 18 期。

史教学中创设有效教学情境，是引领学生展开深度学习的基础，也是历史学科教学特质的重要表现。

一、教学情境的历史寻踪

情境，名词，许多时候和情景通用，《现代汉语词典》解释情景为"（具体场合的）情形；景象"①。解释情境则为"情景；境地"。情景是对具体场景、局面的描述。情境不仅包括场景，还应包含"环境""境遇""境地"的意思，也就是宏大的格局境界、细腻的情感情绪等。正如王国维所说："境非独谓景物也。喜怒哀乐，亦人心中之一境界。"教学情境是指在课堂教学中，为达成教学目标，教师根据教学内容而精心设计的、有助于学生主动积极建构性学习的特定的情形、境地或者环境。

法国教育家卢梭在其教育论著《爱弥尔》中就记载了情境教学的实例：爱弥尔不会辨别方向，有一次教师把他带到大森林里，由他自己辨别方向，在森林里，爱弥尔又累又饿，找不到回家的路。这时，老师教育他："中午的树影朝北，应根据树影辨别方向，寻找回家的路。"

较早在教育学意义上运用"情境"一词的是美国哲学家杜威。他提出"思维起于直接经验的情境"，并把情境列为教学法的首要因素。他认为，教学过程必须创设情境，依据教学情境确立目的，制订教学计划，利用教学情境引起学生的学习动机，实施教学计划和评价教学成果。杜威提出了"从做中学"的基本原则。"从做中学"也就是"从活动中学""从经验中学"。学校、教师根据需要而创设的"做"的场景、"活动"的场景，就是教学情境。

苏联著名教育家苏霍姆林斯基在他的教学改革实验中，经常把学生带到大自然中，让学生观察、体验、感悟大自然的美，让他们在大自然丰富多彩的自然情境中培养学生的观察力和创造力。他给学生编写了《大自然的书》，对学生进行情境教学。他说："我力求做到在整个童年时期内，使周围世界和大自然始终都以鲜明的形象、画面、概念和印象

---

① 《现代汉语词典（第六版）》，北京：商务印书馆，2014年，第1062页。

为描绘学生的思想意识提供养料……"

　　一直以来，教育工作者十分重视教学情境的创设，相关研究比较多，小学语文教学领域的前辈、南通李吉林老师的"情境教学法"就有着较大的影响。李老师的情境教学以激发学生的情感为主干，以陶冶人的情感，净化人的心灵，为学生提供良好的暗示或启迪为目标。

　　几乎所有的教学活动都要在一定的教学情境中进行。新课程背景下，生硬枯燥的灌输退出了教室，对知识的主动感知和自我建构成为教学论的主流观点，教学情境的创设也就变得更加重要。正如余文森教授所比喻的那样："情境是'汤'，知识是'盐'，盐只有融于汤才好入口，知识只有融于情境才好理解和消化。"[①]如何选择或创设适恰的教学情境，以利于学生对知识的获取、理解和再创造，是一个重要的话题。在历史教学的对话实践中，教学情境起到基础性作用，只有构建了鲜活的、深刻的，富有思想、思维和思辨色彩的历史教学情境，课堂中的对话才能更为充分、高效地开展。

二、灵动课堂的情境愿景

　　学习的过程不只是被动地接受信息，还是理解信息、加工信息，主动建构知识的过程。这种建构需要通过新旧经验的相互作用来实现。适宜的情境可以构建课堂对话的良好基础，帮助学生重温旧经验，获得新经验。张华教授在论述教学对话时说："对话情境是教学对话产生和维持的基本依托。创设一个理想的对话情境，教学对话也就成功了一半。"[②]由于历史是过去的事情，无法像自然科学那样重演，教学情境的创设就更为重要。灵动课堂的情境创设，就是借助史料、语言、实物、逻辑等将已经消逝的历史现场再现出来，带领学生"了解、感受、体会历史的真实境况和当时人们所面临的实际问题"，并借助这些"境况""问题"

---

① 余文森：《核心素养导向的课堂教学》，上海：上海教育出版社，2017年，第191页。
② 张华：《课程与教学论》，上海：上海教育出版社，2000年，第222页。

来"理解和解释历史"①。具体来说，情境的创设和运用要经历三个环节：首先，提供丰富多样的史学素材和信息，并借助这些素材带领学生尝试接近历史的本相（客观存在过的历史）；接着，引领学生从史料中汲取信息，关联所学知识，建构对历史的新认识，体验知识的发生和发展过程；最后，引导学生主动地探究、发散地思考，形成独立的见解并表达出来。基于此，在灵动课堂的愿景中，好的教学情境应该具有结构化、带入感和冲突性三个特征。

所谓结构化，表现为两个方面，一是教学情境从属于教学立意和课堂结构，是达成预设教学目标的有机组成部分，是课堂教学设计链条上的一环。二是教学情境应该自成系统，具有内在结构之美。一般而言，教学情境是教师为了达成教学目标而利用各种素材建构的，它应该有一个从属于本课教学立意的主题，素材的运用和问题的设计都应该服务于这个主题，并且各素材之间具有内在逻辑性。假如一个情境由两则史料组成，这两则史料之间必须有逻辑关联，它们可以是并列式、递进式、因果式、转折式、对立式等，但其核心问题必须是聚焦的，各则史料之间的逻辑关系必须是清晰的，学生阅读后能够触及这个焦点和这种逻辑。这就要求历史教师在甄选史料的时候，尽量选择典型的、言简而意丰的文字，更要求教师细心揣度每一则史料、每一件史事之间的逻辑关联。近来，结构化思维在职场上得到了较多的青睐，这种以事物的结构为思考对象，来引导思维、表达和解决问题的思考方法和灵动课堂中的情境设计初衷具有相似性，都是要聚焦问题，追索逻辑，形成见解。

所谓带入感，是指教学情境应具有一种表达的张力，吸引学生"神入"其中，在再造的"历史现场"中"了解、感受、体会历史的真实境况和当时人们所面临的实际问题"②。具有带入感的教学情境应该有三个特征：一是清晰的时空定位。时空观念是历史学科特有的思维方式和学科特质，只有时空清晰，才牢牢抓住历史长河的"河床"，才能锚定在

---

① 中华人民共和国教育部：《普通高中历史课程标准》(2017 年版)，第 51 页。
② 中华人民共和国教育部：《普通高中历史课程标准》(2017 年版)，第 51 页。

明确的历史发展环境中，历史境况的现场感和体验性才越强，这也是历史故事总是要强调时间、地点、人物等基本要素的原因。二是动人的表现形式。对于历史场景的再现总是有多种素材、多种方式可供选择，灵动课堂是要在其中选择最具有历史意味的一种。比如运用数据史料创设情境，普通的表格、柱状图、饼状图乃至于雷达图、散点图各有不同的表现侧重，教学中就可以根据需要进行选择，为了克服"审美疲劳"，还要注意多样化的使用。再如讲述历史故事，也有教师直接讲述，学生阅读文本以及音频、视频等多种形式。选择材料创设历史教学情境需要教师具有既懂历史又懂学生的"慧眼"，更要有过人的课堂教学的表现力。三是宏阔的思维空间。历史教学情境还不同于真实的历史过程，由于我们是站在后人的"高处"俯瞰历史"迷局"，自然不会有"不识庐山"的困惑，而多了一种通达、透彻的观感。好的历史教学情境应该在真实的历史场景之外再加入几分冷峻的历史思考，让学生在"遥体人情，悬想事势"之外，多一分贯通古今的意识。总之，历史灵动课堂的教学情境是情感环境、认知环境和思想环境等因素的综合体，带领学生以"理解"为目标，以"同情"为态度，去观察历史的延续与变迁。

　　所谓冲突性，是指教学情境蕴含有言语、观念、思维的对立矛盾。这种对立矛盾能够迅速激发学生探究的愿望，是学生思维的最佳生长点。"教育的最佳境界，即教师能够利用各种教学手段和策略来制造、诱发认知冲突。"①苏霍姆林斯基说："在人的心灵深处，都有一种根深蒂固的需要，这就是希望自己是一个发现者、研究者、探索者，在儿童的精神世界里这种需要特别强烈。"冲突情境可以是史事的转折、古今的对比、中外的差异，也可以是观念的碰撞、价值的多元、逻辑的悖论。文似看山不喜平，历史情境中多一个峰回路转，多一个柳暗花明，能够有效掀起学生思维的波澜。情境的冲突性可以来自情境内部的分歧，如针对某一历史事件发生原因的截然不同的解释，对某一历史事物褒贬不一的评价，对某一历史事实的各不相同的记载；也可以是情境与常规

---

① 　陈琦、刘儒德：《当代教育心理学》，北京：北京师范大学出版社，2007年，第278页。

观念的冲突，如对某些历史事物翻案文章、违背常识的历史认知等。历史演进有其必然性，也有着偶然性和不确定性，历史学是一种基于史料和视角的历史解释，又有着强烈的主观性，这就给创设冲突性情境提供了丰富的素材和厚重的土壤。

冲突性的情境加上具有一定思维含量的相应问题，能够让学生的思考、发言、争辩变得极为活跃。当然，追求情境的冲突性并不是要一味标新立异，不是要把历史学上的各种新奇的观点尽可能多地引入历史课堂。灵动课堂所要构建的教学情境一定是基于史学界已经形成共识的历史观点，所制造的冲突一定是情理之中、意料之外的设计，要有着深厚的史学理论和扎实历史事实做支撑，以清晰的逻辑推演和合理想象为路径，以正确的价值观念为前提，绝不能让教学成为"戏说"，成为"歪批"，成为"奇谈怪论"。

灵动课堂的教学情境是在历史学和教学论基础上，在多重考量之后创设的，旨在引领学生进入"历史现场"思考问题。情境创设过程中，应有一个始终坚持的思维方式，即"一种与前人平等对话、为前人设身处地、将过去的人和事置于具体的环境中看待的方式"①。

三、情境创设的史料引述

史料是历史学的基本粒子，也是构建教学情境的基本依托。日常教学中，历史教师的一项常规而又重要的工作就是在广泛阅读的基础上搜集素材，然后根据教学需要精心剪辑史料，并利用这些史料创设教学情境，设计问题，教学运用。教学情境创设中运用的史料是丰富的、多样的，各种文献、实物、图片、音频、影视均可以通过加工运用于历史课堂。仅以文字材料来说，引用形式就有摘录、摘编、转述和整理等多种。

摘录，即摘抄节录。它的特点是先"复制"后"粘贴"，而不作改动

---

① 李剑鸣：《历史解释建构中的理解问题》，《史学集刊》，2005 年第 3 期。

（除根据需要使用省略号外）。复制的文字可以是整段或连续的语句，也可以是不连续的语句，还可以是从几种作品中各选择一两个语句汇在一起。在标注出处时，一般采用作者加作品的形式，有的加上"摘自"两字（多用在不连续语句或者来自两种以上作品的语句）。

摘编是指把文字摘录下来加以编辑。较之摘录，摘编手法更加灵活自由，在以原文为主体的前提下，可以根据需要对文字进行增减、调整或者糅合，从而让所引文字成为一个整段，行文更加顺畅、简洁。为区别于摘录，标注出处时用"摘编自"三个字表示。

转述是以原著为依据，用自己的语言把原文大意叙述出来。这种形式对原文的改动比摘编更大，有的干脆是对原文（文言文、外文等）的翻译。标注出处时往往用"据"加作者作品的形式。

整理是一种比较特殊的引用形式，是指对原著的抽象、提取、概括。比如从一本大部头的传记中概括出一个简要的小传，就可以采用整理的办法。整理时对原著有一定的改动，但主要观点一般也应与原文一致。

引用材料，无论是摘录、摘编还是转述、整理，教师都应有一种对史料的敬畏感，秉承史学传统中的"实录"精神，严谨而科学地对待史料。具体来说，要做到以下三点。

一是准确节录。文字史料一般来自文章的节选。有些文字史料，原文有正反两方面或多层次的表述，如果节录时只选择其中的一个方面或部分层次，就会造成以偏概全。也有一些文字，节录内容单独呈现时，因为失去了原文的语境，也有可能和原意并不相同。为避免断章取义，从原文中节录文字时，我们应仔细揣摩上下文，划分清楚段落和层次，对拟引用的史料进行反复斟酌，弄清文字的准确含义，然后再进行节录。要确保片段使用时既能相对独立地承载历史信息，又要保证这一信息不会偏离原意。也有一些史料是从他处转引而来，这时我们更要慎重使用，对史料转引时要先进行认真思考、查证，把握准确含义。对那些拿不准的文字，不要贸然使用，以免误导学生。尤其是从课外教辅书籍中发现的素材，更要谨慎地查证原著（这类书籍以赢利为目的，所用资料相互传抄，错讹较多，已是同仁共识）。

二是谨慎增减。出于教学的需要，我们经常会对史料做一些编辑工作，以便让文字更加顺畅。但如果在文字增减时不谨慎，反而会带来新的问题。2008 年广东卷的第 4 题就因为增加了几个字，而出现了错误。原题的题干是这样的：

齐国管仲说："凡为国之急者，必先禁末作文巧。末作文巧禁，则民无所游食，民无所游食则必事农。民事农则田垦，田垦则粟多，粟多则国富，国富者兵强，兵强者战胜，战胜者地广。"某研究者据此得出"中国精耕农业的产生与专制国家农业政策密切相关"的结论。

该题引文"凡为国之急者，……战胜者地广"出自《管子·治国》，属于历史文献引用。为使表达顺畅，命题者引用时前面加了几个字——"齐国管仲说"，可这一添加却使本来严谨的史料出现了问题。原来，《管子》一书虽"托名管仲，实际上并非管仲所著。它是兼有战国秦汉文字的一部文集，而不是一人一时之作。西汉末年，经刘向整理，定为八十六篇。"[1]在这八十六篇中，除贾谊《新书》和司马迁《史记》中所引《牧民》《山高》《乘马》诸篇为管仲遗作外，其余都是托伪之作。对这一点，史学界早有定论。因此，这段话出自《管子》是确定的，但是否出自管仲之口，却是值得商榷的。尽管是否管仲之言，并不影响下面的推论和试题的考查，可这种随意的处理出现在高考试卷中，会损害高考的科学性和严谨性。

中国史学传统中历来十分重视文字的推敲运用，增减、改易细微之处也能带来表意上的巨大变化。所谓"文章千古事，得失寸心知""微言大义"说的就是这个道理。《春秋》一字可寓褒贬，《通鉴》一字可知兴替。今天，如果我们对史料的引用或处理过于草率，就有可能在无意中改变原意或增添新的误解。这既关系向学生传递信息的真实性，更关系我们对史学的基本态度。因此，无论命题还是教学，摘录的史料都要绝对忠实于原文，不增一字，不改一字，对需要增加文字以助于学生理

---

① 赵守正：《管子注译》，南宁：广西人民出版社，1982 年，第 1 页。

解的，增加部分要用括号标出；对于需要删节的文字要反复推敲，在不改变原意的前提下，在删节处用省略号标出。

　　三是标明出处。不同的材料在证史上的作用差别很大。就史事记载而言，官修正史和学者文集，现场实录和后来回忆，第三方记载和当事人的表述就存在很大差异。比如关于戊戌变法的研究，以前所依据的材料主要是运动过后不久出现的梁启超的《戊戌政变记》和康有为后来的陈述如《康南海自编年谱》，但由于作者就是当事者，所以很难作为信史。正如梁启超先生所说："吾二十年前所著《戊戌政变记》，后之作清史者记戊戌事，谁不认为可贵之史料？然谓所记悉为信史，吾已不敢自承。何则？感情作用所支配，不免将真迹放大也！"[①]而就史学观点来说，作者的主观性和时代的价值观就很容易造成其认识的偏差。

　　正是由于史料的多样性和复杂性，我们在引用史料时，除需要自己认真鉴别外，还要在引用时准确标明史料的出处，虽不似学术论文参考文献的要求那样严格，但也要通过注明出处告知学生这段话的作者是谁，出自哪篇文章或哪一本著作，发表或出版于何时，是在什么背景下写的。只有将主观性和时代性标明出来，才更有利于学生做出客观判断。其实，出处是史料的重要组成部分，同样承载着历史信息，准确标明出处不但可以让学生了解该段史料的来源、作者，有助于学习者深入理解，还可以传递科学而严谨的历史学治学精神。

四、教学情境的有效利用

　　运用鲜活生动又富有感染力的材料创设教学情境，会拉近学生与历史的距离，引领学生置身于历史的"现场"当中。正因如此，许多教师为寻找能打动学生的材料而"上穷碧落下黄泉，动手动脚找东西"，好不辛苦！笔者以为，新鲜材料的获取与情境的创设固然重要，但历史教学的要义在于有效利用情境。有效利用情境的关键则在于深度剖析，发

---

① 　梁启超：《中国历史研究法》，北京：中华书局，2009年，第48页。

现情境中蕴含的真正的教学价值，并通过合理方法实现这一价值。笔者曾借用了一个教学案例中的"巧合"情境，坚持"历史课程要以唯物史观为指导，对人类历史发展进行科学的阐释，将正确的思想导向和价值判断融入对历史的叙述和评判中"①的课标理念反原作者之道而行之，既实现了教学情境的"物尽其用"，又使学生在学习中发展了思维，习得了方法，取得较好的教学效果。

（一）原案例：惊人的历史巧合

笔者从《中学历史教学参考》上看到，广东的一位老师在执教《新民主主义革命与中国共产党》一课时，为了激发学生的学习兴趣，对毛泽东一生与数字"28"的不解之缘，进行了如下描述：

1915年，为寻找志同道合的革命同志，正在湖南第一师范读书的毛泽东就以"28划生"的笔名广泛征友。这一笔名正好与毛泽东名字繁体字笔画一致。1921年，28周岁的毛泽东参加了中国共产党第一次全国代表大会。中国共产党第一次全国代表大会的召开，宣告了中国共产党的成立，中国革命的面貌从此焕然一新。同年，毛泽东与杨开慧结婚，毛泽东28岁。1929年，杨开慧牺牲时也是28岁。从毛泽东与杨开慧结婚到1949年中华人民共和国成立，又正好是28年。

1928年，毛泽东与朱德会师井冈山，创建了中国工农红军第四军。同年，毛泽东发表《中国的红色政权为什么能够存在》《井冈山的斗争》等文章，阐述了"工农武装割据"思想，使井冈星火成为燎原之势。1929年，由于党内、军内意见分歧，毛泽东遭到了多方非议和不理解。就在他落选红四军前委书记时，1929年9月28日，由陈毅起草、周恩来审定的"中央九月来信"支持在红四军党代会上落选的毛泽东，要求维护毛泽东的领导。根据中央精神，红四军11月28日长汀会议决定召开第九次党代会，这次会议成为毛泽东的"救命草"。12月28日古田会议，毛泽东重新当选为前委书记。1935年5月28日，毛泽东率领

---

①　中华人民共和国教育部：《普通高中历史课程标准》（2017年版），北京：人民教育出版社，2017年，第2页。

的中央红军强渡大渡河,粉碎了蒋介石企图让共产党"重蹈石达开灭亡覆辙"的谰言。1945年8月28日,毛泽东冒着生命危险亲赴重庆与蒋介石谈判,揭露了蒋介石的阴谋,争得了国内外舆论的支持,为中国人民指出了一条光明的前途。

1949年,经过28年艰苦卓绝的斗争,伴随着天安门前的礼炮28响,毛泽东作为新中国的缔造者,以第一任国家主席的身份宣告了中华人民共和国的成立。1976年,毛泽东逝世时享年84岁(虚岁),正好是3个28。如果从1949年算起,又正好是28年。1976年10月6日,毛泽东去世后28天,江青被捕,"四人帮"反革命集团覆灭,历经十年之久的"文化大革命"终于宣告结束。

该老师立足于唤起学生求知的欲望,"讲得全神贯注、热血沸腾,学生听得真切、兴奋""以饱满的热情,抑扬顿挫的语言赢得了学生的关注与思考"。但欣赏之余,我又有所感:该老师所用的材料真实可信吗?宣讲"巧合"会有"副作用"吗?这则材料的价值仅是提高学生的兴趣吗?

(二) 新的设计：借我一双慧眼

在对该材料反复思考的过程中,笔者的认识逐渐清晰,这则材料将毛泽东的生平、婚姻家庭与中国革命相混而谈,用附会、筛选、渲染等手法进行加工,是一则关于领导人的"巧合"。貌似真实,暗藏玄机。因此,去伪存真,从方法和价值观的角度来引导学生打破"神话",引导学生学会独立思考,应该是这则材料的真正价值。

基于以上认识,经过一番准备,笔者把这则历史的"巧合"运用到了"新中国的缔造者——毛泽东"的教学中,所进行的设计与原文截然不同。下面是我的教学片段:

在课程的最后15分钟,笔者用多媒体投影出"毛泽东与神奇的28"(内容借用了罗老师的原文材料),然后说:同学们,作为新中国的缔造者,毛泽东在人们的心目中是一座丰碑,也是一段传奇,充满了神秘。老师在平时阅读中就找到了这样一则材料,请你阅读后谈谈自己的感想。

学生阅读完后，开始窃窃私语。笔者请几位同学谈谈感想。

学生 A：我曾经看过毛泽东与数字"8341"的神秘关系，还不知道与"28"有那么多巧合，真神奇！

学生 B：伟人身上竟然有那么多让人称奇的巧合，真是不同寻常。

学生 C：这不就是神话嘛，真有点不可思议，真的，假的？

（不出所料，学生的最初反映是惊奇，由于我以前专门讲过史料的真伪问题，一位学生表现出一丝疑惑，我抓住时机引导。）

师：是啊，那么巧，这些材料是真是假？我也有些拿不准，我们一起来看一看。谁了解这些材料里涉及的事情？

学生 D：我知道。1949 年新中国成立时是放了 28 响礼炮。

学生 E：老师，28 响礼炮好像是象征从建党到新中国成立 28 年革命历程而专门设计的，跟毛泽东本人没什么关系吧？

（有学生发现问题了，但不敢肯定。）

还有人说："巧合是偶然事件，事先规定好的当然不是巧合。"

这一说法得到了大家的认可，于是我把礼炮的"28"字体变红。

师：大家的发现很有价值，分析也很清晰，看看其他的事件有没有问题？

学生大受鼓舞，纷纷讨论起来。

学生 F：老师，我曾在报纸上看过一篇文章说，毛泽东的"28 划生"笔名，是根据自己名字的笔画取的，当时使用的是繁体字，这也不是巧合。

待大家认可后，我将"28 划生"的"28"字体变红，学生这时已经明白了我的意图，但囿于知识面的限制和刚才两个"28"的思维定式，紧接着的发言并没有找到新的问题。

师：在这则巧合材料中，有着较多的年龄和时间计算，你不妨验算验算，看是否有牵强附会之处。

学生 G：1949 年到 1976 年是 27 年，不是 28 年，如果按两头年份都算，从 1921 年到 1949 年就是 29 年，不是 28 年了，两个计算标准不统一，这是根据材料的需要而采取不同的计算方法。

学生 A：我看过的那个"8341"的数字之谜说毛泽东 83 岁去世，现在使用虚岁是 84 岁，结果得出了 3 个 28，显然也是硬凑上去的。

得到学生认可后，我将相关的"28"字体变红。

学生 H：我觉得将毛泽东与杨开慧结婚和新中国成立作为计算时间的先后点，得出 28 年来，有点怪怪的。

（学生好像觉得这样算有点问题，但问题在哪里却说不出来，这就需要老师来点题了。）

师：几位同学说得很好，材料为了凑出"28"，将两个不相关的事件作比较并得出结论，是一种逻辑不清的表现。我还有一点要补充，杨开慧烈士出生于 1901 年 11 月 6 日，1930 年 10 月 24 日被捕，同年 11 月 14 日被杀害，就义时年龄应是 29 周岁，虚岁为 30 岁，而不是牺牲于 1929 年，怎么算也不是 28 岁。

得到学生认可后，我将这个"28"字体变红。

师：大家来看，经过分析，核查，材料中大约一半的"28"被我们否定了，那么，剩下的"28"又是怎么回事呢？

其实，这并不奇怪，毛泽东作为为中国革命和建设做出伟大贡献的历史巨人，不仅革命历程受人关注，就连他的生活、婚姻、父母子女等个人问题也为人津津乐道。由于事件多，人物多，当基于一个偶然事件选定了一个数字后，只要从中仔细筛选，总会找出几个相关的事件来，并不是毛泽东与"28"特别有缘。比如，材料重点介绍了"九月来信"，认为它是在毛泽东人生关键时刻出现的"28"。可反过来，如果说"28"是毛泽东的神奇数字的话，那么，毛泽东当选苏维埃共和国主席的第一次全国苏维埃代表大会、事实上确立毛泽东领导地位的遵义会议、把毛泽东思想确定为我党指导思想的中共七大、选举他为中华人民共和国主席的第一届中国人民政治协商会议等事件，哪一个对毛泽东个人和中国革命的意义不远远大于"九月来信"和"长汀会议"呢？而在这些更加重要的历史节点上，又何来"28"的影子？

师：在上课之前，老师在网上还查阅到了毛泽东与其他数字的所谓巧合,比如刚才同学提到的"8341"以及"99""3""300"等,这些巧合与前面分析的"28"大同小异,都是通过选择性搜集,把一些事件附会上去的,让人看上去宛如神话。其实,人们不仅在数字上做文章,而且还演绎出了许多关于毛泽东的奇异现象,比如说他的铜像在韶山安放时"杜鹃花开(冬季),日月同辉",再比如各地纷纷出现的酷似毛泽东肖像的毛公山等,对这些,我们不妨称之为"造神"。

多媒体打出并简介相关材料(略)。

师:同学们,在我们对"28"进行分析后,对这些所谓的巧合已有一个正确的认识,那么该怎么样看待这种"造神"现象呢?

学生I:这种"造神"反映出人民对毛泽东主席的缅怀,是对他所做贡献的高度赞扬,是另一种口碑。

学生J:就像我们沛县有很多关于刘邦的传说一样(刘邦就是沛县人),人们总是喜欢神化统治者或领导人,可能是历史上君权神授思想在起作用吧!

学生K:"造神"反映出许多人并不具备正确的历史观,对历史的进程缺乏科学的认识,带有一定的迷信色彩。

(经历了前面的分析,学生的思维完全被调动了起来,表述透彻、精辟,让人赞叹,教师稍加分析后做了总结。)

师:大家的分析精彩而富有哲理。现实生活中,巧合是存在的,但那仅仅是偶然事件,绝无神秘可言。正是巧合的存在,才给生活增添了趣味,但如果过度渲染巧合,就成为貌似真实的伪科学了。历史是丰富多彩的,人们对历史的认识更是见仁见智。我们需要有一双慧眼,透视隐藏在历史烟尘中的真相,洞察历史问题。让我们在尊重历史,追求真实的过程中去汲取历史智慧吧!

(三) 教有所思:深度剖析,有效利用

第一,准确把握材料的教学价值是有效运用材料的前提,选择恰当的运用方式是实现材料价值的关键。

在信息潮涌的今天,寻找可资利用的教学素材不是难事,难的是甄

别不同材料的教学价值，并最大限度发挥它的价值。我们需要对材料进行全面解读，深入开发——这则材料的主题是什么，它的价值在哪一方面，又有什么缺陷，它有助于实现哪些教学目标，怎样利用它才能达到效能的最大化等，不能奉行"拿来主义"。

从材料的运用方式来看，一般来说，我们习惯于直接呈现材料，根据材料得出结论——"论从史出"，让学生在解读和提取信息的过程中获得提高。但并不是所有的材料都适合直接作为立论的依据，真实科学是选择材料的第一原则。上述"巧合"材料有着太多人为加工痕迹（如前所述），从中我们无法得出科学的结论。

从另一个角度来看，这种材料并非没有价值，如果我们像医生一样，将其作为解剖的对象，引导学生以批判的态度去剖析问题，寻找出材料背后值得深思的历史现象，培养学生用科学的历史观分析问题，就能很好地促进学生思维的成长和观念的进步，实现材料使用价值的最大化。

第二，激发兴趣是达成教学目标的前提，培育学科素养才是材料运用的终极归宿。

"兴趣是最好的老师"，为让学生喜欢历史课，许多教师用自己独特的教学创意演绎着教育艺术的精彩。但为了趣味，也有不少教师怪招迭出，比如用实物奖品和过度夸奖来"贿赂"学生[1]，用在课堂上唱歌跳舞来取悦学生[2]等，这些做法曾引来了不少争议和批评。在历史教学中，讲述一些有趣的小故事来提高学生兴趣是合理的，精彩故事和生动语言是历史教师的法宝之一，失去了它们，历史课可能会失去它特有的光彩。但是，激发兴趣只能是学习的前提，是历史教育有效开展的基础，而不是目标。

按照课程标准的理念，"通过历史学习，要使学生增强历史意识，汲取历史智慧，……增强历史洞察力和历史使命感"[3]。在实践这一理念

---

① 王九红：《教师贿赂学生现象的社会学剖析》，《江苏教育》，2006 年第 1 期。
② 《讲台上跳舞的"雷老师"》，《网络导报》，2009 年 10 月 15 日。
③ 中华人民共和国教育部：《普通高中历史课程标准》（实验），第 2 页。

时,历史教师应首先具备一定的历史意识和历史洞察力,以批判的态度审视材料,审视材料的使用过程,在比较中寻找更有利于提高学生历史学科素养的方法。在教学过程中,应以探究为材料运用的核心精神,带领学生在历史的烟尘中探寻真相,思考问题,改善观念,养育人格。

第三,囿于生活经验和认知水平,学生正确历史观的形成需要教师的有效引领。

历史是广博的、深刻的,也是扑朔迷离的,一些历史问题相对复杂,单单依靠学生短时间内的"自主、合作、探究"是不能解决的,必须在老师的点拨和引领下才能有所突破。

前例的教学对象是高一学生,这些十五六岁的青少年,并不具备明辨历史真相、对历史进行深度分析的洞察力。对于一些新奇的事件和观点,他们往往能接受但不能鉴别,需要教师的引领。罗老师讲述完"巧合"后,学生可能会有疑问,甚至百思不得其解。缺少思想引导的思考只能是胡思乱想。笔者担心课后学生陷入唯心主义认识:毛泽东的成功是"冥冥之中,自有安排"。这正像达尔文进化论没有问世之前,"神创论"被广泛信仰一样,在科学的阳光照耀不到的地方,只会布满迷信的阴霾。

第三节　问题设计：深度对话的关键

"任何一种教学方法的实施,都在一定程度上与问题的提出和解决有十分密切的关系。"[1]历史教学中的问题设计是对话教学得以高效开展的重要环节。好的问题可以启发思考,有效拓展学生的思维;好的问题可以引领对话,让课堂讨论的话题聚焦而深刻;好的问题可以帮助理解,促成概念和理论的学习认知。灵动课堂的问题设计是系统性的、有规划的,是历史教师精湛教学技艺的体现。它要求历史教师以教学立

---

[1]　中华人民共和国教育部:《普通高中历史课程标准》(2017年版),第51页。

意为统领，以学习中的关键知识为中心，以史料情境为依托，以关键能力和学科核心素养为导向，根据学生的知识背景和学习能力而有目的、有层次地设计。

一、单个问题要遵循的原则

课堂教学是一个师生对话交流的过程。在这个过程中，"提问对老师组织有效教学，深化学生的学习和理解具有举足轻重的作用"[①]，它决定着学生课堂学习的思维深度和认知广度，也在很大程度上决定着教学目标的达成度。毫不夸张地说，教师提问的质量一定程度上决定着师生对话和课堂探究的质量。

当前对高中历史教学中的提问所做的探讨大多针对的是单个问题。比如，北京师范大学叶小兵教授曾撰文指出，好的问题和解答应该有助于完成教学任务；好的问题应该明确而具体，便于学生领会要求；好的问题应该能够引起学生的兴趣，促使学生进行探究；好的问题应该具有一定的疑难性，能够调动、引发学生积极思考等[②]。刘汝明老师则提出，好的提问应该遵循教育学和心理学的规律，既要有意义又要规范[③]。这些都给了我们重要的启示，在笔者倡导的灵动课堂中，除了这些基本的认识外，问题设计还要遵循以下原则。

（一）明确的指向性

问题指向的明确有三方面的含义：目标明确、对象明确、落点明确。目标明确是指教师在设计问题时要紧紧围绕教学目标和教学重点、难点，对问题所蕴含的思维要求和素养要求是清晰的，能够指向历史学科的关键能力和核心素养。通过问题的解答，可以帮助学生理解学习中的关键知识、核心概念，有助于锻炼学生的历史学习能力，培育

---

① ［美］丹东尼奥：《课堂提问艺术》，宋玲译，北京：中国轻工业出版社，2006 年，第 1 页。
② 叶小兵：《老师的提问》，《历史教学》，2005 年第 11 期。
③ 刘汝明：《历史课堂提问设计与解释的规范》，《中学历史教学参考》，2015 年第 6 期。

学科核心素养,贯通历史学科思想方法。

对象明确有两层内涵,一是指教师在设计问题前要对学生的认知水平有一个预判,根据学生的认知水平来决定设计什么难度层次的问题。对于重点中学或者一些"创新班""实验班"学习能力强、基础较为扎实的学生,要适当增加问题的难度。对一般的学生则要降低问题难度,以基本能力为问题指向。二是问题要贴近学生的"最近发展区",设计的问题要具有适度的"挑战性",指向学生可能的发展水平,尽最大可能地挖掘学生的潜能,激发学生探究的愿望。

落点明确是指教师要清楚地知道问题将把学生的思维带到哪里,问题的语言表述聚焦而不分散,限定语清晰,没有理解上的歧义,没有模糊的、令人迷惑的词语,没有作答的失控甚至"放羊"。比如,"你如何看待新文化运动"就不如"你如何看待新文化运动中的'激进'现象"或者"请你从传承与变革的维度谈谈你对新文化运动的看法"等问题的落点更加明确。

（二）积极的启发性

心理学告诉我们,在人的心灵深处,总有一种根深蒂固的需要,就是希望自己是个发现者、研究者、探索者。启发性是指在教学中教师要注意调动学生的学习主动性,引导他们独立思考,积极探索,生动活泼地学习,自觉主动地掌握知识,提高分析问题和解决问题的能力。教师提问要善于启发、引导,富有趣味性、挑战性和探究性,在激发学生学习兴趣和探究欲望的同时,予以学习方法和思维方法的指导,尽量减少"是不是""对不对"之类的封闭式问题。历史教师提问要有启发性,给学生思维方向有一定的暗示性,以拓宽学生思路,调动学生学习的积极性、主动性、创造性为前提,使学生的思维能有任意驰骋的机会,在提问的引导下,能多角度和多层次地思考问题。

具有启发性的问题富有思维含量,能够引发学生探究的愿望,能唤起学生对各种知识之间的联系记忆和理解运用,如历史知识的纵横时序、新旧知识的逻辑关系,历史与现实的借鉴反思等。历史问题的启发性不仅能帮助学生逐步学会运用基本理论、观点，分析事件、人物，养成史论结合、论从史出的思维习惯，还能让学生在面对纷繁复杂的历史事件、人物时，从多种角度、相互联系中进行分析、比较、综合、归纳，从而发展学生的逻辑思维能力，提升历史解释素养。需要明确的是，倡导问题的启发性和思维含量并不是刻意追求问题的难度，因为过难的问题没办法唤起学生的共鸣，对于教学是没有意义的。对此，美国学者的研究成果值得借鉴："教师提出的大部分问题（也许多达四分之三的问题）必须达到在一个班级里的学生都能给出正确答案的难度水平。其他四分之一问题的难度水平，必须能让学生给出一些答案，即使答案是不完整的。不能提问那些学生完全无法回答的问题。"①

　　为使提出的问题和教学过程更具启发性，教师要树立正确的学生观，承认学生是学习的主动建构者，让学生成为学习活动的主人。在教学中教师应注意建立民主、平等的师生关系和生生关系，创造民主、和谐的教学气氛，鼓励学生敢于发表自己的独立见解。

（三）适度的开放性

　　历史解释是历史学科五大核心素养之一，并被课标研制组界定为历史学科的"核心能力"②。历史解释是多元的，"由于个人所处的历史条件、社会经济地位、立场观点和方法的差异，以及史料的局限等问题，对历史的认识往往各有不同"，"即使同一史观的历史学家，也会因时代不同、条件不同，写出内容不同的历史作品"。③ 让学生认识这种多样性，自主地表达自己对于历史的理解和个性化的见解，需要教师在教学中创建多样化、开放式的学习环境，在民主、平等的对话氛围中发挥学生的主体性、积极性与参与性。设计具有较强开放性的问题则是创建开放式、民主化学习环境的重要手段。

---

① ［美］理查德·阿兰兹：《学会教学》（第六版），丛立新等译，上海：华东师范大学出版社，2007 年，第 371 页。
② 徐蓝：《谈谈研制高中历史课程标准的一些体会》，《历史教学》（中学版），2016 年第 12 期。
③ 徐蓝、朱汉国主编：《普通高中历史课程标准（2017 年版）解读》，第 60 页。

所谓具有开放性的提问，指思路较广阔，答案具有多元可能性的提问。在作答条件、论证过程和所得结论 3 个要素中，开放性可以表现为结论的开放，也就是由一个（组）固定的条件可以指向多个结论；可以表现为条件的开放，也就是由一个固定的结论倒推出多样化的背景或条件；还可以表现为过程的开放，也就是在条件和结论之间，可以出现多个合理的思维路径。无论哪一种开放，都蕴含一个复杂的思维过程，学生要通过研判问题、提取信息、分析综合、系统思考、表达见解等多个环节才能走到问题的终点。有时，课堂上带有开放性的问题还需要一个"追加"环节：由于对问题的答案有种种见解或者猜测，学生之间会分歧明显，教师可以在课堂上不做评判，而是把问题留到课下，让学生通过进一步查找资料、比对和讨论这些有分歧的答案，获得新的发现。这种探究的过程正是新课程的要义所在。

二、灵动课堂的问题链设计

从历史教学的实际来看，当前最为常用的教学思路是围绕史料设计问题，师生互动展开探究式教学，这时教师所提出的问题往往不再是孤立的、单一的，而是以"问题链"的形式出现。问题链的设计除了要符合上述要求之外，还对各问题之间的逻辑性有着更高的要求。它所要勾勒的是一种思维脉络，也就是从分析史料到重组信息，再到调动知识，最后创生观点的思维过程。好的问题链设计可以让学生在清晰的逻辑演进中提升认知，习得方法，优化思维。问题链的设计可以是深思熟虑的预设，也可以是灵光一现的生成，但前后问题之间的内在逻辑关系必须清晰，问题所规划出的路径恰是运载思维的"通道"，引导学生走向教师设定的目标。

（一）系统设问

问题链多是在教学设计时基于教学目标而预设的。下面以五四运动教学片段为例略作阐释。

　　五四运动是近代史上的重大事件，具有里程碑式的意义，自运动发生以后，就被不断地纪念和诠释，被不断地叠加"时代意义"①。仅当事者回忆五四运动的文章就有数百篇之多。有趣的是，这些当事者的回忆在细节上存在多处分歧，有的在学术界已有共识，有些问题还悬而未决。教学中，适当引入这些回忆录中的分歧，让学生认识回忆录在重现历史方面的缺陷，进而从再现历史真实的角度探究解决问题的办法，无疑是培育学生史料实证素养的绝佳机会。基于这样的思考，笔者在完成五四运动过程的教学后，用四则短小精悍的材料设计了一组问题：

　　材料一：匡互生从西院窗口将铁栅扭弯了两根，打开一个缺口，他从缺口爬进去，打开了大门。

——夏明钢《五四运动亲历记》

　　材料二：我身材较高，就踩在匡互生的肩上，打破天窗，第一批跳入曹贼院中。

——陈荩民《回忆我在五四运动的战斗行列里》

　　材料三：高师学生匡日休（互生）个子高，站在曹宅窗户底下，我们踩上匡日休的肩膀，登上窗台跳进去，接着打开了两扇大门。

——许德珩《回忆五四运动》

　　材料四：后来打破了一个短墙的窗子，大家爬进去。首先进去的，据我眼睛所看见的，乃是北大的蔡镇瀛，一个预科的学生和高等工业学校一个姓水的。

——罗家伦《北京大学与五四运动》

　　问题：（1）4位记述者与所记述的事件之间是什么关系？

　　（2）4则材料所讲述的都是五四运动中的哪一细节？

　　（3）所讲述内容的差别是什么？

　　（4）真实发生过的情景只能有一个，可为什么4个人的记述各不相同，差别明显？

---

① 陈平原：《波诡云谲的追忆、阐释与重构——解读"五四"言说史》，《读书》，2009年第9期。

（5）面对这一明显的差异，基于还原历史真实的角度，我们该如何运用史料？

这个问题链由五个问题组成，所蕴含的思想主旨就是实证精神。借助史料还原历史的"本相"是史学研究的重要内容，但正如何炳松先生所说，"史料之中，所在多伪""当今可信史料，寥若晨星"①。在运用史料之前，前提是要弄清楚史料由何人所撰，撰写于何时何地，是自己目睹还是道听途说等基本的史料信度问题。在中学阶段，虽然不要求学生像历史学家一样去做烦琐的爬梳、钩沉工作，但尊重历史，追求真实的科学态度却是培育学生史料实证素养的应有之意。这一问题链要求学生先通读四则材料，知悉文字的作者是谁，然后分析其差别，最后探讨如何解决或应对这一问题。

通读材料，学生从山处就可以发现，四则材料均出自当事者之手，属于回忆文章。一般来说，这类文字具有较高的史料价值，但细读内容则会发现，四则材料都记述的是进入曹宅的细节，但在"谁是第一个进入曹宅的人"的问题上，却是言人人殊。前三个问题在学生细读材料后，可以较容易解决，接下来的两个问题则具有较高思维含量了——同是当事者，记述为什么差别这么大？连当事者的记述都不统一，说明了还原历史的困难，那么要弄清楚真实的情况，还有什么办法吗？问题的答案是开放的，允许学生基于生活经验和知识背景进行合理的推论与想象。这样，前三个问题和后两个问题分别对应着不同的思维方式，由浅入深，由个别到一般，由具体操作到方法观念，较好地引领学生的思维向纵深发展。在回答这些问题的过程中，学生可以发现，史料大多无法跳开个人利害关系、情感因素、时代背景乃至于各种无意错误的影响，还原真实的历史必须要借助其他史料进行互证。"故事实本身，必有两种以上记载之暗合，方得谓信而有征。"②在解读史料用于证史之前，兼采其他记载以求旁证，正是史料实证素养培育中的重要观念和方法。

———————————

① 　何炳松：《通史新义·历史研究法》，长春：时代文艺出版社，2009 年，第 181—182 页。
② 　何炳松：《通史新义·历史研究法》，第 180 页。

（二）顺势追问

大多数情况下，好的提问是精心预设的结果，而不是随口或者即兴的发挥。但在有些时候，借助学生有缺憾的或者特殊的作答，顺势追问，也可以让师生对话变得精彩。

在上文的教学环节之后，为了让学生初步学会借助不同史料印证和还原历史的方法，笔者选择呈现了关于五四运动的现场照片、实物照片和当时的新闻报道作为学生研读的素材，在学生研读一段当时的新闻报道时，笔者抓住学生回答问题的一个漏洞，做了进一步的追问，让史学的实证精神再一次得到了彰显。材料如下：

材料五：昨日为星期天，天气晴朗，记者驱车赴中央公园游览。至天安门，见有大队学生，个个手持白旗，颁布传单，群众环集如堵，天安门至中华门沿路，几为学生团体占满。……时正下午四钟，且见火焰腾腾，从曹宅屋顶而出。起火原因如何，言人人殊，尚难确悉。……警察乃下手拿人。学生被执者，闻有数十人之多。

——《山东问题中之学生界行动》，《晨报》1919.5.5

针对这则材料，笔者预设了四个问题：

（1）这则史料是关于五四运动的哪一类文字材料？

（2）它主要介绍了五四运动的哪些情形？

（3）你判断它的记述可信吗？

（4）为什么？（这四个问题也构成了一个问题链）

在师生对话共同解决这些问题的时候，学生的一个解读失误给教学提供了一个极好的培育实证精神的机会，于是借助这一契机，利用一个即时生成的"问题链"，教师营造了一个具有教育意义的对话场景。节录如下：

生（回答第二个问题）：材料介绍了五四运动中学生集会的时间地点，火烧曹宅和被捕的情形。

师（发现了他的错误，不动声色的追问）：你是从哪里看出来"火烧曹宅"的？能否找出材料中对应的关键词？

生："且见火焰腾腾"。

师：这能说明"火烧"吗？

生（突然被点醒）：好像不对，应该说是曹宅起火了，不能说是火烧。

师：这个发现很好，还能从材料中的哪句话得到验证？

生（看了一下材料）："起火原因如何，言人人殊，尚难确悉。"

师：对的，这里我们能够读出的只能是起火，而不是火烧，更不是学生放火，要弄清起火原因，还需借助其他史料。历史研究讲究"有一份证据说一分话，没有证据不说话"，我们在解读史料时，一定要慎重啊。

对材料过度解读是学生常犯的错误，甚至也是一些历史学者常犯的错误。问题虽小，但蕴含着历史学的基本学理，"言必有据"是治史的基本原则，离开了"证据"历史学就失去了根基。面对学生的这一错误，教师并没有直接指出学生的错误，更没有让其他同学帮助更正，而是从这个错误出发，进行了三句话的顺势追问：你得出结论的依据是什么——依据到结论之间的逻辑严谨吗——有没有其他旁证。问题设计时教师有意把学生的思维过程做了分解细化，引导学生基于逻辑审视自己的答案。问题的难度并不大，学生可以自行发现问题所在。果然，点出问题后学生就明白了。这种顺势追问对当事学生的印象是深刻的，对提醒全体学生、提升教学效果的作用是明显的。

顺势追问的多个问题也构成了一个"问题链"。追问的时候要有一个即时预设的目的，即打算通过对话和追问要把学生带往何处。与预设的"问题链"不同，顺势追问的要害在"顺势"，也就是从学生活动中反映出的思维现状入手，沿着学生的思维演绎下去。面对学生的思维错误或者漏洞，教师先不要急着抛出自己的结论，而是借助"你是怎么知道的？""为什么这样说""你的观点有何依据？"等类似问题让学生反思自己的思考过程，"自圆其说"或者自己发现问题，当学生被追问到无法逻辑自洽的时候，也就发现了自己的错误所在。追问中教师不可以太着急，不能显得咄咄逼人，以免学生不知所措或者语塞而受打击，应该给学生思考的空间，让学生的思维路径得到充分的展现。

不论是系统性预设还是即时性追问，高中历史学科的教学"问题链"设计都要注意以下三个问题：

（1）"问题链"设计与史料分析相结合。基于史料是历史教学的重要特征，围绕史料分析设计的问题指向性更为明确，创设的问题情境也更具带入感，学生思考能够有的放矢，也能更好地唤起学生的探究兴趣。

（2）"问题链"要围绕一个小的主题或者教学目标展开。前后问题有着内在的逻辑关联，前一个问题为后一个问题做铺垫，层层深入。如非必要，问题之间不要随意"分叉"，而是保持一个方向。剖析解答"问题链"的过程可以形成清晰的思维路径。

（3）"问题链"中的问题在作答要求上尽可能多样化。不同的问题指向不同的思维方式和思维深度，设计中可以有意识地略作变换，以增加思维的灵活性。如有的问题可以来自材料解读，有的问题则来自所学知识，有的基于知识，有的基于方法，有的答案是封闭的，有的是开放的，等等。

第四节 言语交流：课堂对话的开展

历史灵动课堂中对话的实施主要是指发生在师生之间、生生之间的教学活动。它以情境为背景，以问题为导向，以言语交流为手段，是在融合了阅史者与创史者、叙史者之间的"神交"与对话后展开的。一般情况下，它是教师精心设计和组织的，而不是随机发生的。"课堂可以被看作一个生态系统，在这个系统中，居民（教师和学生）在一个特殊的环境（课堂）中互动，以完成有价值的活动和任务为目的。"①这种互动的主要手段就是师生、生生对话，也就是言语交流。教学中的言语交流是启发学生思考，实现师生之间、生生之间良性互动，合作探究，提高教学品质的有效方式。历史课堂上的对话主要是两类：一是交谈式，

---

① ［美］理查德·阿兰兹：《学会教学》，第116页。

二是讨论式。两者各有侧重，下面略作阐释。

一、交谈式对话

"课堂中的讨论和交谈是教学所有方面的核心。"[①]交谈式主要指"启动（教师在课堂上提问）—回应（学生回答）—评价（教师通过表扬或者纠正学生的错误进行评价）"模式。这种被称作"IRE"的传统模式往往为新潮的教学论者所诟病，认为这不是真正意义上的富有意义建构意味的"对话"。笔者虽无意争论，但基于历史课堂上这种交谈式的广泛存在，以及交谈所具有的实际教学价值，笔者认为还是应重视这种教学中的交谈并加以优化。在灵动课堂的构建中，笔者试图打造升级版的交谈式对话。这种升级版的交谈不是普通的聊天，而是蕴含教育性的相互倾听和言说，交流与探讨，欣赏与评价。包括师生之间，也包括生生之间的言语表达和思想对话，需要师生彼此敞开自己的精神世界，从而获得思想的交流和价值的分享。

交谈式对话是以历史教学情境为背景，以问题为引导展开的。实践中，需要教师掌握五个关键词：倾听、引导、追问、辩难、评价。

倾听是师生之间有效对话的重要保障。"倾听是对话顺利展开的条件。从一定意义上说，'听'比'问'更加重要，它决定着问的方向和内容。"[②]许多教师在提出一个问题后，总是喜欢在众多回答中寻找出自己最想要的那个。学生回答的不对自己的路子就不想再往下听了，甚至会粗暴打断，不做任何评价分析而另找学生回答，直到找到自己的"意中人"。这不是真正的对话。真正的对话首先要彼此尊重，尤其是教师要尊重学生。教师预设问题的答案是应该的，但学生"不对路子"的回答中也会蕴含着重要的教学契机，甚至比直接走向预设的答案更有价值。因此，灵动课堂的对话首先注重教师的倾听，倾听学生完整的表达，鼓励学生自由地表达，并积极从中寻找新的素养培育切入点，绝

---

① ［美］理查德·阿兰兹：《学会教学》，第 366 页。
② 王德民：《对话教学：一种透视历史课堂的新视角》，《历史教学》，2005 年第 1 期。

不粗暴打断，绝不不置可否。

引导与追问是师生之间有效对话的关键环节，是优化学生思维的重要步骤，也是教师教学智慧的表现。教学中的对话不是随意的聊天，而是"以教师指导为特征的，有目的、有计划、有组织的过程"①。教师的指导表现为两个方面：一个是对话情境的创设，另一个是对话过程的引导。由于学力和表达的差异，学生回答有难度的问题时必然会有发散性，也会有不完整、不清晰的地方，教师不能简单地以"不对"和"不好"结束对话，而应以学生的作答为基础，适时提出新问题，提供新角度或者反例，指出学生忽略的史料信息，帮助学生搭建思维的"脚手架"，疏通学生思维，引发学生对问题的再思考。这种或问题激发，或旁敲侧击，或反弹琵琶的对话言语，要建立在教师对历史知识、文本信息深度理解的基础上。这样的引导才更加有效，才能够更好地让学生自主发现自己认知中的问题，让学生的思维得到及时的发展或校正，更加全面、客观地认识历史问题，重构并完整表达自己对问题的新认识，引导对话向深处发展。当然，引导不是过度干预，更不是控制，教师要把握引导的"度"。

辩难是深化师生言语交流的手段，主要用于拓展学生思维的深度与广度，是一种更"高端"的追问。当学生发言的表述过于偏颇或有绝对化倾向时，教师可以从反面设置一个新的情境并配以反问式问题，以观点的碰撞激起学生对问题的再思考。使用这一"招"时，教师的态度不应太强势，语言不应太激烈，而应以一种和缓而期待的状态鼓舞学生进一步阐发观点的意愿。

评价是指教师对学生发言做出的及时评判，这是有效对话的最后一个环节。大多数情况下，学生的发言应得到肯定和鼓励，哪怕回答并不完美，这样才能让学生保持积极思考和发言的热情。但评价并不是简单的肯定，还要让学生知道自己的回答"好在哪里"。教师及时的肯定和赞同，是学生享受成功并获得持续学习动力的重要因素。当然，以

---

① 张华：《课程与教学论》，第 221 页。

鼓励为主,绝不是让教师混淆是非,对于学生发言中的缺陷,教师还是要在鼓励中给予纠正,尤其是高中生,无原则的赞扬反而会带来学生的反感,友善地指出问题才是正确的选择。由于高中生普遍思维活跃但又容易发散,师生对话交流中会出现一些富有想象力的新问题、新思路,除及时进行评价外,教师还应该把一些有进一步探讨价值的话题再抛出来,让这些生成性资源发挥新的教育教学作用。对于那些跑题的、偏颇的、"无厘头"的发言,教师最好能使用一些诙谐、幽默的语言,引导学生回到问题的焦点上来。师生对话中,经常出现少数学生轮番发言,其他人却很少参与,甚至盲从别人的现象。此时,教师要特别关注参与对话较少的学生,善于从他们各种各样的眼神和动作中,准确解读他们的心态,并不失时机进行鼓励性评价。如从他们的喃喃自语中捕捉有价值的内容,并给予充分的肯定和由衷的欣赏,让他们从中收获尊重、成功、信心等感受,进而去除观望态度和恐惧心理①。为了便于说明,试举一例。

在教学"新文化运动"时,为了拓展学生的历史思维,笔者运用史料情境和问题与学生展开了如下的一段对话。

师:我们知道,新文化运动的两面大旗是民主与科学,可是,有些历史学家却从新的观察角度得出了不一样的认识。请看这段材料:

据检索,《新青年》中,"科学"1 907 次,"赛先生"6 次,"赛因斯"2次;"民主"260 次,"德谟克拉西"(包括"德先生")205 次,"民治"70 次、"民权"30 次,"平民主义"3 次。在总字数超过 541 万字的《新青年》杂志中,"民主"系列词的出现频率极低。

——摘编自王奇生《陈独秀如何把"新青年"包装成畅销杂志?》

师:读完材料后,请你告诉我,王奇生先生使用了什么样的研究方法,发现了新文化运动中的什么现象呢?

生 1:他用了检索《新青年》中词语出现频率的办法,发现"科学""民主"出现的频率比较低,尤其是"民主"。

① 徐永琴:《构建高效有序的高中历史对话教学》,《上海教育科研》,2012 年第 3 期。

师：×××同学对材料的归纳精准，表达很清晰。（简要评价，适时肯定）为什么会是这样呢？他们不是在大力呼吁、鼓吹"民主""科学"吗？

生：（集体沉默，不知该如何回答）

师：是的呀，老师也有些困惑，我们来看王奇生对此是怎么解释的。（"为什么是这样"的问题缺乏相应的史料作为研究对象，凭借现有的知识基础和史料信息，学生是无法做出合理推测的。学生的沉默是教师意料之中的，此一问的目的并不是要学生分析出为什么，而是要让学生在心里产生一种困惑感，想尽早知道答案。"不悱不发"，在这样的困惑处，学生对下文的关注自然更加强烈。需要进一步强调的是，教学对话中对问题的探究是以促进学生的发展为目标的。有些问题中学生是难以形成系统而科学的结论的，教学中重要的是体验这种对疑难问题的探究过程。）

事实上，自晚清以来，民主与科学等观念，经过国人的反复倡导，到五四时期已成为知识界的主流话语。正因为民主与科学的威权在中国已经确立，在无人挑战其威权的情况下，《新青年》甚少讨论民主与科学，自在情理之中。

——摘编自王奇生《陈独秀如何把"新青年"包装成畅销杂志？》

师：对此，王奇生给出了怎样的解释？如果要进一步证明这种解释的正确，需要寻找哪一方面的证据？

生2：作者认为民主与科学已经深入人心，无须再做过多宣传和讨论。我觉得这是作者的猜测，他怎么知道此前民主与科学已是主流话语了呢？不是新文化运动才让民主与科学为更多人所接受吗？（学生的后半段话语并没有直接回答后一个问题，而是表达了自己的困惑。这种困惑可以和问题再次建立联系，需要教师引导和修正。）

师：××同学对作者观点的提炼是到位的。对此，你提出了自己的困惑，老师很认可你的反问，我们也可以查找资料后再来讨论，看看王奇生的这个观点有没有道理。按照这个思路走下去，如果王奇生要用论据支撑自己的观点，该提供哪方面的论据呢？（新文化运动前民主与科学是否是知识界的主流话语，需要史实来支撑，如果不做准备而直接讨论这个问题，只能流于空谈。教师在肯定学生发言并提出课后解决的办法后，换一种表达方式再次追问。）

生2：寻找多方面的民众已经接受民主、崇尚科学的事例或者相关文章，以说明这时"民主与科学的威权已经确立"。

师：回答正确。凭证据说话是历史学科的基本原则。正像××同学反问的那样，（再次肯定，并引出下面的问题）新文化运动之前"民主与科学的威权在中国已经确立"的说法不仅让我们困惑，有学者也表示不认同，并针对这组数据提出了不同的解释意见："不能用文章数量的多少来判定运动的主题，有影响力的论文或许只要有一篇就足够开风气了。"你认可这种观点吗？

生3：我觉得这种观点有道理，思想的影响力不在于文字的多少，好文章只需一篇就可以唤醒世人。（老师正要认可这个说法，并进入下一个问题时，生4站起来接着说。）

生4：我不认可，我觉得在当时情况下，民众的思想不可能一下子就能完全改变的，只有反复宣传，才能让更多人接受。

师：很好，两位同学都清晰地表达了自己的观点。大家来思考，你是认可其中一位同学的观点还是另有想法？能否说一说？（这种分歧是教师课前未曾预料的，既然学生表达出不同的观点，教师就不应该回避，借机展开较广泛的探讨，能够培养学生的辩证思维。在学生广泛发言后，教师总结）

师：大家的发言很踊跃。两种观点各有侧重，都有一定的道理。前一个观点强调了思想的穿透力，具有重大思想意义的文章的确不在多，有一篇就可能让人们传颂，对旧思想产生强烈批判，就像鲁迅的《狂人日记》，对封建礼教的批评一直为人称道。后一个观点强调了思想的渐进性，在当时，民众的文化程度很低，大部分中国人还是文盲，进步思想的传播受到了很大限制，需要反复、持久地宣传。新文化运动持续多年，不断发表各种反封建、倡文明的文章，就是为此。但事实只能有一个，哪种才是历史的真相呢？

生 4：老师，材料里已经说了，关于民主与科学的文章很少，我刚才的想法只注重了当时的时代背景，但从这个材料出发，应该不准确。

师：你能够再回到材料看自己的观点，再做分析，难能可贵。你原来的观点并不错，但依据不够充分。那如果我们要想证实学者的观点，又该寻找怎样的证据呢？

生 4：需要在《新青年》杂志上找到一两篇关于"民主""科学"的有较大影响力的文章。

师：对的。感兴趣的同学可以课后查阅资料，看一看《新青年》上有没有刊载过影响较大的关于民主与科学的文章。（这里，教师本来打算要介绍 1919 年 1 月陈独秀发表于《新青年》第 6 卷第 1 号上的《本志罪案答辩书》。史学家认为，认定"科学"与"民主"是五四新文化运动两个最基本的口号，其主要依据就是这篇文章。但教师看到学生意犹未尽，不愿对此问题"画句号"，而是留了一个"问号"，将历史学习延伸到了课后。）

二、讨论式对话

讨论式对话是教学中言语交流的又一种重要形式，不仅发生在师生之间，还发生在生生之间。相对于交谈式对话，讨论式对话能够更加充分地展现学生的思维过程和表达能力，使交流更加深入。近年来，随着课程改革的推进，课堂讨论受到了越来越多的重视。生本教育的倡导者们还提出了"讨论是学习的常规"的观点。"学问是头脑中的矛盾运动的结果，是自己对自己进行讨论的结果。而学习者基本上是讨论者。"[1]

中学历史课程中，因为立场、视角等因素会形成多种历史解释，而客观、公允的历史认识往往来自多角度、辩证地思考过程或者思维碰撞过程。讨论式对话具有其他教学组织形式不可替代的作用。高中生已

---

[1]　郭思乐：《教育走向生本》，北京：人民教育出版社，2001 年，第 144 页。

经具有了较强的学习能力，能够独立地思考问题和表达见解，具备开展课堂讨论的学力基础。由此，历史课堂的讨论式对话就成为师生之间、生生之间探究和解决问题，发展历史思维和合作能力的有效手段。结合学科课程的特色，可以说，历史课堂的讨论式对话是以史料研习为基础，以问题解决为引领，以历史解释素养提升为目标，以师生、生生之间言语交流为主要手段的教学活动。有效的讨论式对话可以深化学生对历史进程的理解，唤起学生独立思考，积极交流的意愿，进而培养学生分析问题、解决问题的能力，认识历史解释的多样性、辩证性。

课堂讨论的教学效果和学生的学力有关，更和教师的教学组织有关。课堂讨论看似由学生自由发挥，而事实上是教师在领导、在组织，就像放风筝，始终有一根线牵在教师的手中。这就要求教师要对相关问题先行学习和研究，然后进行有效的讨论组织。好的讨论组织首先要创设民主、平等、合作的对话氛围。其次要设计难度适中的、具有一定开放性的话题，以保证学生的参与度。最后还需要教师进行讨论"管理"，保障讨论在适当的轨道上进行。具体来说，教师对课堂讨论的组织分为三个阶段。

第一阶段，精心准备，确定主题，明确讨论焦点。好的教学活动一定是经过精心准备的。历史课堂的讨论需要教师精心选择一些重要的、有一定难度和研究价值的话题，并提供必要的史学素材让学生阅读思考，形成自己的观点和发言的思路。对于那些较为复杂的问题，甚至还可以将这些准备工作置于课前。

第二阶段，开展讨论，调控进程，记录核心观点。讨论时教师要明确问题指向和具体要求，全程参与和调控讨论进程，并对学生的发言进行及时的回应和评价，纠正学生的离题或者显见的偏差，启发学生的独立思考，鼓励他们各抒己见，逐步深入到问题的实质并就分歧的意见进行讨论，培养实事求是的精神和创造性解决问题的能力。一般而言，讨论过程先在一个小范围比如小组、前后位同学之间展开，形成较清晰的意见和观点后再在全班同学面前展示。讨论中，要对重要观点、关键证据，乃至于推理过程做好相应记录，便于讨论结束后及时总结和点评。

第三阶段，总结反馈，形成共识，留下思考余地。讨论结束后，教师要进行总结反馈，梳理出大家共同认可的思维过程及观点、证据，提出进一步思考和研究的问题。对于分歧，教师可以给出明确的判断，也可以留给学生进行课后阅读和延伸思考。历史是一门人文学科，从中获得的认识、感悟与历史学习者的阅历直接相关。相对于学生，教师对历史问题的背景知识和学术研究进展了解得更多，大多情况下对问题的分析也更加客观、全面。总结时，教师应该及时亮出自己的观点，以更加深刻的认识引领学生的成长。

需要强调的是，讨论不同于辩论。辩论重在阐述自己的观点，对对方的观点不仅不采纳，甚至以驳倒对方为目的。课堂讨论虽然也有论辩的成分，但归根结底是一种合作学习，不仅要求讨论者要认真倾听别人的意见，还要接纳别人的有价值的观点和思维方法，并以适当方式回应别人。

2019 年 11 月底，笔者应邀在江苏省丹阳高级中学上了一节高三历史课。课中，笔者设计了一个讨论环节。

在讲解完军机处的概况后，教师提供了如下材料：

机务及用兵皆军机大臣承旨，无论宦寺（宦官）不得参，即承旨诸臣（军机大臣）亦只供传达缮撰，而不能稍有赞画于其间也。

——赵尔巽《清史稿·军机大臣年表》

请学生根据材料概括军机处的特点，据此分析军机处对皇权的作用。

在学生思考回答完后，教师继续呈现下一则材料：

随着军机处的发展壮大，军机处本身，以及身处其中手握重权的军机大臣们，反而开始日益分化皇帝的强大权力。在奏折的议覆权上。乾隆皇帝对于 98％到 99％的奏折议覆，都采取了直接同意的处理方式。从这个角度来说，对国家大政作出决定的，并不是乾隆皇帝本人，而是军机处的这些军机大臣和军机章京。

——［美］白彬菊《君主与大臣——清中期的军机处》

请学生根据材料概括作者的观点，并指出其论据。

回答完此问题后，教师给出讨论话题：两则材料观点有不同，你更加认可哪一种观点？为什么？

军机处是教学中的一个重要知识。主流观点认为，军机处是国家权力高度集中的体现，军机大臣只能"跪受笔录"，没有丝毫的决策参与权；但也有一些学者坚持认为，军机处在行政运作中有着较大的决策建议权，甚至如第二则材料所说，对国家大政做出决定。材料提供的两个观点是矛盾对立的，通过回答前两个问题，学生的思考已经展开，算是对讨论提供了一个铺垫。讨论中，学生持何种见解并不是关键，关键是清晰地表达自己的见解，并能用史学证据论证自己的见解。这种表达并论证自己观点的过程正是历史解释素养培育的过程。

课堂上，大多学生支持"军机处不能分化皇权，只是皇权的附庸"的观点，个中原因不难分析——江苏还没有使用统编教材（镇江市使用人民版教材），学生依然是"自秦至清专制主义中央集权不断强化"的专题思维。但由于课外阅读有限，笔者也没有给学生课前准备的时间，持这一观点的学生论证时也拿不出有说服力的论据。少部分同学赞成"军机处能够分化皇权"的观点，论据主要是第二则材料。难能可贵的是，学生借助第二则材料时还增加了"合理推论"的成分，如学生说："国家的事情那么多，皇帝不是全能的，也不是电脑，不可能对所有的事情都拿出好主意，在许多问题上听从军机大臣的意见才是正常的。只要不危害皇帝的核心利益，皇帝采纳军机大臣的意见才是正确的选择。这样，在不知不觉中，军机处就分担了一定的治国责任，也分化了皇帝的一些权力。"

学生的发言结束后，教师重点从认识问题的视角做了总结评价，并告诉学生，对一个问题的完整认识主要来自两个方面：一是充分的史料素材，二是多个不同的观察问题的角度。只有综合了多样的史料和视角，才能让自己的历史解释、历史认识更加客观、深刻。

三、教学案例：史学意蕴与教学旨趣

历史是什么？英国历史学家卡尔的回答振聋发聩，发人深省——

"历史是历史学家与历史事实之间连续不断的、互为作用的过程，就是现在与过去之间永无休止的对话"①。这一广为流传的历史学"金句"告诉我们："历史就是对话。"教学是什么？教学也是对话——在我国课程改革的指导性文本《基础教育课程改革纲要（试行）解读》中，钟启泉等先生明确指出："教学原本就是形形色色的对话。"②国外学者也说："教学即对话""没有对话，就没有交流，也就没有了真正的教育。"③那历史教学是什么？笔者以为，历史教学正是以上两个对话的统一和交融，是在倾听历史对话基础上开展的课堂对话。那么，如何倾听历史的对话？如何开展课堂的对话？两个对话之间又如何通透呢？本文试以2018年11月上海市特级教师刘晓兵老师在上海市中学历史"分享·共进"教研活动中开设的"新式教育的发端"一课为例略作探讨。

（一）倾听历史的对话

历史对话的内涵丰富，既包括真实发生过的现场对话，如由人物言谈、事件经过展示的历史场景；也包括后事对前事的关联与演变形成的延时对话，如由制度因革、社会变迁形成的历史过程；还包括后世史家与历史事物之间的隔空对话，如由因果分析、价值评判实现的历史解释；等等。我们常说历史教学要有"历史味"，这个"历史味"首先就是能够引领学生走进历史深处，倾听历史的对话。

为让学生深入历史情境，倾听来自历史深处的对话，在"新式教育的发端"一课中，教师采用多种手段再现了这些对话。

1. 用富有趣味的讲述再现历史的现场对话

1867年的"天文算学馆之争"是近代史上非常重要的一次新旧博弈，教师先用PPT展示了奕䜣、倭仁的主要言论，师生共同阅读，分析两人的核心观点，然后讲述到："面对顽固官员的激烈反对，奕䜣只好以退为进。他向皇帝太后上奏折说，既然倭仁说天下有才，何不请他把这

---

① 卡尔：《历史学是什么》，第15页。
② 钟启泉、崔允漷、张华主编：《基础教育课程改革纲要（试行）解读》，第210页。
③ ［巴西］保罗·弗莱雷：《被压迫者教育学》，第41、59页。

些人才组织起来，开办一所教授天文算学的学校，那样不就不需要请洋人来了吗？你行你上啊！这一招够绝，把倭仁气得差点吐血，他只是随便一说，哪里去找懂天文算学的人啊，只好向太后谢罪，说自己没有这样的人才。"这段讲述简洁、生动，不仅突出了奕䜣作为一名政治家的处事智慧，更用鲜活、生动的语言逗乐学生，让学生如临现场，充满了历史的带入感。

2. 利用照片、数据等多种史料形成延时对话

巴赫金说："相互比较的两部言语作品、两个表述，进入一种特殊的含义关系，我们称之为对话关系。"①同一历史事物在不同的时间段内（或不同的时间点上）会呈现出消长变化，这种变化就形成了具有"特殊含义"的对话关系。因对话双方在历史上先后出现，笔者称为延时对话。新式教育是西学东渐的主要方式，留学生在近代一直起着引领社会风潮的作用。在讲述留学大潮时，教师用第一批官派赴美留学生拍摄于1872年和1881年的两幅照片构建了一个延时对话的场景：前一幅照片中，学生穿着传统袍褂，留辫，神情拘谨甚至有几分怯懦；后一幅照片中的留学生服装西化了，辫子剪了，精神饱满，意气风发。两幅照片对比鲜明，展现的是留学生受西洋风气影响，旧的行为方式乃至思想传统遭遇冲击。随后，教师引用清廷官员的"未究彼技能，先已沾其恶习"的言论，更让这一冲击带来的统治恐慌一览无余。再如导入新课时使用的国子监课程表和京师同文馆八年制课程表、癸卯学制规定的小学堂课程表之间也构成了一组延时对话的场景。教师在带领学生分析这些课程表时非常注意和前一课程表的对比，不仅利于学生思考相关问题，还呼应了前后，让历史的通贯感十足，较好地展现了历史事物在时间长河中的延续与变迁。

3. 借助后人的评论制造隔空对话

所谓的隔空对话，是指借用后世历史学家对历史的评判来形成跨越时空的对话，这一形式更加接近于卡尔所说"对话"的本意。留学生

---

① 亚当·肯顿：《行为互动（小范围相遇中的行为模式）》，张凯译，北京：社会科学文献出版社，2001年，第255页。

对近代社会的影响深刻而长久，但又不宜面面俱到。教师从人物入手，先展示部分杰出代表的照片，再让学生从密集的留学生名单中寻找自己熟悉的历史人物。由于各领域的名人都有，学生较容易感到留学生群体之庞大。接着，以教育史巨擘舒新城的一段话点出了留学生影响的深远广泛："无留学生，中国的新教育与新文化决不至有今日。现在教育上的学制课程、商业上之银行公司、工业上之机械制造，无一不是从欧美日本模仿而来，更无一不是假留学生以直接间接传来。"这种后世史家与留学风潮的隔空对话，并不是用学者的观点代替学生的思考，而是用以说明留学生的作用早就为人所关注，从后人的角度深化对问题的认识。运用后人评论构建隔空对话场景宜精，不宜多，且要有其他史料作为支撑，以防落入"以论代史"的窠臼。

（二）开展课堂的对话

关于课堂对话的开展，课改以来各学科教学都较为关注，历史学科也有不少学者论及，基本原则、操作要求等无须赘述。此处重点强调优化历史课堂对话的三个核心要素——真实而富有冲突性的史学情境，连续而具有整体性的问题链条，开放而隐含导引性的言语交流。需要说明的是，这里的课堂对话是指师生之间、生生之间的言语交流和互动，而不包括泛化的学生与文本的对话、学生与自我的对话等内涵。

1. 真实而富有冲突性的史学情境

对话不是闲聊，不仅有着清晰的目标任务，还有着"情境的限定"[1]作为对话展开的场域，以便把参与者的行为和言语置于同一个框架之中，从而限制参与者可能产生的无关行为[2]。历史教学中的对话场域是教师用史料设计出的情境。核心素养时代的教学以培养学生解决真实问题的能力为诉求，"学生能否应对和解决陌生的、复杂的、开放的真实问题情境，是检验其核心素养水平的重要方面"[3]。鉴于此，好的情

---

① 柳夕浪：《对话：一种重要的教育研究方式》，《当代教育科学》，2006 年第 12 期。
② 巴赫金：《文本、对话与人文》，白春仁译，石家庄：河北教育出版社，1998 年，第 329 页。
③ 中华人民共和国教育部：《普通高中历史课程标准》（2017 年版），第 59 页。

境必须是历史和现实中真实存在的。从另一个角度，基于学生的心理特征，内部蕴含冲突性的情境有更强烈的吸引力，更能够唤起学生解决问题的好奇心和愿望。

授课中，教师利用李喜所教授《中国最早的外国语学校——同文馆》整理出的"同文馆在读学生数"讲述了同文馆的发展历程，接着给出了徐中约、郭廷以两位先生著作中的数字，三人都是学界泰斗，三组数字却差异明显——1870 年代同文馆的在读学生数，李喜所说是最多100 人（有前后各年份系列数字辅证），徐中约说有 163 人（有详细的分科数目），郭廷以则说达到 500 余人。这样的情形显然让高中生大感诧异：历史学家的观点不同倒还罢了，怎么在史实的记述上竟然有这么大的分歧？好奇心被激起，探究的欲望也就变得强烈了。这一情境是教师利用自己的阅读经验用心构建的。它是历史学的真实问题，探究它有史学上的意义，可以增强学生历史学习的实践能力。更重要的是，其中蕴含着强烈的实证意识和科学精神，能让学生认识到，由于占有史料多寡等因素的影响，历史学家不仅会对历史的诠释、评价不同，对史实的记述也会有明显差异，"尽信书不如无书"，和获取明确结论相比，独立思考的精神才更加重要。

2. 连续而具有整体性的"问题链"

好的情境必须配以好的问题，才能让学生的探究和师生的对话目标明确，更具有操作性。什么样的问题更有助于对话质量的提升呢？好的问题和解答应该有助于完成教学任务；好的问题应该明确而具体，便于学生领会要求；好的问题应该能够引起学生的兴趣，促使学生进行探究；好的问题应该具有一定的疑难性，能够调动、引发学生积极思考等[1]。除此之外，问题设计还要考虑思维的阶梯性，要用连续而具有整体性的问题链条来引领对话。问题链条所要勾勒的是一种思维脉络，也就是从分析史料到重组信息，再到结合知识，最后创生观点的思维过程。好的问题链设计可以让学生在清晰的逻辑演进中提升认知，习得

---

[1]   叶小兵：《老师的提问》，《历史教学》，2005 年第 11 期。

方法，优化思维。

比如，在引导学生讨论三位史学家对同文馆学生数量记述的分歧时，教师设计了这样的"问题链"：① 三位史学家关于同文馆在读学生数量的记述有何不同？② 你判断这可能是由哪些原因造成的？③ 要想获取更加可靠的学生数量，你有什么办法？④ 这种现象对你有何启示？这 4 个问题分别指向表象、原因、方法和启示，作答要求多样化且层次鲜明，逻辑清晰。由于不同的问题指向不同的思维方式和思维深度，这种多样化的、由浅入深的"问题链"增强了思维训练的灵活性，还能保障学生的思维和对话活动在预设的轨道上展开。

3. 开放而隐含导引性的言语交流

我们在论及对话时，常强调对话主体的平等性。也就是说，基于设计好的情境和问题，师生之间、生生之间的言语交流可以不受限制地展开，彼此是一种伙伴合作关系，每个人的表达权利都是应该得到尊重的。这种对话的平等是师生的人格和地位的平等，是一种本体论意义上的平等关系[1]。但我们还应该认识到，教师和学生在角色上，在掌握的信息量、拥有的学术能力上是有较大差别的。这种差别需要教师担负对话引导的责任，否则就变成"放羊"了。在解读"清末小学堂数量增长表"时，师生的一段对话就展现了教师的积极引导和方法点拨。

针对问题："找出折线图中哪两个年份的增幅最大？并结合时代背景和重大事件推测其原因。"学生回答：一是 1905 年，原因是科举制废除给新学发展扫除了一个巨大障碍；二是 1906 年，原因是⋯⋯（停在那里，说不下去了）

师：原因我们可以先放一放，你能告诉大家你认定这两个年份的原因吗？

生：折线图中，增幅大的年份线条上扬的角度更大。

师：好的，你基本抓住了折线图的特点，那你的判断对不对，该如何检验呢？

---

[1] 柳夕浪：《对话：一种重要的教育研究方式》，《当代教育科学》，2006 年第 12 期。

生：那就计算一下每个年份的增长率。哦，好像不对，增幅最大的是 1904 年，这一年由 534 增长到 4 042，长了七八倍。

师：很好。你原来的思路基本是对的，但肉眼观察，很容易被表象迷惑，由于这张折线图以万为单位，1904 年的增幅之大被掩盖了。看来，读数据表还真得留神啊。

有教师说："追问是合理对话的开始。"[①]此处，教师借助学生有缺憾地作答，顺势追问，引导学生发现自己思维的盲点，并自我修正，是一个较为成功的对话案例。对话的成功展开与教师的引导密不可分。需要强调的是，导引性的追问要有一个即时预设的目的，即明确要通过对话和追问把学生带往何处，这个目的可以帮助教师把握对话的走向。

（三）双重对话的通透

历史对话展现的是一种历史语境，而课堂对话建构的则是一种教学语境。两者虽属不同范畴，但在中学历史课堂教学却是合二为一，水乳交融的。作为一个讨论的话题，我们可以将其加以区分，但在实际的操作中，历史对话与教学对话之间并没有清晰的分界线，也不需要分界线。"新式教育的发端"一课中，师生的对话、生生的对话无不蕴含着这种历史的味道。试举一例：

师：同文馆的学生可以拿薪水。开始年薪为 36 两银子，后又提高到 120 两，最高时 140 两……

生：（情不自禁地感慨）好多啊！

师：哦，多吗？多到什么程度呢？你怎么判断出"多"的？

生：（不知怎么回答）140 两还不多？

师：140 两，是多还是少？我举个例子。今天每个月拿 5 000 块钱工资算很平常了，可在 20 年前就高得一般人不敢想象了，老师我那会儿一个月才 500 多块钱；40 年前，每月 50 块就算高工资了。这给我们

---

① 王德民：《对话教学：一种透视历史课堂的新视角》，《历史教学》，2005 年第 1 期。

认识数据有什么启示？

生：多和少是相对的，不能看绝对数。

师：对喽。那要弄清楚这个 140 两是多还是少，有什么办法呢？

生：和同时期其他人的工资比较。

师：靠谱！我们来看另外两个数字："清朝七品知县的年俸银是 45 两，五品知府的年俸银是 80 两。"从中，你能看出什么？

生：同文馆学生的年薪比县官的 3 倍还要多！

师：基本正确。官员的年俸可以看作基本工资，他们还有其他收入，但薪水是县太爷基本工资的 3 倍多，同文馆学生的待遇之高已经可见一斑了。在同文馆上学竟然拿这么高的薪水，说明了什么？

生：恰恰说明了同文馆招生的艰难。

这一段对话的前半部分，教师抓住学生的一个"感慨"而展开，进行数据解读方法的指导，属于常见的课堂对话。可为了说明同文馆学生薪水是高还是低，必须进行合理的比较，这时教师引入了清朝官员的年俸作为对比，由于两者是同一时期的，又都属于"工资"，具有很高的可比性，因而这个对比对学生理解同文馆薪水之高有直接帮助。考量这段运用历史语境构建的教学对话，正吻合了"学校教育必须能使学生明白理解的产生、检验与巩固是通过探究、批判和验证而得来的"的理念①。

中学历史教学，史学是着眼点，教学则是入手点。史学的所有价值和意义，都需要通过教学设计与实践来达成。历史对话是教学对话的基础，教学对话是历史对话的意义。教育教学活动总是在一定的教育价值引领下进行的，蕴含着教育者的理想、意向和目标设计，同时又离不开受教育者的积极参与和主动建构。只有在史学和教学双重视域下设计历史课堂的对话，才能将学术和教学达成有机结合，实现史学和教学的通透。

---

① ［美］格兰特·威金斯、杰伊·麦克泰格：《追求理解的教学设计》，闫寒冰等译，上海：华东师范大学出版社，2017 年，第 138 页。

参考文献

论著：

《马克思恩格斯选集》第 1 卷，北京：人民出版社，1995 年。

钟启泉、崔允漷、张华：《基础教育课程改革纲要（试行）解读》，上海：华东师范大学出版社，2001 年。

中华人民共和国教育部：《普通高中历史课程标准》（2017 年版），北京：人民教育出版社，2018 年。

徐蓝、朱汉国：《普通高中历史课程标准（2017 年版）解读》，北京：高等教育出版社，2018 年。

中华人民共和国教育部：《普通高中历史课程标准》（实验），北京：人民教育出版社，2003 年。

朱汉国、王斯德：《普通高中历史课程标准（实验）解读》，南京：江苏教育出版社，2003 年。

上海市教育委员会教学研究室：《知真 求通 立德——中学历史学科育人价值研究》，上海：上海教育音像出版社，2013 年。

［德］雅思贝尔斯：《什么是教育》，邹进译，北京：生活·读书·新知三联书店，1991 年。

［瑞士］皮亚杰：《发生认识论原理》，王宪钿等译，北京：商务印书馆，1981 年。

［瑞士］皮亚杰：《教育科学与儿童心理学》，傅统先译，北京：文化教育出版社，1981 年。

［美］R·M·加涅等：《教学设计原理》（第五版修订本），王小明等译，上海：华东师范大学出版社，2018 年。

［巴西］保罗·弗莱雷：《被压迫者教育学》，顾建新等译，上海：华

东师范大学出版社,2014 年。

〔日〕佐藤正夫：《教学原理》,钟启泉译,北京：教育科学出版社,2001 年。

〔日〕佐藤学：《学校的挑战：创建学习共同体》,钟启泉译,上海：华东师范大学出版社,2010 年。

〔美〕奥苏贝尔：《教育心理学：认知观点》,余星南、宋钧译,北京：人民教育出版社,1994 年。

〔美〕理查德·阿兰兹：《学会教学》(第六版),丛立新等译,上海：华东师范大学出版社,2007 年。

〔美〕Gary R. 莫里森等：《设计有效教学》,严玉萍译,北京：中国轻工业出版社,2007 年。

〔美〕格兰特·威金斯、杰伊·麦克泰格：《追求理解的教学设计》,闫寒冰等译,上海：华东师范大学出版社,2017 年。

〔苏〕巴赫金：《文本、对话与人文》,白春仁译,石家庄：河北教育出版社,1998 年。

〔美〕丹东尼奥：《课堂提问艺术》,宋玲译,北京：中国轻工业出版社,2006 年版。

〔英〕柯林伍德：《历史的观念》,何兆武等译,北京：商务印书馆,2003 年。

〔德〕贡德·弗兰克：《白银资本》,刘北城译,北京：中央编译出版社,2011 年。

〔英〕卡尔：《历史学是什么》,陈恒译,北京：商务印书馆,2007 年。

〔意〕克罗齐：《历史学的理论和实际》,傅任敢译,北京：商务印书馆,1982 年。

〔美〕费利克斯·吉尔伯特：《历史学：政治还是文化——对兰克和布克哈特的反思》,刘耀春译,北京：北京大学出版社,2012 年。

〔德〕迪特·库恩：《儒家统治的时代：宋的转型》,〔加〕卜正民主编：《哈佛中国史》,李文锋译,北京：中信出版集团,2016 年。

〔德〕德罗伊森：《历史知识理论》,胡昌智译,北京：北京大学出版社,2006 年。

　　[美] 费正清、赖肖尔：《中国：传统与变革》,南京：江苏人民出版社,1995 年。

　　[美] 埃里克·方纳：《美国自由的故事》,王希译,北京：商务印书馆,2002 年。

　　陈琦、刘儒德：《当代教育心理学》,北京：北京师范大学出版社,2007 年。

　　张华：《课程与教学论》,上海：上海教育出版社,2000 年。

　　余文森：《核心素养导向的课堂教学》,上海：上海教育出版社,2017 年。

　　郭思乐：《教育走向生本》,北京：人民教育出版社,2001 年。

　　高文、徐斌艳、吴刚：《建构主义教育研究》,北京：教育科学出版社,2008 年。

　　於以传：《顾后·瞻前——於以传教研文集》,上海：上海教育出版社,2014 年。

　　朱煜：《高中历史新课程创新教学设计》,长春：东北师范大学出版社,2005 年。

　　齐健：《走进高中历史教学现场》,北京：首都师范大学出版社,2008 年。

　　（汉）司马迁：《史记》,长沙：岳麓书社,1988 年。

　　（唐）刘知几：《史通全译》,姚松、朱恒夫译注,贵阳：贵州人民出版社,1997 年。

　　（宋）司马光：《资治通鉴》,沈志华、张宏儒主编,北京：中华书局,2009 年。

　　梁启超：《中国历史研究法》,北京：中华书局,2009 年。

　　梁启超：《清代学术概论》,上海：上海古籍出版社,1998 年。

　　梁启超：《李鸿章传》,济南：百花文艺出版社,2008 年。

　　王国维：《古史新证——王国维最后的讲义》,北京：清华大学出版社,1994 年。

李大钊：《史学要论》，上海：上海古籍出版社，2013 年。

陈寅恪：《金明馆丛稿二编》，上海：上海古籍出版社，1983 年。

何炳松：《通史新义·历史研究法》，长春：时代文艺出版社，2009 年。

杜维运：《史学方法论》，北京：北大出版社，2006 年。

傅斯年：《史学方法导论》，北京：中国人民大学出版社，2004 年。

钱穆：《文化与教育》，桂林：广西师范大学出版社，2004 年。

钱穆：《中国历代政治得失》，北京：生活·读书·新知三联书店，2001 年。

葛剑雄、周筱赟：《历史学是什么》，北京：北京大学出版社，2005 年。

陈旭麓：《近代中国社会的新陈代谢》，北京：中国人民大学出版社，2012 年。

柳诒徵：《柳诒徵史学论文集》，上海：上海古籍出版社，1991 年。

王家范：《中国历史通论》，上海：华东师范大学出版社，2000 年。

朱孝远：《史学的意蕴》，北京：中国人民大学出版社，2002 年。

郭廷以：《近代中国史纲》，上海：格致出版社，2009 年。

雷颐：《李鸿章与晚清四十年》，太原：山西人民出版社，2008 年。

韩复智：《钱穆先生学术年谱》，北京：中央编译出版社，2012 年。

韩震、孟鸣岐：《历史·理解·意义：历史诠释学》，上海：上海译文出版社，2002 年。

赵文林、谢淑君：《中国人口史》，北京：人民出版社，1988 年。

黄仁宇：《十六世纪明代中国之财政与税收》，阿风等译，北京：生活·读书·新知三联书店，2001 年。

庞卓恒、李学智、吴英：《史学概论》，北京：高等教育出版社，2006 年。

吴慧：《中国历代粮食亩产研究》，北京：农业出版社，1985 年。

丘光明、邱隆、杨平：《中国科学技术史（度量衡卷）》，北京：科学出版社，2001 年。

陈志武、龙登高、马德斌主编：《量化历史研究》，杭州：浙江大学出版社，2014 年。

徐中约：《中国近代史：1600—2000 中国的奋斗》，北京：世纪图书出版公司，2008 年。

茅海建：《戊戌变法史事考》，北京：生活·读书·新知三联书店，2005 年。

阎步克：《察举制度变迁史稿》，北京：中国人民大学出版社，2009 年。

彭信威：《中国货币史》，上海：上海人民出版社，1958 年。

赵守正：《管子注译》，南宁：广西人民出版社，1982 年。

徐伟新、刘德福：《落日的辉煌——17、18 世纪全球变局中的康乾盛世》，北京：人民出版社，2016 年。

蒋海升：《资政通鉴：中国历代农民问题》，济南：泰山出版社，2009 年。

吴钩：《宋：现代的拂晓时辰》，桂林：广西师范大学出版社，2015 年。

苗颖、刘晓兵：《家国同构：乡土资源在中学历史教学中的有效利用研究》，南京：江苏凤凰美术出版社，2015 年。

论文：

［德］约翰·吕森：《历史思维中的道德与认知：一个西方的视角》，隋俊、王晟译，《山东社会科学》，2004 年第 11 期。

李剑鸣：《历史解释建构中的理解问题》，《史学集刊》，2005 年第 3 期。

彭刚：《什么是历史？——彭刚教授在中国人民大学的讲演》，《文汇报》，2011 年第 4 期。

韩国磐：《唐天宝时农民生活之一瞥》，《厦门大学学报（哲学社会科学版）》，1963 年第 4 期。

袁伟时：《新文化运动与"激进主义"》，《东方文化》，1999 年第

3 期。

何书彬：《大国面子：圆明园 150 年家仇与国耻》，《看历史》，2010 年第 10 期。

严家炎：《五四"全盘反传统"问题之考辨》，《文艺研究》，2007 年第 3 期。

陈平原：《波诡云谲的追忆、阐释与重构——解读"五四"言说史》，《读书》，2009 年第 9 期。

李华瑞：《对宋朝历史为何有多样解读》，《人民日报》，2019 年 1 月 12 日。

方志钦：《颇多建树　大有可为——简评建国以来对维新派与维新运动的研究》，《学术研究》，1998 年第 9 期。

危兆盖等：《回顾戊戌，重温历史》，《光明日报》，2008 年 12 月 7 日。

冯尔康：《说故事的历史学和历史知识大众文化化》，《河北学刊》，2004 年第 1 期。

王和：《人类历史是人性展现的历史》，《清华大学学报》(哲社版)，2014 年第 1 期。

张邦炜：《历史学如何算起来？——从北宋耕地面积、粮食亩产量等数字说起》，《唐宋历史评论》，北京：社会科学文献出版社，2017 年。

葛剑雄、曹树基：《对明代人口总数的新估计》，《中国史研究》，1995 年第 1 期。

方行：《清代江南农民的消费》，《中国经济史研究》，1996 年第 3 期。

钟启泉：《对话与文本：教学规范的转型》，《教育研究》，2001 年第 3 期。

［美］布朗等：《情境认知与学习文化》，《教育研究者》，1989 年第 18 期。

叶澜：《重建课堂教学价值观》，《教育研究》，2002 年第 5 期。

柳夕浪：《对话：一种重要的教育研究方式》，《当代教育科学》，

2006 年第 12 期。

何玲、黎加厚：《促进学生的深度学习》，《现代教学》，2005 年第 5 期。

郭元祥：《深度学习：本质与理念》，《新教师》，2017 年第 7 期。

郭元祥：《知识的性质、结构与深度教学》，《课程·教材·教法》，2009 年第 11 期。

郭华：《深度学习及其意义》，《课程·教材·教法》，2016 年第 11 期。

姜刚：《坚持以立德树人为核心，深化高考考试内容改革》，《中国高等教育》，2015 年第 13—14 期。

吴卫东、林碧珍、章勤琼：《变学科逻辑为教学逻辑：台湾"素养导向臆测教学模式"的教育学审视》，《教育发展研究》，2018 年第 20 期。

邢红军：《中小学思维教学的深化研究》，《课程·教材·教法》，2016 年第 7 期。

潘洪建：《当代知识观及其对基础教育改革的启示》，《教育研究》，2004 年第 8 期。

刘立新：《讲历史与"做历史"》，《历史教学》（中学版），2010 年第 12 期。

徐兆仁：《历史意识的内涵、价值与形成途径》，《中国人民大学学报》，2010 年第 1 期。

黄牧航：《历史学科核心素养和历史教师的专业发展》，《历史教学》（中学版），2016 年第 6 期。

周靖：《怎样上好一堂课》，《历史教学》（中学版），2019 年第 6 期。

赵亚夫：《历史教育理论建设的几个重大问题（1）：学校历史教育究竟解决什么样的问题》，《中学历史教学参考》，2006 年第 5 期。

包启昌：《一堂课一个中心》，《历史教学》，1988 年第 4 期。

张汉林：《历史教学的三层对话模式》，《中小学教材教学》，2017 年第 3 期。

聂幼犁、於以传：《中学历史课堂教学育人价值的理解与评价——

立意、目标、逻辑、方法和策略》，《历史教学》（中学版），2011 年第 7 期。

侯桂红：《试论历史教学立意的概念、确定方法和评价标准》，《历史教学》（中学版），2015 年第 4 期。

李惠军：《灵魂的追问（1）历史教师的视界心界与历史教学的境界》，《历史教学》（中学版），2015 年第 2 期。

於以传：《中学历史课堂教学把握内容主旨的基本途径与方法》，《历史教学问题》，2012 年第 4 期。

刘晓兵：《入而能出：开放视野下的教材处理》，《历史教学》（中学版），2013 年第 4 期。

徐赐成：《历史意识建构与历史教育》，《中学历史教学》，2016 年第 2 期。

苗颖：《史料实证素养的教学分解初探》，《历史教学》（中学版），2017 年第 2 期。

陈伟国：《历史课的精彩在于讲故事》，《中学历史教学》，2013 年第 1 期。

陈志刚、张春桐：《历史备课学情分析的内容与操作》，《历史教学》（中学版），2019 年第 11 期。

刘兴法、张永谦：《让高中历史课堂充满"人性"》，《中国教育学刊》，2016 年第 1 期。

叶小兵：《老师的提问》，《历史教学》，2005 年第 11 期。

刘汝明：《历史课堂提问设计与解释的规范》，《中学历史教学参考》，2015 年第 6 期。

王德民：《对话教学：一种透视历史课堂的新视角》，《历史教学》，2005 年第 1 期。

徐永琴：《构建高效有序的高中历史对话教学》，《上海教育科研》，2012 年第 3 期。

后　记

　　近几年,课程标准修订、核心素养提出、统编教材使用,高中教育教学正走上改革的快车道。面对新挑战,每一位一线教师都在进行着积极的探索。本书的写作初心正是"我手写我心",意图较系统地把我对历史课堂教学的想法和做法表达出来,也权且当作自己的探索作业。数年来,以写作为任务驱动,我阅读了较多的教育理论著作和史学教学论文。可越往下沉潜,我越感到"历史乾坤大,教学日月长",更发觉自己见识之有限,能力之不足,惶恐之下,下笔也就越艰难。书稿草就后,自不敢问"画眉深浅",唯将本书作为自己从教二十年的一份阶段性小结,企盼阅之同仁提出宝贵意见。

　　此书付梓之际,我的内心充满了感恩之情。感谢松江区教育局和学校各级领导对我的关心帮助,尤其要感谢松江一中潘建荣校长给予我的肯定、鼓励,并为本书出版提供的大力支持。感谢华东师范大学张耕华教授拨冗赐序,感谢《历史教学》编辑部王雅贞老师、人教报刊社李洁老师、著名特级教师李惠军老师等专家学者给予我的指导,尤其要感谢我的导师、上海市高中历史德育实训基地主持人周靖老师,两年来周老师的耳提面命、谆谆教导和全方位的关心,让我长进了本领,更让我感到温暖。感谢责任编辑戴燕玲老师对书稿文字的编辑,感谢区、校同仁的鼓励支持,更要感谢我的学生,正是这些青葱少年对我的课堂的认同、喜爱和持续打 call,让我更加热爱历史教学,让我有勇气把自己的所思所想所做转化成文字。

　　前几天,去年考入华东师范大学的学生张同学打来电话,告诉我她本学期已经转入历史系学习。在聊天中,我一边祝贺鼓励她,一边聊起了我对历史学的理解:"历史学是带领我们洞察世事,点亮人生的智慧之学。"聊天在张同学的"膜拜"中结束,却引发了我多日的反思。作为一名历史老师,让学生爱学历史、学好历史,我也算做得差强人意,但我的历史课真的让学生感悟到人生智慧了吗? 真的能够点亮学生的人生吗? 我实在不能回答。这,也许就是我今后教学工作的追求吧。

　　整理行囊,是为了再出发……

苗　颖

2020 年 3 月 26 日